訳あって、
あやかしの子育て始めます3

朝比奈希夜 Kiyo Asahina

アルファポリス文庫

https://www.alphapolis.co.jp/

目次

第一章　温泉への大冒険

「それじゃあ、行ってくるね。お留守番よろしく」

鬼のあやかしである羅刹《らせつ》の家で家政婦となった山科美空《やましなみそら》は、商店街のくじ引きで当たった温泉旅行に行くために、黒猫の化け猫、タマに声をかけた。

――ニャアアアアアア‼

するとタマは、鬼の形相でうなり声をあげている。留守番が気に食わないのだ。

そんな顔をしたところで、本物の鬼がいるのだから怖くもなんともない。

「しょうがないでしょ。泊まれないんだから」

電車ではキャリーバッグを使えばと考えたものの、蛟《みずち》の蒼龍《そうりゅう》が当てたくじに書かれていた旅館に確認したら、ペットお断りだったのだ。

そもそも当たったのはペア宿泊券。子供四人分の追加料金を支払ったところ、そんなに大所帯ならばと離れの部屋を用意してくれたのだが、そこでも無理だった。

宿泊先は立派な旅館だし、柱に爪を立てられでもしたら大事《おおごと》だろう。言葉が交わせるうえ、家族の中では断トツに歳をとっているタマは、そうしたマナーも一応心得ているので問題ないのだが、化け猫なのでと言うわけにもいかず、あきらめてもらうことにした。

「人形《ひとがた》になれば連れていってやる」

いつまでも鳴いているタマを一瞥《いちべつ》して、気だるそうに言ったのは羅刹だ。

背の高い彼は家では着物姿だけれど、今日はグレーのセーターにジーンズを合わせて、黒のダウンコートを羽織っている。怪力の持ち主だがいかついわけではなく、すらっと脚が長い。スタイル抜群で小さく整った顔からも、鬼だとは思えない。

ただし性格に多大なる難があり、とにかく面倒くさいことが大嫌いだ。あやかしの世で両親を亡くしたり、はぐれたりした四人の子供たちの育児に、美空が髪を振り乱していても、見なかったことにする特技がある。

最近になり、それでいて子供たちに注意を払っていることがわかったものの、毎日体力の限界まで四人を追いかけまわしている美空からすれば、全然足りない。

とはいえ、自由気ままな、妖狐《ようこ》で双子の桂蔵《けいぞう》と葛葉《くずは》、天狗《てんぐ》の相模《さがみ》、そして蛟の蒼龍の四人を連れての大移動には、いてくれないと困る存在だ。

普段は役に立たないと腹が立ってばかりなのに、本当に困ったときにはびしっと仕切ってくれる心強さがある。いつもそうあってほしいのだけれど、基本的に脱力モードだ。

「クソッタレが！」

タマが怒りの声をあげるのは、彼があやかしの世でかけられた呪術のせいで人形になれないと、羅刹も知っているからだろう。

「みしょらー、なに？」

美空のジーンズをつかみ真ん丸の目で見上げるのは桂蔵だ。彼と葛葉は三歳だ。

「ううん、なにも」

子供たちは、タマはただの黒猫だと思っている。いつもは子供たちの前では絶対に言葉を話さないタマだけれど、つい叫ぶほど羅刹のからかいにいら立ったのだろう。

羅刹の外面《そとづら》のよさに怒りを抱いている美空には、その気持ちが痛いほどわかった。ただし、タマの毒舌にもカチンときているため、かばったりはしない。

桂蔵が離れていくと、美空は再び口を開いた。

「本当にごめん。でも仕方ないじゃない。次はタマも泊まれるところを探すから。ね？」

次があるのかどうかは、今回の子供たちの行動にかかっている。何事もなく帰ってこられれば羅刹も次を考えるだろう。でも大変だったら、首を縦に振りそうにない。しかも後者になる確率が高く、タマの初旅行は実現しない可能性もある。

とはいえ、タマの機嫌をなだめるために取り繕った。

旅行は一泊二日。移動が大変なのはわかっているので、荷物は送ってある。

電車に乗るのが初めての子供たちは早朝から興奮気味に走り回っていて、羅刹はすでに盛大なため息をついている。キャンセルすると言いだしかねないと思った美空は、朝食のときに子供たちに『ほかの人に迷惑をかけるようなことをしたら、途中で帰ってくるからね』と少々脅しておいた。

脅しなんてよくないとわかっているが、四人もいると使えるものはなんでも使わなければ、やっていられない。優しく諭したところで、聞き流されておしまいだ。

「みしょらー、れきたー」

それぞれ着替えた子供たちが、自慢げな顔で美空に見せに来る。

「上手にお着替えできたね」

褒めつつも苦笑するのは、二歳の蒼龍がズボンをうしろ前にはいているからだ。四人の中では一番おっとりでマイペースの彼は、ニターと笑い、間違えようとも自力で着替えられたことに満足している様子だった。

「スカートはかなかっただけ偉いね」

美空はぼそりとつぶやきながら、彼のズボンを直す。

唯一の女の子の葛葉用に購入したスカートを気に入った蒼龍は、しばしばそれをはいている。公園に行くときなどは動きにくいからと理由をつけて着替えさせているので、外出はズボンという習慣ができているのかもしれない。

日々お転婆《てんば》がさく裂している葛葉は、スカートには目もくれない。四人の中ではボス的な存在であれこれ指示を出してはいるけれど、興味を引かれたものにはすっ飛んでいく猪突猛進さが際立っていて、手を焼いている。

とはいえ、以前道路に飛び出して怖い思いをしてからは、それなりに慎重になってきたようにも思う。彼女はこうした着替えのときはそつなくこなすので、美空が直したことは一度もない。

「ねぇー、いつ行くの？」

葛葉のうしろから顔を出したのは兄の桂蔵だ。彼は話を聞いていなくても、葛葉を見てなにをすべきか気がつくような、要領のよさがある。兄ではあるが舎弟のようだ。普段は手がかからないほうだが、葛葉とのケンカのときは別。性格が豹変《ひょうへん》したかのように目をつり上げて取っ組み合いをするため、美空の雷が落ちる羽目になる。

「おしっこ」

「えっ、また?」

慌てて手を引いてトイレに連れていったのは、二歳の相模だ。彼はとにかくビビりで、よく言えば慎重派。今日も初めての旅行がうれしいのに緊張もしていて、トイレにばかり行っている。

そんな個性豊かな子供たちとの生活はへとへとになるものの、少しずつ慣れてきて、家族として機能してきたようにも感じている。

相模をトイレに連れていってから戻ると、羅刹が子供たちに色違いのコートを着せていた。

手伝ってくれるなんて珍しい……と思ったものの、もちろん口には出さない。

羅刹は子育てに消極的ではあるけれど、最近は少しずつ手を貸してくれるようになった。

幼い頃、あやかしの世で地下牢に閉じ込められていて、子供らしいことはなにひとつ経験していないという彼が、四人とどう向き合ったらいいのか戸惑っていることについては、美空も納得している。だから、少しずつかかわり方を教えていくつもりだ。

桂蔵は黄色、葛葉は赤、相模は緑、そして蒼龍は青のコート。四人並ぶとなんとかレンジャーのようだ。しかもレッドが葛葉というのがしっくりきすぎていて、美空はひとりで悦に入っていた。

不貞腐れて茶の間の片隅で丸くなったタマの頭を撫《な》でてから、いよいよ出発だ。

まずは玄関を出たところで四人を並ばせて写真を撮った。

「家の前の写真なんていらないだろ」

羅刹があきれ顔で言う。

「万が一迷子になったときに、こういう服装のこの子ですって助けを求めやすくなるんですよ」

公園で仲良くなった奈美《なみ》ママに温泉に行くと話したら、教えてくれた知恵だ。

「へぇ」

珍しく納得した様子の羅刹だが、キリッと表情を引き締めて口を開いた。

「お前たち、迷子なんて面倒なことになったら捜さないからな」

「ちょっと！」

迷子にならないように気をつけろと注意しているのだろうが、言い方がおかしい。

しかも、絶対に捜すくせして。

羅刹はいつも突き放した言い方をするけれど、彼なりに子供たちのことを大切に思っていて、必ず視界に入れている。とはいえ、この物言いでは誤解を招きそうだ。

「はぁーい」

美空は眉をひそめたものの、子供たちは元気に笑顔で返事をしている。羅刹の冷たい声かけに慣れていてなんでもないのか、そうは言っても助けてくれることに気づいているのか、知る由もない。

「みしょらー、行くおー」

先陣を切ったのはやはり葛葉だった。桂蔵が続き、相模と蒼龍は手をつないでいる。最後尾はお目付け役の羅刹だ。

家の近くでバスに乗り込み、いよいよ出発。子供たちは初めてのバスに興味津々で最後列の席に並んで座り、満面の笑みを浮かべる。

「うわぁ、動いた」

「はやーい」

大きな声で話してはいけないと何度も言い聞かせたからか、興奮しているのに皆小声だ。どうなることかと緊張していた美空は、ホッと胸を撫で下ろした。

バスでは何事もなく過ごし、いよいよ電車に乗り込む。羅刹は葛葉と相模、美空は蒼龍と桂蔵と手をしっかりつないで、駅のホームに上がった。

「危ないから、この線から出たら絶対にダメよ」

旅行が決まってから電車が出てくる絵本を買い、危険については教え込んできた。けれど、どうしてもまた言いたくなる。

「はぁーい」

元気いっぱいで返事をする子供たちだが、隣のホームに停車している電車に視線がくぎ付けで、話など聞いていないように見える。

「線から出たら死ぬぞ」

すると羅刹がひと言。

相変わらず率直すぎる言い方ではあるけれど、子供たちの表情が引き締まったのを見て、効果があったとわかった。

美空が必死に話をしてようやくわからせることを一瞬で済ませてしまう彼の要領のよさがうらやましくもあるが、彼のようになりたいかというと、そうでもなく……。できれば脅すのではなく、言い聞かせてほしい。……なんて、今朝は自分も脅し文句を口にした覚えがあるので大きな声では言えないが。

乗車予定の電車の発車まで、あと十五分ほど。

「線から出ないとお約束できるなら、車掌《しゃしょう》さんにバイバイできるよ」

「ほんとー?」

「しゅる!」

子供たちは手をつないだまま、ピョンピョン飛び跳ねている。

美空も子供の頃、業務交代のために降りてきた新幹線の運転手に手を振ったら、シールをくれたことを思い出した。電車好きの子供は珍しくないので、運転手や車掌には親切な人が多い。もちろん業務に支障がない範囲ではあるけれど、手を振るとにっこり笑ってくれる人もいる。

美空は子供たちを電車のほうへと誘導した。

発車ベルを合図にドアが閉まるだけで目を輝かせる子供たちを見て、やはりなんでも経験させるべきだと思う。美空にとってはあたり前のことでも、子供たちには心弾む出来事なのだ。

いつもは無関心の羅刹までもが表情を緩めているのがおかしい。彼は初めて公園に行った日も、少年のように目を輝かせていた。彼もまた電車に乗った経験がないのだろう。

「しまったぁ」

興奮してつないだ美空の手を振り回すのは桂蔵だ。

「うごいたぁ」

相模と蒼龍の声が珍しくそろう。

「どこ行くのぉ」

羅刹を見上げて尋ねるのは葛葉だ。

「知らん。遠くだ」

実に投げやりであいまいな羅刹の言葉に美空は眉をひそめたものの、葛葉はその返事に満足したようで「とおくー」と復唱した。

「バイバイしてごらん」

美空が促すと、子供たちは一心不乱に手を振り始める。次第に加速した電車の最後尾の車掌が四人に気づいて敬礼してくれた。

「しゅごー」

「かっこいー」

「僕もぉ」

男の子三人は乗り物好きなのもあって、鼻息が荒い。桂蔵は敬礼の真似をしている。

いつもは我先にとなにかをやりだす葛葉だが、「行くおー」と三人を自分たちが乗る電車が来るホームに促した。

「あれっ、意外に冷静」

「一応責任感があるみたいだな」

羅刹がそう漏らすので首を傾《かし》げる。

「責任感って？」

「お前がほかの三人をきちんと連れていけよと言っておいたんだ。あいつはそういう役割を与えておかないと、電車に体当たりしそうだからな」

まさか、そんな約束をしているとは露《つゆ》ほども知らず驚いた。

しかも、羅刹の言うことには一理ある。葛葉は自分が周りを振り回しているとは思っておらず、もたもたする男の子三人を、〃しょうがないわね〃と姉のような目線で見ていると感じるときがある。羅刹はそういう彼女の性格をうまく利用しているのだ。

「羅刹さんって、やっぱり子供たちのことをちゃんと見てるんだ。いつもだらだらしてるからびっくり」

一旦は褒めたものの、それにしては育児放棄気味の彼に物申しておきたい気持ちもあり、そんなふうに言う。

「だらだらしてないのに、子供たちに振り回されてるのは誰だろうな」

「うるさいですよ！」

反撃を食らった美空は、彼をにらんでおいた。

けれど美空が一方的に怒ってばかりいた以前に比べると、こうした会話が増えている。羅刹が少しずつ心を開いてくれているように感じた。

電車での移動は、何事もなく過ぎていった。途中で退屈してごねたり、走り回ったりするのではないかと戦々恐々としていたものの、一時間と少しの間叱ることは一度もない。

二席シートを反転させて四人を座らせ、美空と羅刹は通路を挟んで反対側に座る。ふたりずつ面倒を見たほうがいいのではないかとも考えたけれど、これが意外にもうまくいった。

すさまじい勢いで流れていく景色にくぎ付けになった四人はしばらく無言でそれを楽しみ、「しゅごいねぇ」「はやー」と感想大会を始める。

ときにはおしゃべりが盛り上がって声が大きくなってしまい、「しーっ」と注意したことはあったが、葛葉が「うるさいのはだめよぉ」と仕切ってくれた。その葛葉も声が大きくなっていたひとりではあるけれど。

途中での乗り換えもうまくいき、無事に温泉地近くの駅に降り立つと、美空は大仕事を終えたような気分でホッとしていた。なにより移動が心配だったからだ。

「お疲れ」

「ん？　……お疲れさまです」

羅刹のねぎらいの言葉が聞こえてきて幻聴を疑ったが、本物だったらしい。彼は表情を変えないまま、小さくうなずいた。

電車内では子供たちがおとなしくしていてくれたので、特になにもしなかったものの、気を張り詰めていたせいか、かなり疲れた。彼がそれをわかっているかのようで、意外だった。

「おい、お前ら。一列に並べ」

電車を降りて気が抜けたのは美空だけではなかった。子供たちも同じで、いつものようにキョロキョロしては駆けていこうとする。それをひと言で止めた羅刹は、やはりただ者ではない。とはいえ、口の悪さはなんとかしてほしい。

素直に一列に並んだ子供たちは、「どこ行くのぉ」とうずうずしている。

「すぐにお迎えのバスが来るからね」

旅館に頼んでマイクロバスを出してもらうことになっているのだが、少し遅れているようだ。

「お風呂入りたいよぉ」

「ごはんー」

さすがに移動で疲れたらしく、子供たちの我慢が利かない。

「そうだね。旅館に着いたらご飯食べよ」

現在十時五十分。旅館の周辺を散策してからお昼にしようと考えていたけれど、お腹を満たしてやらないと、機嫌が悪くなりそうだ。

早めのチェックインをお願いしていたが、それでも十二時にならなければ部屋には入れない。

旅館の近くのレストランを検索してあるものの、そこでもひとつ問題がある。食べている最中にしっぽや耳を出さないか心配なのだ。

少しはゆっくりできるのではないかと期待して来た美空だったが、いつもより心労が増している。

改めて、子育ての大変さを思い知らされた。

それからすぐにマイクロバスがロータリーに滑り込んできたので、ひと安心した。子供たちの機嫌がたちまち直り、意気揚々と乗り込んでいく。

「わあ、違うバシュ」

家の近くから乗った市バスとは違うことに気づいた桂蔵が、目を輝かせる。

「ひこーき乗る？」

「飛行機は乗らないかな……」

自身も空を飛ぶ相模は、飛行機に興味があるらしい。

最後に乗り込んできた羅刹が運転手となにやら会話を交わしているが、美空は子供たちの世話でそれどころではなかった。

「好きなところに座っていいって。貸し切りだよ、すごいね」

平日なのもあり、旅館は空いているようだ。それも狙って、予約を入れた。

「かしきり、なに？」

真ん中あたりの座席に陣取った葛葉が尋ねてくる。

「このバスは、私たちしか乗らないんだって」

といっても、十分ほどの旅路なのだが。

「うわぁ、しゅごい」

いつもはおっとりの蒼龍が珍しく興奮している。やはり、新しい刺激は必要だ。

「それでは、出発しますよ」

六十代くらいの優しそうな男性運転手は、羅刹と会話を交わしたあとどこかに電話をしているようだったが、全員が座ったのを見て微笑《ほほえ》んだ。

「はぁーい。しゅっぱーつ」

やはり仕切るのは葛葉だ。

グズグズモードに入りそうだったのに、気分が変わったようで皆で歌を歌いだす。

「お山が見えるよぉ」

「お日さまもいるんだよー」

「ちょっとぉ、寒いんだけどぉ」

実に適当な歌だけれど、皆の笑顔がはじけていて微笑ましい。

「お腹が空いたなぁ」

最後に続いた蒼龍の素直すぎる歌に、美空は噴き出した。

「皆上手だなぁ」

「あい！」

「じょおずー」

うるさくしているのに、運転手が褒めてくれるので、子供たちはますます機嫌がよくなる。優しい心遣いに感謝した。

美空がふと後方に座っている羅刹に視線を移すと、温泉行きに難色を示した彼の顔が心なしかほころんでいて、うれしかった。

無事に到着してバスを降りるとき、先頭の葛葉が「あーっと」と運転手にお礼を言うと、あとの三人も続く。運転手は目を細めて「どういたしまして」と一人ひとりと目を合わせて丁寧に挨拶してくれた。

葛葉は羅刹に申し付けられたリーダー役をしっかりこなしていて、頼もしい。羅刹の目のつけどころのよさに感心するばかりだ。

バスを降りた四人は、歴史を感じさせる旅館の大きな建物を、折れそうなほど首を曲げて眺め、「おっきー」と驚いている。

「おうち？」

相模が興味津々で尋ねてくる。

「おうちとはちょっと違うかな。大勢の人がそれぞれの部屋に泊まるんだよ。……って、葛葉ちゃん！」

待ちきれなくなった葛葉は、出迎えの仲居さんのところにスタスタと歩み寄っている。

「こにちはー」

「こんにちは。山科さまですね」

「やましな？」

葛葉が首を傾げるので、慌てて駆け寄る。

「山科です。お世話になります」

あやかしの彼らには、苗字がない。そのため美空の苗字を使って予約したのだけれど、彼らはそもそも美空が山科という姓だとは知らないのだ。

「やましな、だあれ？」

空気を読めるわけもなく質問してくる葛葉の口を手で押さえた美空は、冷や汗をかきながら、あははと苦笑いしておいた。

「昼食は急遽《きゅうきょ》でしたので簡単なものしかできず……」

「えっ？」

昼食はついていないので、外に食べに行かなければと思っていたのに、どうしたことだろう。しかも急遽とは。

「突然お願いして申し訳ありません。子供たちも慣れない場所で興奮気味ですし、妻も少し疲れたようで」

隣にやってきた羅刹が、そんなセリフをさらりと口にするので、息が止まりそうになった。

だって、妻って……。

たしかに、公園では夫婦ということにしてあるし、今日もそのほうが都合がいい。でも、彼の口から〝妻〟と聞くと、むずがゆくて照れくさい。

美空は頬が赤く染まっていないか心配しなければならないほどなのに、羅刹はなんでもない顔をしている。

それにしても、昼食をお願いしてくれていたとは、なんて気が利くのだろう。マイクロバスに乗ったときに運転手と話をしていたのは、おそらく昼食の件だったのだ。

「とんでもないことでございます。今日はお客さまも少ないですから、もうお部屋の準備も整っております。道中、大変でしたよね。どうぞお寛《くつろ》ぎください。こちらへ」

ありがたすぎる言葉に、胸がいっぱいだ。羅刹の屋敷で家政婦となってから、こんなふうに気遣われたのは初めてで、不覚にも目頭が熱くなる。

さすがに泣くのはおかしいとこらえたものの、羅刹は気づいたらしい。笑われるのではないかと思ったが、彼は少し頬を緩めただけでなにも言わなかった。

案内された離れの部屋には、手入れが行き届いた庭と専用の風呂までついている。ほかの客に迷惑をかけることなく入浴できそうで、かなり助かる。

「わぁ、お部屋」

子供たちは初めての旅館に興奮気味で、コートを脱ぎ捨ててから十二畳の畳の上に寝そべり転がり始めた。

「痛っ」

蒼龍が座卓の脚に腕をぶつけて顔をしかめている。

「まったく。来た早々けがするなよ」

あきれる羅刹は、座布団にどさっと座り、用意されていたせんべいを手にした。

「お前ら、腹が減ったなら食っていい。ただし、ここは自分の家じゃない。好き勝手暴れたり、美空の言いつけを守らなかったりするやつには、今後一切飯はやらない」

相変わらずの脅し口調ではあるけれど、子供たちの動きがぴたりと止まった。

「せんべ」

「たべりゅ！」

桂蔵と葛葉が座卓を挟んだ羅刹の向かい側に座って姿勢を正した。少し遅れて相模が続く。蒼龍はぶつけた腕をさすり、涙目だ。

「蒼龍は、美空に見てもらえ。待っててやるから」

羅刹がそう言うので、美空は蒼龍に近づいて洋服を脱がせて腕を確認する。

「少し赤くなってるけど……切れたりはしてないよ。そんなに激しくぶつけてはいないと思うけど、痛い？」

「せんべー」

すっかり羅刹の持つせんべいに心を奪われている彼は、どうやら大丈夫そうだ。

蒼龍が相模の隣に腰を下ろすと、羅刹がせんべいをそれぞれの前に置いた。

「たべゆ！」

いち早く手にしたのは、待たせた蒼龍だ。

「待て。約束を覚えているか？」

「お耳だしゃない」

「しっぽないない」

それぞれ約束事を口にする。もちろん、美空も何度言い聞かせてきたけれど、もしかしたら羅刹も美空の知らないところでくぎを刺しておいてくれたのかもしれない。

「そうだ。それともうひとつあっただろ。あれも守れよ」

もうひとつとはなんだろう。ほかの人に迷惑をかけないということだろうか。

不思議に思いながら見ていると、いち早く葛葉が口を開いた。

「みしょら、ゆっくり」

「へっ、私?」

思いがけず自分のことに言及されて声が漏れた。

「しょうよ。みしょら疲れてりゅから、おやしゅみなの」

「お休み……?」

葛葉の言葉に驚き、まじまじと羅刹を見てしまう。すると彼はピクッと眉を動かし視線をそらした。

蒼龍が温泉旅行のペア券をくじで当てたとき、『たまにはお前も楽しめば?』とは言われた。とはいえ、子供たちがいるのだから世話に明け暮れるだろうと思っていたのに、まさか羅刹がそんな気配りをしてくれていたとは。

「雨が降る?」

「降らねぇよ」

旅行中は二日とも晴れの予報だけれど、そんな言葉が出てしまうほど意外だったのだ。

「それじゃあ、食っていいぞ。電車で騒がなかったご褒美だ」

羅刹が子供たちに許可を出すと、彼らはすさまじい勢いで口に運んでポリポリ食べだした。

にこにこ顔の彼らを視界に入れながら、羅刹の近くに行った美空は、正座して頭を下げる。

「なんだ、美空もせんべいか?」

「違いますよ。……ありがとう、ございます」

彼相手に素直になるのはなんとなく決まりが悪い。けれど、やはり感謝は伝えておくべきだ。

「安心しろ。帰ったらこき使ってやる」

「え……」

美空が眉をひそめて羅刹をにらむと、彼はかすかに微笑んでいた。

最近、彼の表情が随分柔らかくなってきたと思う。

「お茶、淹《い》れますね」

美空が置かれてあった急須に手を伸ばすと、桂蔵が話しだす。

「みしょらはおやしゅみなのー」

まさか、こういうこともしなくていいと?

「俺がやる」

羅刹がぶっきらぼうに言う。本気で休ませようとしていることに驚きつつも、自然と笑みがこぼれた。

「それじゃあ、お願いします。あ、でも子供たちに熱いお茶は——」

「失礼いたします」

そのとき、渋い柳煤竹色《やなぎすすたけいろ》の着物を纏《まと》った女将《おかみ》と、お盆を持った浅紫色の着物姿の仲居が入ってきた。

「遅くなり申し訳ございません。お子さまに冷えたお茶を。間に合いませんでしたか……」

「いえ、ご配慮ありがたいです」

旅館に来てから気遣われることばかりで、美空は恐縮してしまう。

「お茶のむぅ」

相模が言うと、仲居が子供たち用の割れないコップにお茶を注いでくれた。

その直後、別の仲居が湯気の立つオムライスを運んできてくれる。羅刹が頼んだ昼食だ。

「わあ、ごはん」

目を輝かせるのは、いち早くせんべいを食べ終わった食いしん坊の蒼龍だ。

彼らは羅刹の言いつけを守りしっぽや耳を出しておらず、美空は安堵《あんど》した。

「オムライス、好きかなぁ」

女将が尋ねると、全員そろって首を縦に振る。

「しゅき!」

「みしょらの、おいちいのー」

相模に続いた葛葉の、美空を自慢するような言葉が照れくさくて、美空は視線を落とした。自分の料理をおいしいと言われるのはうれしいものだ。

「ママの料理には負けちゃうけど、食べてくれるかな」

女将は子供たちに合わせた会話をしてくれる。

「ママ?」

桂蔵の表情が曇るので焦った。妖狐のふたりは、両親の死を目の当たりにしているのだ。思い出させてしまったかもしれない。

「あっ、あのね……」

「みしょらママ?」

なんとか取り繕おうとした瞬間、桂蔵の表情がパアッと明るくなり、弾んだ声が聞こえてきた。

「ママいいー」

すでにフォークを持ち、オムライスを凝視している葛葉がそう言うが、それは……母親の代わりとして認めてくれたということだろうか。

「そうだな。いただきますしてからだぞ」

「はぁい。いたらきましゅ」

羅刹が口を挟んだので、ママの話は途切れた。

「おいちぃ」

満足げに食べ始めた横で、美空は女将に話しかける。

「騒がしくてごめんなさい」

「いえいえ。今日の離れの宿泊は山科さまだけですので、思う存分はしゃいでくださいませ。実は私も子供が四人いるんですよ。もう皆成人してますけど、お母さまの大変さはよくわかります」

「そうでしたか」

子供の扱いがうまいうえ、寛容なわけがわかった。

「お父さまとお母さまにはこちらを。まかないで申し訳ないのですが……」

座卓に出されたのは、海鮮丼だ。たしかに刺身が不ぞろいだけれど、何種類ものっており、贅沢な丼だった。

「私たちが食べてしまっても大丈夫ですか?」

急遽頼み込んだので、心配になる。

「従業員の分もありますので、お気になさらず。夕食も、お子さまはお刺身ではないほうがよろしいですよね」

「はい、そうしていただけると」

そろそろ食べさせてもよいのかもしれないけれど、旅行先で体調を崩してもよくない。

「イワシは……」

突然羅刹が口を挟んだ。彼はほとんど好き嫌いなくなんでも食べるが、唯一イワシだけは苦手なのだ。子供たちに甘露煮《かんろに》を作ったら、羅刹が食べなかったことがある。

「イワシは入っておりません。夕食にも出ませんのでご安心ください」

それを聞いた羅刹は、ホッとした表情を見せた。相当嫌いらしい。

女将と仲居が出ていったあと、子供たちが一心不乱に食べ進む様子を見ながら海鮮丼に舌鼓《したつづみ》を打つ。

「とろける。これがまかないなんて信じられない。……羅刹さん、イワシがそんなに嫌いなんですか? 骨が気になります?」

深い意味はなく尋ねると、羅刹はあからさまに顔をゆがめた。

「鬼は元来、イワシが苦手なんだ」

「そうなんだ……。あっ、節分」

そういえば節分の日に、祖父母の家で柊《ひいらぎ》にイワシの頭を刺して玄関に飾っていたのを思い出した。あれはたしか、鬼よけだと聞いたような。まさか、本当に苦手だとは。

「節分はやらないからな」

もうすぐ節分がやってくるけれど、リアルな鬼がいると思うと、なんとも不思議な気分だ。

「えー、やろうかな」

「言っておくが、豆は好きだ」

「なんだ。それじゃあただの好き嫌いじゃないですか」

そんな会話を交わしながら、羅刹のまだ知らない部分がたくさんあるのだなと美空は思う。

「さあな」

羅刹はそう言いながら、手を伸ばして桂蔵の頬についたケチャップをティッシュで拭ってやっている。この場面だけ切り取ったら、子煩悩な父親だ。

ただ、美空が気づいていないなかっただけで、今までもさりげなくフォローしてくれていたようだ。

「蒼龍、取らないから落ち着いて食え」

見れば蒼龍の頬がパンパンに膨らんでいる。どうやら一気にかき込んだらしい。

「ああっ。返事はいいから、お口の中のもの食べちゃおう」

なにか話そうとする蒼龍の口からご飯粒が飛び出してきたので、美空は慌ててつけ足した。

食事のときは修羅場で、それこそ美空の頭に角が生えそうになることもしばしばだけれど、余裕があるときは子供たちの微笑ましさに気づかされる。叱ってばかりいないで、小さな成長やなにげない喜びに気づいてあげられたら……とは思うけれど、現実は甘くない。

「危ない！」

葛葉が腕でお茶をひっくり返しそうになり、間一髪のところでなんとか止めた。

「さすが、そういうところだけは運動神経がいい」

涼しい顔で羅刹が言う。

「〝だけ〟ってなんですか」

たしかにスポーツ全般は苦手だ。公園で子供たちとボール遊びをしたとき、投げ方がおかしいと散々羅刹に笑われたのだ。

試しに羅刹に投げさせたら、見事なフォームで遠くまで投げてみせ、子供たちは大興奮でボールを取りに行った。

口の周りや手をケチャップで赤く染めながらも完食した子供たちは、押入れを開けて布団を引っ張り出し、ひとつの布団に四人で入っておしゃべりを始める。

「これからなにするんだ？」

「近くに美術館があるので行こうかと思っていたんですけど……」

当然騒いではいけない場所なので、少し緊張している。

「美空が見たいのか？」

「そういうわけでは……。せっかく来たんだしと思って」

子供たちになにか思い出をと思って周辺を調べたけれど、小さい子供がはしゃげるような場所が残念ながら見つからなかった。

「それじゃあ、行かなくていい。旅館の裏に神社があるそうだ。そこにお参りに行きつつ子供たちを遊ばせたらいい」

羅刹の行かなくていい宣言に驚き、目をぱちくりさせる。

「もう十分はしゃいでるだろ。電車やバスに乗っただけでも冒険だったんだ。無理してなにかしなくていい。そのうち落ち着いたら、美術館に行けるようになる」

「そっか……」

せっかくの旅行だからと、あれもこれも詰め込まなければと勝手に焦っていた。

幼少の頃、地下牢で過ごしたという羅刹は、なにげない日常の幸福についてよく知っているのかもしれない。

「寝たし」

羅刹が小声でつぶやくので子供たちに視線を向けると、さっきまでおしゃべりを楽しんでいた四人は、そろって昼寝を始めていた。

「疲れたんだね」

ここまでたどり着くだけで、小さい体で大冒険してきたのだと思うと、微笑ましく思えてきた。羅刹の話を聞かなければ、無理やり思い出づくりをするところだったが、しっかり楽しめているはずだ。

「入ってくれれば？」

「は？」

「風呂」

羅刹がぶっきらぼうに部屋に備え付けられている風呂のほうを指さすので、お言葉に甘えることにした。

「はー」

普段より熱めのお湯が、身にしみる。

四人の育児をしていると自分の入浴なんてカラスの行水になる。こんなにゆっくり湯船に浸かれたのは久しぶりだ。

庭に面した窓から景色を眺めながら、ヒノキの香りのする大きな湯船で思いきり手足を伸ばすと、疲労で凝り固まっている筋肉がほぐれていくようだ。

思いきって来てよかった。子供たちは想像よりずっとしっかりしていたし、羅刹も優しい。

「まさかね……」

羅刹が自分を休ませようとしているとは、意外すぎた。

彼は子供たちが熱を出して、薬草を手に入れるためにあやかしの世へと旅立ってから、少し変わった。

いればうれしい。

――届いたのかな……。

羅刹の両親が、決して彼を見捨てたわけではないと話したことが、彼の心に響いていればうれしい。

そうした話をするまで、羅刹は大蜘蛛《おおぐも》に捕まった自分を助けてくれなかった両親や、満身創痍《まんしんそうい》でようやく脱出したのに、『鬼が悪い』と責め立てる仲間の存在に、激しい憤りを抱いていた。

もちろん、それがすっかりなくなったわけではないだろう。しかし、以前よりは自分を取り巻く状況を冷静にみられるようになっている気がする。

その結果、怒りの武装が少しずつ解かれ、本来の彼の優しさが出てきたような……。

ただし、毒を吐くあの口だけはいただけない。

十分に温まって出ていくと、羅刹は座敷に横になってひじ枕をし、子供たちを眺めていた。

無表情ではあるけれど、彼が四人を大切にしているのが伝わってくる。

よく考えると、不器用で子育てなどまるでわからないくせして彼らの人生を引き受けたのだから、優しい鬼なのだ。

「羅刹さん、ありがとうございました。羅刹さんもどうぞ」

「ん」

気のない返事をする彼は、美空と交代で風呂に向かった。

◇◇◇

温泉なるものに初めて浸かった羅刹は、その熱さに少し驚いたものの、全身から余計な力が抜けていく心地よさを感じていた。

たかが風呂だと思っていたが、違うらしい。どういう理屈なのか理解できないが、このお湯は心が安定したり、肌がきれいになったり、胃腸の働きが活発になるのだとか。最近ますます食べる量が増えてきた子供たちの胃腸には必要なさそうだが。

ただ、心が安定するというのはわかる気がした。

なにも考えずに、ぼーっと浸かっていると、怒りや苦しみや悲しみといった負の感情が流されていく。

――いや、違うか。お湯のせいではなく、美空がいるからか。

家事と子供たちの育児を押しつけたいがために雇ったのだが、彼女の言葉はいちいち羅刹を揺さぶってくる。

あんなに素っけなくしていたのに、彼女は羅刹のために泣き、そして憤る。誰かになにかしてもらうという経験に乏しい羅刹は、最初は戸惑ったものの、誰にも隙を見せてはいけないと張りつめていた心がほぐれていくような感覚を味わっている最中だ。美空は羅刹の弱みを見ても笑ったりしないし、バカにしたりもしない。そんな信頼関係が彼女との間に築けているのは、うれしい誤算だったのかもしれない。

屋敷に来てからずっと走り通しの美空に少し休息をと、子供たちには『美空は旅館で休むんだ』と伝えた。わかったのかわかっていないのか『はぁい』という威勢のよい返事をしていたのだが、どうやら一応理解しているらしいことがさっき確認できた。

休ませるといっても、彼女の力なしでの大移動は難しく、道中は手を借りた。せめて旅館にいる間は自分が動こうと思っているが、子供たちが頼りにしているのは美空のほう。散々育児を放棄してきた自覚はあるので致し方ない。

父や母と過ごした記憶がほとんどないのもあって、四人とどうかかわっていいのかずっとわからなかった。けれど、美空の様子を観察しているうちに、少しずつ理解してきた。

羅刹に足りないのは……多分、子供たちと一緒に笑ったり泣いたりする共感力だ。美空は、たいして面白くないと思うようなことでも、四人と一緒に全力で楽しんで笑っているし、誰かが擦り傷でも作ろうものなら、まるで自分がけがをしたかのように眉をひそめて手当てをしている。そして、絶対にしてはならないことをしでかしたときは、完全に鬼になる。それも、彼らが危険な目に遭わないようにするためだ。

感情の振り幅が大きくてせわしないと最初は思っていたけれど、子供たちにはそれがわかりやすいらしい。

羅刹には大声をあげて笑ったり、涙を流したりというのは難しいのだが、それに気づいてからは、できるだけ子供たちの感情に寄り添えるように努力しているつもりだ。といっても、美空の十分の一にも満たないだろうが。

風呂から上がって部屋に戻ると、美空が脱ぎ散らかしてあった子供たちのコートをハンガーにかけていた。

「だから、休めと言っただろ。コートなんて放っておいても死にゃしない」

羅刹は美空から葛葉の赤いコートを取り上げて言った。

「そうですけど、なにもしないのも落ち着かなくて」

風呂に入ったせいか、髪を高い位置でひとつにまとめた美空の首筋がほんのり赤く染まっている。それに気づいた羅刹は、なんとなく気まずくなり視線をそらした。

「掃除も洗濯も料理もしなくていいなんて、家政婦失格ですね」

苦笑しながら座布団に座った彼女は、そんなふうに漏らす。

「あいつらが必要としてるんだから、失格じゃないだろ」

羅刹も隣に腰を下ろし、寝相が悪すぎていつの間にか場所が入れ替わっている四人を見て言った。

「私がいないとご飯を食べられないからしょうがないですよ」

「本気で言ってる？」

最初はそうだったかもしれないが、もうそれだけの存在ではないのは明白だ。

「そう思ってないと、寂しくなっちゃうでしょ」

美空の言葉の意味がすぐには理解できず、羅刹は首をひねった。しかし、いつか来る別れのときを想像しているのだとわかり、言葉をなくす。

あやかしの世の平穏がいつ訪れるのか、誰にもわからない。万が一にも羅刹の父が敗れるようなことがあれば、元通りにはならないだろう。

ただし、明日父が大蜘蛛を倒す可能性だってあるのだ。

妖狐のふたりはすでに両親を失っているため、この先どうすべきか慎重に考える必要がある。あとのふたりの両親は、どこにいるのかも、はたまた生きながらえているのかも今はわからないが、家族のもとに返すのが最善だろう。

彼女はそれを重々承知していて、別れのときが来るのを寂しく感じているのだ。

「いつか別れるときが来ても、美空が必要な人であることには変わりないいんじゃねえの？」

「えっ？」

「あいつらは、そんなにバカじゃねぇ。お前からもらった愛情は忘れないだろ。あの四人がこれから生きていくのに、美空からもらったものが土台になるんだ。あいつらにとって、永遠に必要な存在なんだぞ」

柄にもないことを言ってしまったと少々ばつが悪いが、どうしても美空を励ましたい気分だった。

それにしても、こんな話をしている自分が信じられない。美空に出会うまで、愛情というものを否定していたからだ。

「そっか……」

言いたいことは伝わったようで、美空はようやく頬を緩めた。

それから三十分ほどして相模が目覚めると、桂蔵、葛葉が次々と起きた。

「みしょらー。ここどこ？」

ビビりの相模はいつもと違う光景に驚いたらしく、美空の胸に飛び込んでいく。

やはり彼女は子供たちにとって必要な存在だ。彼らがもっとも頼れる場所を作れている。

「大丈夫よ。電車に乗って旅行に来たでしょう？」

「しょーだった」

ホッとした様子の相模は、ようやく美空から離れた。

「お茶ー」

どんなときも物怖じしない葛葉は、羅刹が注いだお茶を喉を鳴らしながら飲んでいる。腰に手を当てて飲む様子は勇ましい限りで、彼女が唯一の女子だということを忘れそうになる。

葛葉の真似をして隣で桂蔵がお茶を飲み始めた頃、蒼龍が物音に気づいてようやく目を覚ました。

「ごはん？」

「さっき食べたでしょう？」

美空がクスクス笑った。

「あのね、近くに神社があるんだって。お参りに行ってみる？」

美空が提案すると、途端に四人の目が輝く。

「いくぅ」

「はやくぅ」

「どこ？」

「じんじゃ、なに？」

美空の周りをピョンピョン跳ねながら興奮気味に問う彼らを見ていると、きっとこういうのが幸せと言うのだろうと羅刹は思った。

自分にもこんな時間があればよかったのに。

そんなふうに嫉妬してしまうほど、四人の笑顔が弾けている。

もう失われた時間は戻ってこない。これから美空と子供たちと、幸せを作っていければいい。

そう前向きに考えられるようになったのは、きっと美空のおかげだ。

「葛葉ちゃん、コート着て！」

いち早く飛び出していこうとする葛葉は、美空の言葉なんて聞こえていない。羅刹は仕方なく捕まえて抱き上げた。

「コートだ」

「わすゅれてたー」

行動力があるので他の三人のまとめ役には最適だが、猪突猛進なところはなんとかしてほしい。

四人はコートを纏うと、我先にと出ていこうとする。

「待て。知らないところで迷子になったら、美空に会えなくなるぞ」

脅し半分、本気半分。ちょっとした隙にいなくなるのだから、油断ならない。

羅刹がくぎを刺すと、一番聞いていてほしい葛葉は右から左に流し、相模が顔を引きつらせた。

「みしょらいなくなるのいやぁ」

「美空がいなくなるんじゃなくて、お前たちだ。家の近所じゃないから、帰り道もわからないだろ」

羅刹があきれながら言うと、桂蔵が続いた。

「らしぇつは会える?」

「はっ、俺?」

「しょう。らしぇつに会えないのもいやぁ」

意外な言葉に動揺して目が泳ぐ。

「そ、そうか」

「よかったですね」

美空がニマニマ笑いながらひじで突くので、眉間にしわが寄る。

「はあっ？」

「照れちゃって」

言い返す言葉がなく羅刹が視線を背けると、美空はしゃがんで子供たちの目線に合わせてから話し始めた。

「きちんとお約束を守れば、羅刹さんも私も一緒にいられるからね。羅刹さんは、皆の心配をしてるんだよ。知らないところで迷子になると怖いよね。だから、ちゃんと手をつないで、勝手に走っていかないこと。お約束できる人！」

「はーい」

笑顔が戻った四人は、声をそろえて返事をした。

羅刹はもちろん子育ての経験はないが、美空もそうだ。それなのに、美空の子供たちの扱い方に感心する。

羅刹を悪者にせず、具体的にどうすればいいのか示して子供たちの不安も解消したうえ、しっかり約束もさせる。完璧なのではないだろうか。

かかわり方がわからないからと、彼女に任せきりだったことを反省した。もちろん口には出さないが。

「しゅっぱつするおー」

葛葉が声高らかに叫ぶと、あとの三人も笑顔で続いた。

羅刹は葛葉と相模、美空は桂蔵と蒼龍という組み合わせで手をつなぎ、林の中の緩く長い坂を上がっていく。

「きのこ！」

桂蔵が木から生えているきのこを見つけて駆け寄った。

「たべゆ？」

すぐに食と直結するのは蒼龍だ。

「ぼくきらいー」

相模は味噌汁《みそしる》のなめこが苦手で、顔をしかめている。

「多分ヒラタケだけど、きのこは毒を持っているものが多いから――」

「毒！」

美空の言葉を聞いた四人は、一斉に距離をとった。

「そうなの。だからそのままにしておこうね。食べられるきのこは、旅館の人が出してくれるよ」

「きのこいやー」

相模が再び食い下がると、美空は「そうだね」と彼の頭を撫でてやっていた。

様々な食材を食卓に並べる美空だが、あまり嫌いなものを強要しない。ひと口は食べさせてみるもののどうしても無理なときは『いつか食べられるようになるから』と言って下げるのだ。

どうやら人間は学校で給食というものがあるらしいが、美空はそこで苦手なねぎを食べるように強要されて、ますます嫌いになったようだ。ところが大人になって自分で調理したらおいしいと思うようになったとか。

そうした経験から、今は楽しく食べられる時間を大切にしていると話していた。

「いちごしゃん！」

目を輝かせて叫ぶのは葛葉だ。あとの三人の興味が一斉にそちらに向く。

「本当だね。キイチゴかな……」

スーパーで売っているいちごよりずっと小さなそれは、みずみずしくておいしそうに見える。

「フユイチゴみたいだね。あんまりおいしくはないんだって」

すぐにスマホで調べた美空がそう伝えると、子供たちは残念そうな顔をしたものの「きれいだねー」と観察を始める。

彼らのうしろでそれを見ている羅刹の隣に美空がやってきた。

「羅刹さんの言う通りでした」

「なにが?」

「特別なことをしなくても、子供たち楽しそう」

「そうだな」

その子供たちを見て美空が顔をほころばせているのが、羅刹はうれしかった。

ひなびた神社の境内は凛《りん》とした空気が張り詰めていて、ずっとふざけていた子供たちの表情が引き締まる。「神社には神さまがいるんだよ」と美空が簡単に説明していたが、なにか感じるものがあるのだろうか。

しかし「神さま、こにちは!」と葛葉が元気いっぱいに挨拶をすると、あとの三人も白い歯を見せて続く。

「こんちにはー」

「こんにちはー」

「ちわー」

どうやら初めての場所に少し緊張していただけらしい。

美空がひとりずつ五円玉を渡すと、それを賽銭箱に投げて願いを口にした。

「ごはんいっぱい食べたいなぁ」

蒼龍はやはり食いしん坊だ。

「ひこーきのりたいよー」

羽を持つ天狗の相模は、電車の次は飛行機を希望しているらしい。

「みしょらとらしぇつ、いっしょいいー」

桂蔵がそう願うので驚いていると、葛葉も続く。

「いっしょいいー」

「そーりゅーも」

「しゃがみも」

全員がにこにこと美空や自分を見て口々に言うので、胸の奥のほうが温かくなるのを感じた。

こんな世界があるとは。

明日死ぬかもしれないという恐怖と闘い続けた幼少の頃。こんなに苦しいのなら、いっそいなくなってしまいたいと願ったこともあった。でも、こうして生きていられることがどれだけ幸せか、子供たちと美空が教えてくれた。

「そうだな。一緒がいいな」

羅刹も賽銭を投げてつぶやいた。

子供たちをこれほど愛おしいと感じたのは初めてだった。様々な憎しみであふれていた心が、浄化されていくかのようだ。

ふと美空に視線を向けると、目を潤ませている。

いつか来る別れのときを考えているのか、それとも純粋に今の言葉が胸に響いたのかわからないが、公園で倒れていた彼女を拾って本当によかった。

――ニャー。

――ニャァァァ。

「タマ？」

そのとき、かすかに猫の鳴き声が聞こえてきて、相模が反応している。

「タマではないけど、どこかに猫さんがいるね」

美空も気づいたようだ。

子猫のようなか細い声と、親猫だろうか。少し太い鳴き声が会話を交わしているかのように交互に林にこだまする。その鳴き声がどこか悲しげで、かつ緊迫感が漂っている気がした羅刹は、即座に天知眼《てんちがん》で周囲を調べた。この力を使えば、遠くを見通したり過去や未来を見たりできるのだ。けれど、生い茂る木々が邪魔をして猫を見つけられない。

それならばと、羅刹は相模に話しかけた。

「相模、猫がどこにいるか空から探せるか？」

もしやカラスに狙われているのではないかと思ったのだ。

羅刹の言葉にうなずいた相模は、瞬時に天狗の姿に変化《へんげ》すると空にはばたく。

「相模、あっちの方角だ」

鳴き声がする南西のほうを指さすと、彼は小さな羽をはばたかせて飛んでいった。

「猫しゃん、だいじょぶ？」

桂蔵が泣きそうなのは、以前子猫がカラスの犠牲になったところを見ているからだろう。

「相模がきっと見つけてくれる」

もうあのときの相模とは違う。必ず見つけるというような強い意思を持った目をして飛び立った彼が、きっと探し出すと羅刹は信じた。

緊張が張り詰める中、しばらくすると相模が戻ってきた。

「来たぁ」

「しゃがみぃー」

子供たちは、空に向かって手を振っている。全員相模に期待しているのだ。

「見つかったか?」

うまく地面に着地した相模に尋ねると、顔を引きつらせた彼はうなずく。

「池……おみ、おみじゅ」

「まさか、落ちたのか?」

焦ってうまく話せない彼に尋ねると、二度首を縦に振った。

——これはまずい。

気温の低い今、一刻も早く助けなければ死んでしまう。

「案内できるか?」

「うん」

了承した彼は、再び空に飛び立った。

羅刹たち一行は、相模の進む方角へ林の中の細い一本道を進む。

「美空、俺は先に行く。子供たちを頼む」

「わかりました。気をつけて」

三人を美空に託した羅刹は、走りだした。

相模の飛ぶスピードについていけるのは、車より速く走れる羅刹だけ。美空たちは気になるものの、一本道なので迷うことはなさそうだ。

進むにつれ鳴き声が大きくなっていく。羅刹は、高いほうの鳴き声がかすかに震えているのに気づいた。

「ねこしゃん」

相模が叫んだ瞬間視界が開け、目の前に池が現れた。池はさほど大きくないが、キジトラ柄の子猫が木片に乗って池を漂っている。湖畔で悲しげに鳴いている母猫は、助けに行ったものの断念したのだろう。体がぐっしょり濡れていた。

羅刹は着ていたコートで母猫を包んだあと、上空にいる相模に声をかける。

「相模、近づいて助けられるか？」

以前、カラスから子猫を助けた彼なら、きっとやってくれると期待が高まる。

「はぁい！」

威勢のよい返事をした相模は、早速高度を下げて子猫に近づいた。

「待て。一旦離れて」

羅刹が叫んだのは、相模の羽が作る風で水面が激しく波打ち、子猫の乗る木片が大きく揺れだしたからだ。

「ねこしゃーん」

うまくいかなかったからか、相模が半べそをかいているが、彼のせいではない。

「俺が助ける。大丈夫だ」

羅刹は冷たい水に足を踏み入れた。膝まで浸かりながら近づいていったものの、子猫が羅刹に恐怖を抱いたらしい。激しい鳴き声をあげながら暴れだす。

「動くな、落ちるぞ」

そう言いながら、そーっと一歩前に進むと、いきなり深くなり、腰まで浸かってしまいひどく焦った。

このままでは子猫は池に落ちてしまう。こうなったら、怖がられようとも泳いで近づくべきかもしれないと体勢を整えたそのとき。

「羅刹さん、あとは任せてください」

追いついた美空の声が聞こえてきて、振り向いた。

「その手があったか」

美空に指示されたのだろう。蛟の姿になった蒼龍が、すさまじい勢いで池の水をがぶがぶと飲み始めたのだ。

腰まであった水がみるみるうちに膝まで減り、羅刹は足を進めた。怖がる子猫が木片から落ちる寸前に手が届き、しっかり抱きしめる。

「大丈夫だ。なにもしない」

ミャーミャーとか細い声をあげて震える子猫に声をかけたあと、美空たちのもとに戻った。

「羅刹さん、こんなに濡れて……」

さすがの怪力も俊足も真冬の冷たい池の水には役に立たず、体がガタガタと震える。美空はすぐに自分のコートを脱ぎ、羅刹にかけた。

「ごめんなさい。小さすぎて……」

羅刹よりずっと小さい彼女のコートでは、とても体を覆うことはできなかったが、十分暖かかった。

「いや、ありがとう。美空、猫を頼む」

美空にびしょ濡れの子猫を渡すと、彼女はためらうことなく着ているセーターの中に入れて温め始めた。

こういうことがさっとできるのが、彼女の強みだ。

「蒼龍、よくやった。もう水を出してもいいぞ」

蒼龍に声をかけると、今度は勢いよく水を放出し始めた。

葛葉は母猫のところに行き、羅刹のコートごと抱きしめて温めているようだ。桂蔵は猫の頭を撫でている。タマがいるため猫には慣れている子供たちだが、迷うことなく手を貸せる姿が頼もしい。

「相模、よく頑張ったな」

空を飛ぶ相模にも声をかけると、彼はすとんと下りてきて、葛葉たちのところに加わった。

蒼龍が腹の中の水をすべて吐ききると、すっかりもとの池に戻る。

「猫の体温が下がりすぎていて危ないな」

子供たちから母猫を預かった羅刹は、顔をしかめた。

タマのように話ができないのがもどかしい。

「羅刹さん、女将さんにお願いしましょう。羅刹さんも温まらないと」

「そうだな。とにかく戻ろう。お前たち、ついてこられるか?」

「はい」

いつもは間が抜けたような返事をするのに、猫が心配なのだろう。短く、しかしはっきりと返事をして、四人は美空と羅刹の間を歩きだした。

「みしょら、ねこしゃんだいじょぶ？」

「皆が一生懸命助けてくれたから、きっと大丈夫」

美空も不安だろうに、笑顔で桂蔵に答えている。

「羅刹さんは？」

彼女は険しい表情で、聞いてきた。

「俺は心配するな」

そうは言いつつも、木立の間から吹いてくる強い北風が、濡れた体を突き刺してくる。さすがにこたえるものの、自分や美空が気丈に振る舞わなければ子供たちが余計に不安になると、そう答えた。

「……はい」

美空は強がりなんてお見通しなのだろう。しかし今はどうすることもできないし、やはり子供たちを不安にさせるわけにはいかないと思っているのか、渋々返事をしている。

「美空も寒いだろ」

「私は平気です」

羅刹にコートを渡したうえ、濡れた子猫を抱いたので、彼女も濡れていて心配だ。

羅刹は神社への参拝を促したことを後悔しそうになったが、きっとここにいる誰もが、猫を助けられてよかったと思っているはずだと考え直した。

旅館に着くと、仲居が数人飛んできてくれた。美空が事情を話すと、女将がすぐに猫をストーブの近くに連れていってくれる。

ペット不可の施設のため動物は迷惑ではないかと心配したが、優しい人たちでよかったと胸を撫で下ろした。

「まあまあ、旦那さまと奥さまもお濡れになって。子供さんはしばらくお預かりしますから、お部屋でご一緒にお風呂にどうぞ」

「ご、ごいっ……」

美空は目を真ん丸にしながらも言葉を呑み込んだ。夫婦だと思われているのだから、女将の発言はどこもおかしくない。

「すみません、よろしくお願いします。美空、行くぞ」

唇が紫に変色してきた美空を温めなければと、羅刹は強引に彼女の腕を引いた。

「えっ、ちょっ……」

「早く来い」

腰が引けている美空の手を握ると、指先が氷のように冷たくてひどく驚く。

腰まで冷たい水に浸かった羅刹も足先の感覚がないけれど、人間はあやかしより寒さに弱いのかもしれない。そういえば彼女は、屋敷でももこもこに着込んでいるし。

離れまで行き部屋の戸をぴしゃりと閉めると、美空はその場で固まってしまった。

――わかりやすいやつだ。

「先に入ってこい」

羅刹がそう言うと、美空はホッとした顔をするくせして、首を横に振る。

「羅刹さんが先に決まっているでしょう？　腰まで濡れたんですよ？」

あきれたように眉をひそめる彼女だけれど、こんなに冷たい手をしている彼女より先に湯に浸かりたいとはどうしても思えなかった。

「早くしないと脱がせるぞ」

少々脅すと、美空は目をぱちくりさせている。

「お前、息してる？」

「し、してます」

どうにも動こうとしない美空の背を押し、風呂へと促す。

「だから、羅刹さんが先！」

「頑固だな。お前が先だって言ってるだろ」

「そんなに濡れて、風邪ひいちゃうでしょう?」

「お前だってそうだ」

言い争っている間に、入ったほうがいい。

「それじゃあ俺が先に湯船に入って外を見てるから、お前も入ってこい」

「え……」

「広いからなんとかなるだろ。それが嫌なら、美空が先だ」

「いや、それはちょっと……」

彼女は首をフルフルと振って拒否しているが、ここは却下だ。

「お前、俺のこと意識してるの?」

「す、するわけないでしょ!」

むきになって言い返す美空の耳が赤いのは、寒いからだろうか。

「それじゃあ決まりな。早く入ってこないとのぼせるから」

羅刹はそう言い残して風呂に向かい、濡れた服を脱ぎ始めた。

温かい湯に浸かって待つこと数分。美空が入ってくる気配はない。

——やっぱり来ないか……。早めに出るしかないな。

もう少し温まりたいところだが、早く交代しなければと立ち上がろうとすると、曇りガラスの向こうに人影が揺れた。

「は、入ります」

ようやく腹を括《くく》ったらしい。

「おう」

羅刹が返事をして背を向けると、戸が開く音がして美空が入ってきた。彼女は洗い場で体を流したあと、湯船に入ったようだ。

「ら、羅刹さん」

「なんだ」

「猫を助けてくれて、ありがとうございました」

意外な言葉に驚き、無意識に彼女のほうを見てしまった。しかし彼女もこちらに背を向けていたので気づかれなかったようだ。

「美空が礼を言う必要はない。それに、助けたのは蒼龍と相模だ」

「でも、羅刹さんがあのとき猫の異変を感じて相模くんに探すように伝えなければ、きっと助からなかったと思います。私だけじゃ動けなかった」

「それは俺たちあやかしに、たまたま助けられる能力があっただけ――」

「ううん」

羅刹の言葉を遮った美空は、首を横に振っている。湯気の向こうに見える彼女の細い首筋に、羅刹は不覚にもどきりとした。

「能力があっても、助けたいという気持ちがなければ、猫は助かりませんでした。私、最初は羅刹さんのこと、クズだと思ってたんですけど」

遠慮なしに〝クズ〟と言われて、苦笑する。しかし、家事も育児も押しつけていたのだから、その通りだと納得した。

「育児なんてまるでわからないくせして四人をこちらに連れてきたり、子供たちのためにためらいなく薬草を採りに行ったり……。不器用なだけで優しいのかなって。まあ、クズの部分もありますけど」

「クズクズ言うな」

「すみませーん」

まったく反省していない口調で美空が返事をするので、羅刹の口元が緩んだ。

こうして口角が上がるようになったのは、美空が屋敷に来てからだ。

「傷ついているはずの子供たちが、ああして猫に優しくできるのは、多分美空の影響だ」

「どうして？」

「さあな」

羅刹は濁したが、美空が彼らに惜しみない愛情を与えているおかげだと思っている。彼女がこの家に来る前の四人は、普段は無邪気に遊んでいても、あやかしの世での怖い経験を思い出すのか、夜中に突然泣きだしたり、わけもなく癇癪《かんしゃく》を起こしたりという行動がよくみられた。しかし、彼女が細い腕で四人を抱きしめるようになってから、そうした様子はぴたりと止まったのだ。

「女将さんに子供たちを預けてるから、そろそろ出ますね」

そう言いながら顔をこちらに向けた美空が、目をひん剥《む》いている。

「嘘……。なに見てるんですか！　約束が違うでしょ。変態！」

「悪い悪い」

思いきりお湯をかけられた羅刹は、適当に謝りながら再び視線を外へと移した。

どうやらクズから変態に昇格したようだが、今さらクズでも変態でも構わない。

慌てふためいて出ていった美空の顔が、間違いなく真っ赤に染まっているだろうなと想像した羅刹は、再び口元を緩めた。

第二章　強い絆

温泉旅行は、無事に終了した。

いや、無事だったのかどうか……。思いがけず助けた子猫と母猫は、旅館の仲居が動物病院に連れていったうえ引き取ってくれることになり、美空はホッとした。

神社のほかには特にどこにも出かけなかったが、子供たちは猫と戯《たわむ》れて楽しそうだったし、初めての温泉に大はしゃぎ。『あつっっう！』と叫びながら出たり入ったりを繰り返し、笑顔の絶えない時間だった。

旅館の従業員がとても優しく、夕食も子供用に別メニューを用意してくれたし、小さな浴衣も貸してくれた。

四人が普段から浴衣を着慣れているとは知らず、迷うことなくそれを纏っていく様子を見て驚いていたけれど、いつもは美空が締める帯を仲居にしてもらって子供たちはご満悦だった。

いつもパジャマの美空も浴衣を着ると、子供たちが『いっちょ！』と大喜びしていた。こんな些細《ささい》なことで喜びを弾けさせる彼らの純粋さに、美空の頬も緩んだ。

羅刹とは、あの入浴以来まともに視線を合わせられなくなった。背中だけだとはいえ、裸を見られたのだ。恥ずかしくてたまらない。

夜は並べて敷かれた布団の右端に羅刹、左端に美空。そしてその間に四人とまるで本当の親子のように眠ったけれど、葛葉に顔を蹴られた羅刹が、朝から仏頂面だったのがおかしかった。

子供たちを寝かしつけている間に一緒に寝てしまう美空にとって、そんなことは日常茶飯事なので、少しは苦労を知ってほしいところだ。

「み、や、げ！」

屋敷に帰って大量の洗濯を始めると、鼻息の洗いタマが、足元にやってきて声を荒らげる。

「あー、忘れてた。おまんじゅうあるよ」

温泉といえば温泉まんじゅうという単純な思考で購入してきたけれど、まんじゅうと言っただけで鼻の下が伸びるタマには十分だ。

美空がバッグからまんじゅうを取り出すと、子供たちも駆けてきた。

「おまんじゅー」

「たべりゅ！」

「わしのじゃ！」

取られると焦ったのだろう。子供たちの前ではしゃべらないタマが、叫んでいる。

「みしょら、なんて？」

「わ、私も食べるって言ったのよ」

——ニャヤヤヤアア！

怒りの声をあげるタマに、彼用に買ってきたもうひとつのまんじゅうの箱をちらっと見せると、ようやく落ち着いた。そもそもこうなることは想定内だったのだ。

「おやつにしようか。羅刹さん呼んできて」

「はぁい！」

四人は踵《きびす》を返して、すっ飛んでいく。

その間に包装を破り、タマにまんじゅうを出してやった。

「留守番ありがと」

「ふん、留守番するとは言っとらん。勝手に置いていったんじゃ」

のけ者にされたことに立腹している様子だ。

「子供たち、猫の親子を助けたの」

「は？」

　美空が溺れていた子猫について詳しく話すと、タマは黙り込んだ。〝化け〟猫ではあるけれど、同じ猫の危機に心を痛めているに違いない。

「その猫たちは、旅館に入れたのか？」

「へっ？　そうね。冷たい水に濡れて体温が下がってたから、女将さんが特別に入れてくれて……」

　どうやらタマは自分が旅館に入れないと拒否されたことに不公平を感じているようだ。相当旅行に行きたかったのだろう。

「そんじゃ、お前も池に放り投げてやろうか」

「なっ……」

　顔を出した羅刹ににやりと笑われたタマは、まんじゅうをくわえてどこかに行ってしまった。

「次はタマも行けるところを探せ」

「えっ？　……はい」

　あんなふうに脅しておいて、本当は優しい。しかも、四人を連れての大移動にうんざりしているのではないかと思ったけれど、また旅行に行ってもいいと思っているのがわかって、美空はうれしかった。

双子以外はなんのつながりもない者の寄せ合わせではあるけれど、家族として少しずつ機能し始めている。

いつか来る別れのときを考えると気分が沈むものの、今を全力で楽しみたい。

「みしょら、たべりゅ！」

「はいはい。手を洗ってね。あんこって食べたことあったっけ？」

まんじゅうは初めての気がするが、甘いもの好きな彼らなら、きっと好きなはずだ。

「ありゅよー」

蒼龍の返事に驚いた。

「いつ？」

「みしょらお金はらってるときー」

「お土産屋さんで？　勝手に食べたの？」

まったく知らず、血の気が引いていく。

「勝手にじゃねぇよ。かわいいからって、店主がひとつくれたから四人で分けたんだ」

羅刹の説明に、気が抜けた。

「そうだよね。勝手にそんなことしないよね。ごめん」

スーパーや駄菓子屋で、欲しいものがあるときはお金を払って買わなければならないと教えているつもりだった。わかっていなかったのかとがっかりしたものの、事実を知って、美空が彼らを信じていなかっただけだと反省した。

「いいおー」

「はやくぅ」

あっさり許してくれる子供たちは優しい。

茶の間の座卓にひとつずつまんじゅうを置くと、四人は満面の笑みを浮かべて食べ始めた。

楽しい旅行のあと、美空は子供たちを連れて公園へと向かった。

相変わらず嫌々ではあるけれど、羅刹も付き合ってくれる。

北風の冷たい今日は、美空は寒くて凍えているが、子供たちは元気いっぱいに鼻歌を歌いながら公園にたどり着いた。

「あっ、いたー」

公園友達の雄平《ゆうへい》を見つけて真っ先に駆けていくのは葛葉だ。寒いからいないかもしれないよと話していたので、友達がいてうれしそう。

「そーりゅーくーん」

背後から声がしたと思ったら、蒼龍のお目付け役の沙良《さら》もやってきた。

「しゃらちゃー」

蒼龍は彼女を見つけてにんまり笑う。

「なにが楽しいんだ。くそ寒い」

寒さもものともせずに笑顔を弾けさせる子供たちを見て、羅刹はダウンジャケットのファスナーを一番上まで閉め、首をすぼめる。

羅刹の意見に同調するのは悔しいけれど、寒いのが苦手な美空もうなずきそうになった。

あれほど旅行に連れていかなかったことを怒ったタマは、こういうときはついてこず、今頃こたつで丸くなっているはずだ。

「こたつに入りたい……」

美空がぼそりと漏らすと、追いついた沙良ママも「ほんとよね」と同調している。

外面のいい羅刹は、軽く会釈をして離れていった。

「あっ、お土産を買ってきたの」

「温泉どうだった？」

「女将さんや仲居さんが優しい人たちばかりで、子供たちの着替えとかも手伝ってくれて、ゆっくりできたよ」

「いいなぁ、私も行きたい」

沙良ママと話しながら、砂場にいた雄平ママに合流する。

「こんにちは。寒いね」

「子供たち、寒くないのかな」

美空は広い公園を駆け回る子供たちに視線を移して言った。

「あれだけ走ってるからね……。この寒さは憂鬱《ゆううつ》なんだけど、友達と遊ばせてやれるのはありがたいんだよね。家にいると、雄平も飽きて機嫌が悪くなるし」

「そうそう。動かないと寝付きが悪いしね」

沙良ママも続いた。

「奈美ちゃんも来るかな」

桂蔵が滑り台を滑り始めたのを見つめながらなにげなく尋ねると、沙良ママが顔をしかめる。

「それが……奈美ちゃんのおばあちゃんの家で、ワンちゃん飼ってたの知ってる？」

「たしか、奈美ちゃんのマンションがペット禁止だから、近くのおばあちゃんの家で飼ってるって話してたような」

以前、公園からおばあちゃんの家に寄って犬と戯れてから自宅に帰ると聞いた。

「そのワンちゃんが死んじゃったみたいで……」

「えっ」

「心臓の病気で突然だったらしいの。奈美ちゃん、お別れもできなくて、ショック受けてるみたい」

かわいがっていた生き物との別れは、筆舌《ひつぜつ》に尽くしがたい苦痛を伴うものだ。美空は家でペットを飼ったことはないけれど、小学校でクラスメイトと餌《えさ》やりをしていたうさぎが、なんの前触れもなく死んでしまったときは、涙がかれ尽くすまで泣いた。だから、奈美のつらい気持ちはよくわかる。

「そんなことが……」

「さっき、奈美ちゃんママと電話で話したんだけど、奈美ちゃん、もう一度でいいから会いたいってずっと泣いてるって。バイバイ言えなかったって、食欲もないみたいなの」

それを聞き、美空の胸は痛んだ。突然の死を受け入れるのは、大人でも難しい。

「保護犬で雑種だったんだけど、人懐こくて私や沙良にもしっぽをブンブン振ってくれたんだよ」

沙良ママは、スマホを操作して写真を見せてくれた。

そこに映っていたのは、茶色の毛を持つ中型犬だった。垂れ目がちなのもあって愛《あい》嬌《きょう》があり、なんとなくおっとりした性格を感じさせるその犬は、きちんと手入れされていて毛並みも艶々《つやつや》だ。大切に育てられていたのが伝わってくる。

「せめてお別れができれば、心の切り替えもできたんだろうけど……」

雄平ママが沈んだ様子で言うのを聞いて、美空はとあることをひらめいた。

「このワンちゃん、おとなしそうね」

「うん。奈美ちゃんと沙良が一緒に近づいていくと、決まって『クゥーン』ってかわいい声で鳴いてくれるの。だからか沙良が犬の真似をするときは『ワンワン』じゃなくて『クゥーン』なの」

「そう……。この写真、かわいい。私にももらえないかな」

「いいよ。送るね」

沙良ママは快く犬の写真を美空に送ってくれた。

公園から戻って昼食にスパゲティを食べさせると、子供たちはお昼寝を始めた。美空は皿洗いもそこそこに、羅刹の部屋へと向かう。

「美空です」

「なに？」

羅刹の気だるい返事が聞こえてくる部屋の障子を開けると、彼はこたつに足を突っ込んで寝そべっている。

「もー、いいご身分ですね。ちょっとは手伝ってもいいんですよ？」

「天知眼を使ったから疲れたんだ」

「嘘つきの顔だ」

羅刹は、天知眼を使ってあやかしの世の状況を把握したり、人間の世に潜んでいるあやかしたちの無事を確認したりしている。その能力を使うと疲れるらしいが、今は絶対に使っていないと言いきれる。みかんを食べた形跡があるし。

「それでなんだよ」

面倒そうに尋ねてくる羅刹に、美空はスマホの写真を見せた。

「犬？」

「はい。奈美ちゃんがかわいがっていた犬です。突然死んじゃったみたいで――」

美空は公園で聞いた話を、羅刹に伝えた。すると彼はあからさまに眉をひそめる。

「却下」

「まだなにも言ってません！」

察しのいい羅刹は、美空が桂蔵か葛葉をこの犬に変化させて、奈美に最後のお別れをさせてやりたいと思っていることに気づいたようだ。

「聞かなくても、却下だ。美空の頼みに、ろくなことはない」

「えー。今日の夕飯はイワシにしようかな」

「お前……」

羅刹はガクッと肩を落とした。

どこからかクククという笑い声が聞こえたので、こたつの布団をめくる。すると中で丸くなって寛いでいるタマを見つけた。

「雄平ママが『今日はタマくんいないの？』って捜してたよ。でも、そろそろ忘れられそうだね」

「なっ……」

非協力的なタマに嫌みをぶつけると、顔を引きつらせている。

「なんの覚悟もなく大切な存在を亡くすのって、大人でもきついんですよ。覚悟があっても、つらいですけど」

美空は父や母を亡くしたときのことを思い出した。立ち直るのに、どれだけ時間がかかったか。

だんまりを決め込んでいる羅刹に目を向けると、あきれていると思っていた彼はなぜか放心していた。

「もう次はないぞ」

「それって……」

頼みを聞いてくれると言っているのだろうか。

「桂蔵と葛葉の気持ち次第だ。無理やりやらせるつもりはない。ふたりがやる気にならなければ——」

「それはもちろんです」

美空は羅刹の言葉を遮った。もちろん、妖狐のふたりの意見が一番大切だ。

「変化して『クゥーン』と鳴くだけなら、難しくはない」

「たしかにそうですけど……」

うまくいくことを祈るばかりだ。

「桂蔵と葛葉は？」

「お昼寝中です」

「起きたら連れてこい」

「はい」

美空が返事をすると、羅刹はうたた寝を始めた。

◇　◇　◇

美空が、かわいがっていた犬を亡くした奈美の心の傷を癒《い》やしたいと言いに来たとき、おせっかいを焼きすぎだと思い突っぱねた。奈美はたしかにつらいだろうが、時間が解決してくれる。わざわざ妖狐のふたりが介入する必要はないと即座に拒否したが、『なんの覚悟もなく大切な存在を亡くすのって、大人でもきついんですよ』というひと言に心が動いた。

この屋敷にいる者は皆、大切な存在に手が届かない。

桂蔵と葛葉の両親はすでに命を落としているし、相模と蒼龍も家族が無事かどうか確認できない不安の中にいる。美空もまた両親を病で亡くして天涯孤独だった。タマは多くを語らないが、命からがら人間の世に逃げてきたようなので、大切な仲間や家族を亡くしているはずだ。

羅刹は……突然訪れた両親との離別について思いを馳《は》せた。

長い間牢につながれ拷問を受けていた羅刹は、幼少の頃の記憶をほとんどなくしていたのだが、美空と話しているうちに、母の優しい笑顔や父の笑い声を思い出すようになっている。

拉致《らち》されるという最悪の瞬間は、なんの前触れもなく訪れた。

母と当時の住まいを出てどこかに行こうとしたところで、屈強な男数人に取り囲まれた。とっさに母を守らなければと前に立ちふさがったのは、仲間を守る父の勇ましさにあこがれていたからだろう。

しかし、まだなんの力も持たない小さな羅刹など、まったく役に立たなかった。あっという間に母から引き離され、母に向かって『逃げて』と叫ぶだけで精いっぱいだった。

あのとき父が家にいなかったのが悔やまれる。かろうじて羅刹の声は近くにいたあやかしに届き、母が助けられたところまでは見えた。ただし直後に殴られた羅刹は気を失い、そのまま大蜘蛛の拠点に連れ去られてしまったのだった。

美空が言う〝なんの覚悟もなく〟とは、まさにあのときのことだ。母と出かけられることに浮かれていた時間が、一瞬にして地獄に変わった。あの瞬間まで、父や母と会えなくなるなんて考えたことすらなかったため、地下牢に放り込まれた羅刹はしばらく泣きもせずに放心していたのだ。これは夢だと、ひたすら自分に言い聞かせながら。

あたり前の日常が壊される恐怖は、父も母も亡くした美空も嫌というほど知っているはずだ。だからこそ、奈美に感情移入しすぎるのだろう。

美空には、妖狐のふたりが了承すればやってもいいと話したが、あのふたりはうなずくに違いない。

昼寝から起きた葛葉に美空が話をすると、「奈美ちゃん、さみしいの？」と自分のことのように顔をゆがめ、「ワンワンやる」と即答した。

桂蔵もその後起きてきたが、葛葉がやる気を見せたため、彼女が変化することになった。

美空から数枚の写真を見せられた葛葉は、完璧に変化し「クゥーン」と甘えるように鳴いてみせた。

「完璧だ」

まだ幼いのに、彼らふたりの変化の完成度はいつも高い。

羅刹は、双子の両親が彼らにしっかり教え込んだのではないかと勝手に想像している。というのも、大蜘蛛一派が迫ったときに、大蜘蛛の仲間の姿に変化できれば助かる可能性が高くなるからだ。

「美空、奈美にどうやって会わせるんだ」

「それは桂蔵くんに頼みます。お土産を奈美ちゃんに渡したいから会いに行くと伝えてあるんです。お母さんは私が引きとめておくので、羅刹さん……」

「わかった」

美空がなにを言いたいのか理解した羅刹は返事をした。

「桂蔵くん、奈美ちゃんを葛葉ちゃんのところまで連れていけるかな?」

「いいおー」

桂蔵は無邪気に返事をするが、真剣な顔つきをしている。

普段は美空の指示を右から左に流すくせして、こういうときのふたりは目の色が違う。妖狐としての使命を果たすというような意気込みをひしひしと感じる。

まだ昼寝から起きてこない蒼龍と相模をタマに託して、羅刹は三人を連れて奈美の住むマンションへと向かった。

まずは美空が奈美ママと話をして、桂蔵が玄関で目を真っ赤にした奈美にお土産のクッキーを渡す。美空は「少しだけ外で遊んでみない？」と奈美をうまく誘い出し、少し離れたところにいた羅刹に、視線を送った。連れていけということだ。

幸い、いつも公園で顔を合わせている奈美ママは羅刹を疑うことなく、娘を預けてくれた。

奈美と桂蔵を連れてマンションの下まで降りると、目の前の公園の木陰に潜んでいた葛葉が、犬の姿で現れた。

「ムギ！」

犬に気づいた奈美は、大きな声をあげて駆け寄り、思いきり抱きしめている。

「ムギ、ムギ……」

彼女の目から流れる大粒の涙は、再会できた喜びの涙だ。しかし、また会えるようになるわけではない。別れのために心の整理をさせるだけなのが切ない。

――クゥーン。

ムギに変化した葛葉は、甘えるように奈美の頬に顔をこすりつけている。特に教えなかったのに、犬がしそうな仕草が自然にできていることに羅刹は驚いた。

これは別れの挨拶だと羅刹が奈美に伝えようとしたとき、桂蔵が彼女の隣に歩み寄り、口を開く。

「ムギ、バイバイに来たのよー」

「バイバイ?」

「奈美ちゃんに会えないの寂しいから、もう一回だけ来てくれたの」

いつもはしばしば話が脱線して、なにを言いたいのかわからない桂蔵だが、大切なことをしっかりと伝えている。

「一回、いやぁ。一緒」

奈美は桂蔵の言葉を拒否して、ムギを強く抱きしめた。

「ムギもいっちょいいよ。でも、天国に行けなくなりゅの」

「天国?」

「しょう」

悲しげな桂蔵は、父や母が天国に旅立ったことを思い出してしまったかもしれない。

羅刹が代わりに話し始めた。

「ムギは天国に行ってしまうけど、奈美ちゃんを見てる。奈美ちゃんがずっと泣いてると心配で眠れないんだ」

「ムギ、ねんねできない?」

「ああ。ムギは奈美ちゃんの笑った顔が好きなんだよ。別れは悲しいけど、ありがとうって抱きしめて、ムギを寝かせてあげよう」

　そう言い聞かせても、奈美の顔はゆがんだまま戻らない。

「僕、いっちょいる」

　すると桂蔵が奈美の顔を覗《のぞ》き込んでそう伝えた。彼なりに必死に励ましているのだ。

「……うん。ムギ、ねんねできないのいやよ」

　大粒の涙をぼろぼろとこぼしながらも決意を固めた奈美は、もう一度ムギを抱きしめる。

「ムギ、だーいしゅき」

　さすがにその言葉には、羅刹もぐっときた。

「バイバイ、ムギ。いっぱいあしょんでくれて、ありあと」

　顔を涙と鼻水でぐしょぐしょにしながらも、奈美はムギを解放した。葛葉扮するムギは、もう一度「クゥーン」と鳴いたあと離れていく。

「バイバイ、バイバイ」

　追いかけたいだろうに必死にこらえて手を振る奈美が切ない。やがてムギが見えなくなると、奈美の手を桂蔵がしっかりと握った。

　彼女が落ち着くまではとその場で待っていると、美空と奈美ママがやってくる。

「どうしたの？」

奈美ママは涙を流す奈美を見て驚き、駆け寄ってきた。

「ムギとバイバイしたの」

「ムギ？」

あとは美空がうまくごまかすだろう。

羅刹は物陰で変化を解いて戻ってきた葛葉の頭を撫でた。

「奈美ちゃーん。公園いこーね」

葛葉は笑顔で誘っている。涙は止まりそうになかったけれど、奈美は大きくうなずいた。

彼女はきっともう大丈夫だ。


奈美の家からの帰り道。桂蔵と手をつなぐ羅刹は口を開いた。

「お前たちの両親も、ずっとお前たちを見守っている。楽しそうに遊んでいるのがうれしいはずだ」

どうしてもこれだけは伝えたかった。きっと桂蔵も葛葉も、覚悟のないまま死に別れてしまった両親を思い出したはずだからだ。

羅刹の言葉に桂蔵はコクンとうなずき、葛葉はうっすらと涙を浮かべた。四人の中で一番強そうに見える葛葉のほうが泣きそうになるのが意外だったが、強いといってもまだ子供。ここは泣かせてやったほうがいい。

羅刹がそう思っていると、桂蔵が葛葉の手を握り、微笑みかけている。

「いっちょ」

桂蔵が漏らしたたったひと言が、葛葉の心を癒やしたようだ。

「いっちょね」

葛葉も同じように返した。

美空の頬に涙が伝うのを見つけた羅刹は、シャツの袖で大雑把《おおざっぱ》に拭ってやる。

「ちょっ……。もっと優しくできないんですか？」

「へぇ、俺に優しさとか期待してるんだ」

「してませんけど！」

美空と話していると、売り言葉に買い言葉になる。けれどいつしかそれが心地よくなっていることに、羅刹は気づいた。

「さあて、今日はなんのご飯にする？　バナナ餃子《ギョーザ》？　それともイワシの甘露煮？」

「お前……」

羅刹の苦手なものばかりをあげる美空は、桂蔵と葛葉を強く抱き寄せている。

「らしぇつもー」

桂蔵が思わぬことを言うので、羅刹の眉がピクリと上がった。

「は?」

「らしぇつも、ぎゅーしゅる」

葛葉まで手招きする。

「俺はいい」

「いっちょ、ちがうのぉ?」

桂蔵が泣きべそをかきそうになるので、内心焦る。

——まあ、ふたりとも頑張ったし……。いや、本気か?

羅刹が葛藤していると、「らーしぇーつぅ」と葛葉に催促されてしまった。

羅刹は思いきって、双子と美空に手を回して抱きしめた。半分やけっぱちだったのに、こういうのも悪くないと思っている自分に気がついて、不思議な気持ちになる。

「あ……」

小さな声をあげて目を泳がせる美空の頬が赤く染まっているのを見つけてしまった羅刹は、慌てて手を放す。ばつが悪くて美空と視線を合わせられず、不自然に顔を背けた。

気まずい空気が流れたけれど……桂蔵と葛葉はきっと大丈夫だ。美空の愛を存分に感じているはずだから。

「さ、さて。帰ろうか」

美空が気を取り直すように言うと、ふたりは彼女の手を握る。

「バナナ食べりゅ！」

「葛葉も！」

ふたりの意見が一致して、夕飯がバナナ餃子に決定してしまったものの、羅刹の心は晴れやかだった。

◇　◇　◇

奈美は妖狐のふたりの活躍もあり、元気を取り戻した。久しぶりに公園に顔を出した彼女に四人が駆け寄っていく様子を見て、美空は自然と笑みがこぼれた。

羅刹は相変わらずベンチに座り、ひなたぼっこをしているだけだが、彼もまた奈美を見つめている。

奈美とムギの別れを見て、両親との別れを思い出してしまった桂蔵と葛葉に、羅刹が『お前たちの両親も、ずっとお前たちを見守っている』と励ましたのは、少し意外だった。そうした役割は、美空が負うことが多かったからだ。

けれど羅刹のその言葉を聞いて、自分の両親に対する彼自身の気持ちに変化があるのではないかと感じた。

大蜘蛛にとらわれたとき、仲間を優先して助けてくれなかったという憤りが、少しでも減っていてくれたらうれしい。間違いなく彼の両親も、彼の幸せを願っているはずだからだ。

奈美のすぐあとに雄平と沙良もやってきて、広い公園に子供たちの楽しげな笑い声が響き始めた。

それにしても、四人は成長した。

温泉旅行で……あれほど飛ぶことを怖がっていた相模がさっそうと空にはばたき、子猫を見つけた。

水を飲んだり放出したりすることがただの水遊びだった蒼龍は、子猫を助けるという役割を理解し、見事にコントロールしてみせた。

そして大切な愛犬を亡くした奈美を励ますために、ムギに変化して彼女に心の整理をさせた葛葉。その葛葉をサポートするように奈美を優しく包み込んだ桂蔵。

美空にはあやかしの力についてはよくわからないけれど、彼らが着実に成長していることだけはわかる。

「みしょらぁ！」

「はいはい、今行く」

ブランコに座り、押してほしいと美空を呼ぶ蒼龍に返事をして、美空は駆け出した。

昼食のあと、茶の間の隣の部屋にあるこたつに、子供たちが群がっている。

羅刹の部屋にしかなかったのだが、四人がうらやましがるので新しく購入したのだ。……半分、美空自身のためでもある。

「わぁ、あったかー」

葛葉がおもむろに足を突っ込むと、ニャッと短い叫び声をあげたタマが飛び出していった。

雄平ママとこたつを天秤《てんびん》にかけ、こたつを選んだタマは、公園にもついてこず、ずっとこたつに潜っていたのだ。ちゃっかり昼食のそぼろ丼を食べていたのが腹立たしい。

「しゅごー」

果敢にも頭から突っ込んでいったのはマイペースな蒼龍だ。彼は以前、姿が見えなくて美空が屋敷中を捜し回っていたら、羅刹の部屋のこたつにタマと一緒に潜んでいたことがあった。

「蒼龍くん、蹴られるよ」

「痛っ」

美空が声をかけたそばから桂蔵に蹴られたらしく、頭を押さえながら出てきた。

相模はいつの間に見つけたのか、みかんを手にしている。

「僕もぉ」

「じゅるい！」

当然みかんがないことに頬を膨らますあとの三人にもひとつずつ渡して、美空も一緒にこたつに入った。

大胆な葛葉は、みかんの皮を大雑把にむき、半分に分けるだけで口に放り込む。

「ちょっと、そんなに大きいの喉につかえない？」

美空が慌てると、葛葉はなにか言っているが、口がいっぱいでまったく聞き取れなかった。

「あーもういいから、ちゃんと噛《か》んで」

そのうち口から出てきそうだと思った美空は、そう伝えた。

ほかの三人もみかんを食べ始める。すると桂蔵に耳が生え、相模の鼻が伸びだした。

「あはっ。いつ見ても壮観だね」

温泉旅行のときは羅刹の言いつけを守り、しっかり耳やしっぽを隠していたが、家では出したい放題だ。

リラックスしている証拠であれば止める必要はないと思っていたけれど、羅刹は一度も角を生やしたことはない。コントロールできるようにすべきだろうか。

あやかしについてよく知らない美空には、判断がつかなかった。

しばらくすると、タマがみかんを足で転がしながら入ってきて美空にぶつけるので視線を向ける。

「あら、タマ。私の分を持ってきてくれたの？」

――ニャアアアアア！

腹の底から絞り出したような渾身《こんしん》の叫びは『違うわ！』と言いたいのだろう。みかんの皮をむけアピールだということは当然わかっている。ぐうたらしてばかりのタマに、美空はいら立っているのだ。

お説教のひとつやふたつしたいところだけれど、大きな声を出すのも疲れる。仕方なく皮をむいてやると、タマは『わかればいいんじゃ』と言いたげな顔をして食べ始めるので、にらんでおいた。

「それにしても……どうして私は、皆が変化した姿が見えるのかな。完全に変化すると人間の目には見えないいんだよね」

美空はこれまで、彼らが変化した姿を何度も目の当たりにした。しかし、火事の現場で蒼龍が蛟として活躍したとき、周囲の人間の目にはまったく映っていなかった。

「みしょら、しゅきー」

すると相模が突然そう漏らす。

「しゅきだもん」

蒼龍までも続くので、首を傾げた。

「ありがと。でも、好きだと見えるの?」

「しょうよー」

さっさと自分のみかんを食べてしまった葛葉が適当な返事をしながら、隣に座る桂蔵のみかんに手を伸ばす。それに気づいた桂蔵は、葛葉の手を払うように叩いた。

「いたーい」

「くじゅは、わるいもん」

「お手々いたいのぉ」

「ストップ」

双子のケンカはいつも取っ組み合いに発展して、すさまじい修羅場と化す。そうなる前にと、美空が口を挟んだ。

「今のは葛葉ちゃんが悪いよ。もう食べたでしょう？　他人のものを取ったらダメ」

葛葉は手が痛いと主張するが、桂蔵は思いきり叩いたわけではない。取られないようにと払った感じだ。

美空が指摘すると、葛葉はぷぅっと頬を膨らませている。

すねたって、ダメなものはダメだ。

それにしても……好きだからあやかしの姿が見えるというのはどういうことなのか、美空にはさっぱりわからず首をひねった。

こたつを堪能した子供たちだが、じっとしていられるわけがなく、奥座敷へとすっ飛んでいく。ケンカ寸前だった妖狐のふたりも、なにもなかったようににこにこと話をしながら廊下を駆けていった。

「仲がいいんだから、ケンカしなきゃいいのに」

みかんの皮を片づけながら、つぶやく。

「そうもいかんじゃろ。美空と羅刹だって、いつもケンカしておる」

子供たちがいなくなったのを見計らい、タマがぼそりと漏らすので、美空の顔が険しくなった。

「聞いてた？　仲がいいくせにケンカをするのがおかしいって言ったのよ」

羅刹と美空はあのふたりとは断じて違うと、語気が強くなる。

「お前たちも最近仲がよさそうじゃ」

なにか言いたげなタマがにやにや笑うのが気に障るも、黙っておいた。

たしかに、いまだにバチバチと言い合いはするものの、ここに転がり込んできたばかりの頃とは少し違う。羅刹の不器用な生き方や、あのふてぶてしい物言いの奥に隠された本心があることを知り、さらには意外にも優しいところがあるとわかってから、距離が縮まった気がしているのは事実だ。

毎日何度も、こめかみの血管が切れそうになるのもまた事実なのだが。

「ねえ、子供たちが好きって言ってくれるのはすごく光栄なんだけど。だからあやかしの姿が見えるってどういうこと？」

少なくとも、あやかしであるタマのほうが理由がわかるのではないかと尋ねた。

「そうじゃのう」

タマはそう言うと、しばらく黙り込んでなにかを考えている。

「知らん」

「嘘ばっかり。今、なんか思いついたでしょ。タマは嘘をつくとき、左耳だけピクッと動くんだから」

最近になって気づいたが、間違いない。

「動いとらん！」

「心当たりあるんでしょ。今も動いてるもん」

美空が指摘すると、タマは、はぁーっと猫らしからぬため息をついた。

「みかんの皮、むいてあげたじゃない」

美空が迫ると、タマは渋々話し始めた。

「あやかしは、本来義理堅い生き物なのじゃ」

「義理堅い……」

羅刹やタマを見ていてもそうは思えないが、ここはうなずいておく。

「そうじゃ。助けられたときは必ず恩返しをする。そうやって互いをいたわりながら生きてきたんじゃ。あのクソ大蜘蛛みたいなやつも、いるにはいるが」

「素敵な関係ね」

それだけに大蜘蛛の傍若無人《ぼうじゃくぶじん》ぶりが際立っているのかもしれない。

「そうすることで交流が生まれる。汀悟《ていご》がかつて住んでいた街に戻ったのも、そうした助け合いの手があるからじゃろう」

「そっか……」

大けがをして逃げてきた蛟の汀悟が以前の住居に戻ったのは、亡くなった妻や子の思い出が詰まっているからだけではないようだ。汀悟にとって心地よい場所なのだろう。

「そうやって強い絆《きずな》が生まれ、派閥のようなものができる」

「大蜘蛛一味もそうなのね」

美空がなにげなく尋ねると、タマは眉間に深いしわを寄せて首を横に振った。

「あいつらは違う。絆など最初から存在しないのじゃ。そもそも自分のことしか考えていないやつばかりの寄せ集めじゃ。互いを利用することしか考えておらん。だからこそ大蜘蛛は、裏切り者や失敗した者を容赦《ようしゃ》なく殺《あや》めるのじゃ。そうやって無理やり統率を取っておる。なにかきっかけがあれば総崩れじゃろう」

それを聞き、羅刹の父側の勝利が濃厚なのではないかと期待が高まる。しかし、そんなに簡単な話でもないのだろう。

「自滅してくれればいいのに」

美空が漏らすと、珍しくタマも同意するようにうなずいた。

「交流の結果、強い絆が生まれると、魂《たましい》が共鳴すると言われておる」

「魂？」

唐突に魂だの共鳴だのと言われて、美空は混乱した。

「ただし、そこまでの強い絆はめったに存在しない。親子、兄弟、夫婦、あとは本当に心を許した友くらいじゃろうか。だから羅刹とわしの間にもない」

「それで、その絆があって魂が共鳴するとどうなるの？」

「不思議なのじゃが……その共鳴が起こると、心の声が伝わるようになるのじゃ」

「心の声って……口に出さなくても伝わるってこと？」

「そういうことじゃ」

それは便利……と一瞬思ったが、すぐに打ち消した。誰しも、絶対に知られたくない秘密の声があるものだ。それを丸裸にされては、うかつにいろんな感情を抱けない。

「あとは、魂の源を分け合えるとも聞いたが、それが事実かどうかはわしも知らん」

「魂の源って？」

「自分の命を削って、ほかの者に与えられるということじゃよ。噂にすぎんが……もしかしたら妖狐の両親は、桂蔵と葛葉にその源を渡せるだけ渡したのかもしれぬ。あのふたりの体の傷を見たじゃろ?」

美空は大きくうなずいた。

「あそこまでひどいと、薬草だけではどうにもならんのじゃ」

そうだとしたら、妖狐のふたりは両親からとてつもない愛を受け取っている。

「そうだといいな」

「そうじゃな」

胸がいっぱいになり美空が声を震わせると、タマが声のトーンを落として同意した。

「それでじゃ」

「ん?」

「だから、美空にあやかしの姿が見えることについてじゃ」

「あ、忘れてた」

タマとの会話は情報量が多すぎて、そもそもなにを聞きたかったのかを忘れていた。

「まったく……」

あきれ返る姿は、まるで羅刹のようだ。一緒にいると似てくるのだろうか。

「子供たちは、美空に全幅の信頼を寄せていて、親子の間にあるような強い絆が生まれているのではないか？」

タマの意外な言葉に、美空は驚いた。子供たちは自分を好きだと言ってくれるものの、まさかそこまでだとは思ってもいなかったからだ。

もちろん美空は、彼らの母親代わりができればと日々奮闘している。とはいえ、実の母には敵《かな》わないことなど百も承知で、両親に会えない彼らの心の中にある空洞を埋められればいいなと思っているだけだ。そこまで強い絆があるなどとおこがましいことを考えたことはなかった。

「そうだとしたら、すごくうれしいけど……私、子供たちの心の声なんて聞こえないよ」

「それは、聞く側に聞きたいという強い意識があって、なおかつ神経を研《と》ぎ澄《す》ます必要があるのじゃ。美空はそもそもあやかしではないからのぉ。その感覚をつかむのは簡単ではないかもしれん」

強い絆があるうえに、そうした努力も必要のようだ。

「待って。子供たちに私の心の声が読まれてるってこと？」

美空は焦った。

忙しくてイライラしがちなときでも、子供たちに理不尽な怒りをぶつけないようにできるだけ笑顔で接しているが、心の中では〝早くして〟とか〝もう勘弁してよ〟とか負の感情を叫んでいることも多い。それに気づかれているとしたら、せっかく作った笑顔が台無しだ。

疲れているときはいつもより沸点が低くなることなんて子供たちにはわからないだろうから、信頼も損ないそうだ。

「あいつらが、美空の心を読もうと努力すると思うか？」

「あ……」

せわしなく動き回っている四人に、そんな暇はなさそうだ。

「それに、子供たちは魂の共鳴なんて知らんじゃろうし、説明したところで理解できんじゃろ」

「たしかに」

納得した美空は、ホッとしたのと同時に、これからは気をつけようと肝に銘じた。

「美空は、四人の気持ちを読もうとは思っておらんかったじゃろうが、目を離したくないとは思っていたんじゃないのか？」

「それはもちろんだよ。預かったからには、元気に成長してほしいし」

最初は戸惑いばかりだったが、今は子供たちの成長が美空の喜びになっている。彼らの両親の代わりに、四人の幸せな笑顔をしっかりと目に焼きつけたい。

「その気持ちが強かったから、魂が共鳴してあやかしの姿が見えたのかもしれぬ」

「声が聞こえるだけじゃないんだ……」

「そのあたりはわしにもよくわからんが、美空が見えているのは、そうとしか説明がつかん」

「そっか」

はっきりとしたことはわからないものの、もしそれだけの絆が育っているとしたら、うれしい。美空が一方的に子供たちを愛しているわけでなく、彼らも同じように愛してくれているのだと思ったら、日々の疲れも吹っ飛びそうだ。

そういえば、羅刹と両親の間にもそうした絆が存在するのだろうか。幼い頃に別れてしまったから、まだない？　いや、美空と子供たちの間にすでにその絆が存在するとすれば、一緒にいた時間の長さなんて関係ないのかもしれない。

「ねえ、タマの……家族は？」

タマの過去について詳しく聞いたことはなく、美空はそれとなく尋ねる。

「残念じゃが……」

タマが床に視線を落とすので、もう亡くなっているのだと察した。しかもおそらく理不尽な命の落とし方なのだろう。タマの怒りや悲しみが混ざる複雑な表情を見て、美空はそう感じた。

「大蜘蛛派に捕らえられたのじゃ。助けに行ったときに、あいつらが入ってこられない隙間に逃げたら、怪しげな呪術をかけられたのじゃよ」

人形になれず、ただの猫の姿になったのには、そんなに悲しい過去があったとは。

「そっか……」

「余計な慰めはいらん……ギャッ」

タマが猫らしからぬ叫び声をあげたのは、美空がタマを強く抱きしめたからだ。

「やめろ」

「私たちがいるからね」

「だから、やめろと言ってるじゃろ」

「照れなくてもいいってば」

タマが拒否しても、美空は抱きしめる手を緩められなかった。タマの真ん丸の目から涙がこぼれたのを見てしまったからだ。

傷ついたあやかしたちが集まるこの屋敷で、美空にできることなんてたかが知れている。

　けれど、もし子供たちと強い絆ができているのであれば、これからもその絆を大切にして、彼らを守っていこうと心に決めた。

第三章　未来のために

庭の片隅に、寒椿が見事な濃い紅色の花を咲かせている。花ごとぽとりと根元から落ちる椿とは違い花びらが一枚ずつ散るので、庭に花びらの絨毯《じゅうたん》ができている。子供たちはそれを拾っては、楽しそうに遊んでいた。

「くそ寒いのに、なにやってんだ」

ようやくこたつから出てきた羅刹が、ダウンコートを纏う完全防備の美空に、声をかけた。

「くそ寒いから代わってくださいよ。手の感覚がなくなってきました」

「お前、言葉遣いが悪くなったな」

「誰のせいよ」

「しょうがねぇな」

まさか、羅刹が子守を素直に代わってくれるとは……。一旦部屋に戻っていった羅刹を期待いっぱいで待っていると、出てきた彼は美空になにかを投げた。

「貸してやる」

「そうじゃなくて！」

羅刹が投げたのは大きな手袋だった。先日、皆で冬物を買いに行った際に手に入れたものだ。美空は子供たちの洋服を選ぶので精いっぱいで、自分の手袋を購入するのを忘れてしまった。

「みしょら！」

桂蔵の大きな声に驚き、なにがあったのかと子供たちのほうに視線を向けると、全員が遊ぶ手を止めて空を見上げている。

「雪だ」

はらはらと空を舞う雪が、四人のぷにぷにの頬に当たっては溶けていく。

「ゆき？」

蒼龍が首を傾げた。雪を見るのは初めてらしい。実は数日前の夜中にも少し降ったのだが、子供たちは夢の中で見られなかったのだ。

「そうよ。寒くなると、雨が雪になるの。ほら、こうすると溶けちゃうでしょ」

美空が出した手に舞い降りてきた雪の結晶がすっと水になるのを見て、四人は目を輝かせている。

「おぉー」

「しゅごい」

美空にとってはあたり前の光景も、彼らにとってはこんなに刺激的なのだ。

四人も美空と同じように空に向かって手を伸ばした。

「ゆきしゃーん。ここだよー」

「あはっ。呼んでも来ないわよ」

新しいことには尻込みしがちな相模も、実に楽しそうだ。

ふと縁側のほうを振り返ると、羅刹までもが空をじっと見て、かすかに頬を緩めていた。

羅刹が時折見せる子供のような無邪気な微笑みは反則だ。いつもの毒舌とはギャップがありすぎて、ドキッとしてしまう。

しばらくすると本格的に雪が降りだし、興奮する子供たちをなんとか部屋に押し込んだ。しかし、羅刹の部屋のこたつに足を突っ込んだまま、目はずっと窓の外の雪を追っている。

「きれいだねぇ」

「ひかってるよぉ」

「葉っぱ白くなったー」

観察して口々に感想を言い合っている光景は、ほっこりする。そんな中、蒼龍だけはしっかりとみかんを食べていた。彼も庭でははしゃいでいたが、食べ物の誘惑には敵わなかったらしい。

もうひとつのこたつからは雪がよく見えないからと子供たちに部屋を占領された羅刹は、顔をしかめていたものの、四人を優しい目で見つめている。

この屋敷に転がり込んでから長い間気づかなかったが、彼は彼なりに子供たちを愛しているのだ。

そのうちはしゃぎすぎて疲れたのか、皆昼寝を始めた。

「まじか……」

完全に自室を乗っ取られた羅刹は眉間にしわが寄っている。

「羅刹さん、あっちのこたつで紅茶を飲みませんか？」

多分、姿が見えないタマは、あちらで悠々《ゆうゆう》と温まっているはずだ。

「仕方ない」

彼は立ち上がるも、こたつから思いきりはみ出していた葛葉を布団の中に入れてやっていた。

羅刹が座敷のこたつに入ると「ギャッ」というタマの鳴き声が聞こえてきた。やはりここにいたようだ。

「お前、わざと蹴ったじゃろ」

中から出てきたタマは強く抗議している。

「知らん」

我関せずという態度で羅刹が切り捨てると、タマは大きなため息をついた。しかし、美空にしてみれば、子供たちの面倒を見たがらない両者ともにため息の対象だ。

「タマも食べる?」

「当然じゃ」

美空がクッキーを見せると、タマはふてぶてしい返事をする。

「当然? 働かざる者食うべからずなの。当然じゃないから。美空さま、私にもくださいってお願いして」

最近公園にもついてこずこたつにこもってばかりのタマに、美空は少々フラストレーションがたまっている。

「はぁ? 俺さまに物申すとは百年早いわ」

「それじゃ、クッキーも百年後にどうぞ」

美空がこたつの上に多めにクッキーを出すと、タマはいち早くそれをくわえてどこかに飛んでいった。もちろん、そうなることを見越して出したのだが。

「紅茶どうぞ」

羅刹に紅茶を準備した美空も、自分のカップを持ってこたつに入る。冷えた指先をカップで温めていると、羅刹が口を開いた。

「雪はこれからどうなるんだ?」

「あやかしの世は降らないんですか?」

「俺は初めて見た」

それを聞き、美空はしまったと思った。ずっと地下牢で過ごした彼は、青い空ですらほとんど見たことがなかっただろうから。

「……そう、ですよね。気温が下がると雨は雪になります。今日は特別寒いですから、このまま積もるかも。明日の朝が大変そう」

豪雪地帯ではないため雪下ろしまでは必要ないだろうが、美空も雪に慣れていると は言い難い。

「積もる?」

「はい。もう寒椿の葉の上には積もっていたでしょう? このまま降り続くと、地面もああなるんです。今晩は気温が低そうだし、低気圧も居座るみたいなんで、明日の朝は銀世界が広がっているかも」

子供の頃はワクワクするばかりだったが、大人になった今は、少し憂鬱だ。踏み固められた雪は凍り、滑って転ぶ。交通機関も乱れるし道路事情も悪くなるため、近所のスーパーに荷物が届かず、商品棚がガラガラになることも考えられる。幸い、昨日のうちに買い込んできてあるため、数日はなんとかなりそうだ。

「銀世界ねぇ」

クッキーをかじる羅刹は、不思議そうな顔をしている。想像できないのだろう。

「子供たちは楽しいかも。雪合戦したり、雪だるま作ったり……」

「なんだ、それ」

「雪合戦は、雪で小さな玉を作ってぶつけ合うんです。雪だるまは……」

美空はスマートフォンで画像を検索して羅刹に見せた。

「雪で大きな玉を作って、こんなふうに飾るんですよ。たくさん降れば大きいのが作れそう」

寒そうだなと思いつつも、子供たちの楽しげな姿を想像すると、ぜひやらせてあげたい気もする。

「へぇ」

紅茶を喉に送る羅刹も、まんざらではなさそうだ。

こうなると、俄然《がぜん》明日の朝が楽しみになってきた。


翌朝は一転、青い空が広がるよい天気となった。夜の間に降り積もった雪が、太陽の光をキラキラと反射させていて、とても美しい。積もったのは五センチほどだったが、雪遊びするには十分だ。

「うわぁ！」

起きた途端に庭に駆け出ていこうとする子供たちをなんとかなだめて朝食を食べさせ、後片付けもそこそこに、庭に急いだ。

「ねえ、上着着て」

寒くないのか、肌着の上に先日買ってきたフリースだけを羽織った四人が庭で早速雪を手にしているので、ひとりずつ呼んではコートを着せていく。

「みしょらー、なくなっちゃったー」

無造作に雪をつかんで握りしめた葛葉が、溶けた雪に肩を落とす。

「雪は温かくなると溶けちゃうの。でもこうやって……」

美空が雪を集めて小さな玉を作ると、四人も真似をしだした。

「それで、こうやってぶつけ合うのが、雪合戦」

美空はちょうど縁側に出てきた着物姿の羅刹に向かって、雪の玉を投げつけた。

「お前……」

「早く出てこないと、一方的にぶつけられますよー」

絶対に彼もこの輪に加わりたいはずだと思い、わざと煽《あお》る。すると、一旦部屋に戻った羅刹は、しっかり洋服に着替えてダウンコートまで着込んで出てきた。

美空は思惑通りになったと、こっそりほくそ笑む。

大きな羅刹は、たちまち子供たちの標的になる。しかし当てられてもびくともせず、黙々と雪の玉を作り始めた。なんとなく生き生きとして見え、寒いと不貞腐れながらも楽しんでいるように感じられる。

「痛てぇ。頭はやめろ」

相模が投げた雪の玉が羅刹の頭に当たり、顔をしかめている。といっても、本気で怒っているわけではない。

「らしぇつ、なにしてるの?」

雪の玉をぶつけられても黙々と玉を大きくしていく羅刹のことを、子供たちが不思議がりだし、周りを囲んだ。

「雪を集めてこい」

「はぁい！」

四人に指示を出したところで、美空も近寄っていく。

「腕にする枝もいりますね。帽子も欲しいな。……うーん」

羅刹は雪だるまを作ろうとしているのだ。

「なんか探してこい」

「はい」

普段面倒見がいいとは言い難い彼が、寒さで鼻を赤くしながら一心不乱に雪だるまを作っているところを見ると、かわいらしく思える。そんなことを言ったらやめてしまうので、もちろん口には出さない。

とにかく、羅刹の心が弾んでいるのが見えるようで、美空はうれしかった。

子供たちだけでなく、羅刹もタマも大蜘蛛の犠牲者なのだ。皆幸せになってほしい。

それに……我が子を突然奪われ、助けられないことに絶望し、いまだ戦いを続けているだろう羅刹の両親も。

皆が幸せになれる方法はないのだろうか。

いればいいのに。

貴重な幼少の頃の時間は戻ってこない。けれど、これからの未来に希望が詰まって

美空は雪だるまの帽子になりそうなバケツを手に、庭に戻った。するとなぜか上の雪の玉のほうが大きい不恰好な雪だるまが完成しており、目になる小石を羅刹が押し込んでいる最中だった。

「らしぇつー、これいい？」

「おう、それでいい」

羅刹は蒼龍が探してきた枝を受け取り、雪だるまに挿している。

この場面を見たら、間違いなく仲のいい親子だ。

「なんじゃ、あれは」

「雪だるまよ。タマも庭に出てみたら？」

「そーんな寒いことができるか！」

縁側までやってきたタマは、きっと子供たちの楽しそうな声に誘われたのだと思う。

とはいえ、寒さには敵わなかったようで、羅刹の部屋に入っていった。

「猫はこたつで丸くなるって本当なんだ……」

美空はぶつくさ言いながらも、バケツを持って羅刹のそばまで歩み寄る。

「帽子が到着しましたよー」

「わぁ、らしぇつはやくぅ」

ご機嫌な子供たちは、羅刹を急かす。

美空が羅刹にバケツを渡すと、彼は少し得意げな顔でそれを雪だるまに被せた。

「できたぁ」

「雪だるましゃん！」

「かっこいー」

「あっ、お目々とれたー」

全員での力強い拍手が始まった瞬間、右目の小石がポロリと落ちたので、羅刹が肩を震わせて笑う。

彼がこんなふうに笑ったのは初めてではないだろうか。

「もう一回つけるか」

「つけりゅー！」

雪が溶けるように、羅刹の凍った心も溶けてしまえばいいのに。

美空はそう思いながら、子供たちと羅刹のやり取りを見ていた。

◇◇◇

最近、寒くてなにもする気が起きない。それなのに子供たちは元気いっぱいに部屋の中を走り回り、公園に行きたいとせがむ。

あやかしの世にも四季はあるものの、こちらのようにはっきりとはしておらず、しかも地下牢にいた羅刹は、雪を見たことがなかった。タマも初めてだと言うので、おそらくあやかしの世では降らないのだろう。

美空に教えられた雪合戦や雪だるま作りは、手が冷たくなるのも構わず没頭してしまった。空から舞ってくる雪が、地面に積もり形になっていくのが思いのほか楽しかったのだ。子供たちが寒さのあまり鼻水を垂らしながらでも遊び続ける気持ちが、少しわかった。

美空に見せられた写真とはなにかが違う雪だるまが完成したとき、四人が目を輝かせているのを見て、なぜか誇らしい気持ちになった。

美空が屋敷に来てから、羅刹は今まで知らなかった感情を教えられている。そして彼女が子供たちを見つめる眼差しの優しさに、自分の両親について考える時間が増えた。

羅刹にとって両親は、ずっと恨みの対象だった。〝なぜ助けに来てくれなかったのか。自分より国が大切だったんだ〟という憤りが強く、到底許すことはできないと思っていた。

その一方で戦乱が続くあやかしの世の中枢で戦い続ける両親が気になっていたのは否《いな》めない。屋敷の屋根に上って天知眼を使うたびに、無理だとわかっていても、結界が張られた中枢を見ていたからだ。

憎いのであれば放っておけばいいのに、それもできなかった。

牢での生活が過酷すぎて、両親との楽しい思い出を忘れてしまっている羅刹だったが、心のどこかには存在しているのかもしれない。簡単に切り捨てられないのはそのせいだろうか。

美空とかかわるようになってから、母の手の温もりを思い出したり、自分に向けられた父の笑顔が頭にちらついたりするようになった。

雪が溶け、暖かい日差しが戻ったその日も、羅刹は屋敷の屋根の上にいた。右目を押さえて左目を大きく開くと、遠くまで見通せる。

羅刹はあやかしの世を覗いた。

相変わらず荒れた土地にはあやかしの姿はなく、もし父側が勝利しても、昔のようなにぎわいを取り戻すにはとてつもない時間がかかりそうだ。しかし、大蜘蛛側に勝利を譲るわけにはいかないのはわかっている。

万が一にも大蜘蛛が頂点に立てば、そのほかのすべてのあやかしは奴隷となるだろう。気に入らないことがあれば問答無用で殺められ、大蜘蛛の機嫌をうかがいながら生きていくことになる。

そんな最低の未来を考えると、深いため息が出た。

子供たちをいつかあやかしの世に戻し、生き別れになった両親を捜してやりたい。もしかしたら、双子の両親のようにすでに命を落としているかもしれないが、それでも手は尽くしたいのだ。

父や母の愛を知らずに育つつらさは、羅刹が一番よく知っているから。

せっかく美空が母親代わりとして愛情を注いでくれているのだから、この先も心を閉ざすことなく強く生きてほしい。

「くそっ」

やはり中枢は見えなかった。以前は見えなくても仕方がないで終われたのだが、今は胸がもやもやする。

なんとかして見えないかと、その後もしばらく天知眼を使い続けたものの、結界の近くで火柱が上がるだけで、その中はどうしても見えなかった。

天知眼を長く使うと、疲労が襲ってくる。特に遠くのものを覗くときは顕著《けんちょ》だ。

屋根からヒョイッと庭に下りると、美空が羅刹のコートを持って出てくるところだった。

「やっと下りてきた。子供じゃないんだから、コートくらい着てください。そんな薄着で……」

美空は着物に羽織を羽織っただけの羅刹を見てあきれている。

天知眼を使うときは体が熱くなるのでコートは必要ないのだが、心配してやきもきしてくれた彼女には黙っておこうと、手を出した。しかし彼女はわざわざ庭に下りてきて、背中からコートをかけてくれる。

まるで子供扱いだなとも思ったけれど、こうしたおせっかいはなかなか心地いいものだ。

「気をつけるよ」

「本当ですよ？」

「ちょっと心配しすぎじゃねぇの？」

子供たちのことでもいつもはらはらしている美空にそう伝えると、眉をひそめて首を横に振っている。

「心配しすぎくらいがちょうどいいんです。子供たちも羅刹さんも、無謀なんだもん。ちゃんと目を光らせておかないと、なにするかわからないから」

「あー、はいはい。わかりました」

羅刹は生返事をしたが、そうやって心配してもらえるのがうれしくもあり、少々照れくさかった。

「なに、その言い方」

「わかったって。お前も寒いだろ。こたつに入れ」

羅刹にはがみがみ言うくせして、美空は薄手のセーター姿だ。羅刹は着せてもらったばかりのコートを脱ぎ、彼女に着せた。

「えっ……」

「着ておけ。お前が倒れたら飯がなくなる」

食事の大切さを知った羅刹だが、もし美空が作れなくてもスーパーに弁当を買いに行けばいいことも知った。ただ、彼女を気遣ったのが気恥ずかしくて、そう言った。

「私はご飯製造機じゃないですから!」

「わかった。とにかく中に入るぞ」

そんなことは、もちろんわかっている。もう美空がいない生活なんて、考えられない。

彼女はこの屋敷のこたつのような存在なのだ。彼女の周りに皆が集まり、その暖かさを分け与えられるおかげで、心が休まり、安心してうたた寝ができる。

美空は子供たちにとっても羅刹やタマにとっても、欠くことのできない存在になった。

「ところで、最近屋根の上が長くないですか？」

美空はよく気がつく。たしかにあやかしの世を覗いている時間が日に日に長くなっている。

「そうか？」

「そうですよ。天知眼を使うと疲れるんでしょ？　あんまり無理しないでください」

誰かに心配されるというのは、くすぐったいものだ。しかし平然とした顔を作っておく。

「子供たちは？」

「奥座敷で遊んでますよ。今日は公園にも行けたので満足みたい」

午前中から寒い中連れ出されてうんざりだったが、広い公園で楽しげな笑い声をあげて駆け回る子供たちを見ていると、また連れていってやりたいと思う美空の気持ちもわからなくはない。ただ、いざ行くとなるときわめて憂鬱《ゆううつ》なのだが。

「お茶淹れますから、温まってください」

美空はそう言うと、台所に行ってしまった。

早速こたつに足を入れたが、珍しくタマがいない。おそらくもうひとつのこたつのほうで伸びているのだろう。

羅刹はそのまま寝転び、うーんと伸びをした。

すぐに来ると思った美空は、なかなかやってこない。子供たちにもおやつを出しているのかもしれないと思っていると、眠気が襲ってきた。

「羅刹さん、入りますね」

美空の声がして、障子が開く。

「あれっ、寝ちゃった？」

億劫《おっくう》で起き上がらないでいると、背を向けていたせいか寝ていると勘違いしたようだ。

「お茶、いただいちゃいますね」

美空はそう言ってからこたつに入り、お茶を飲み始めた。

「ねえ、羅刹さん」

美空が話しかけてくる。羅刹は起きるべきかと悩みつつも、寝たふりを続けた。

「最近、屋根の上にいるのが長いのは、あやかしの世を見てるからでしょ」

その通りの指摘をされ、眉がピクッと動く。

「私ね、子供たちはもちろんだけど、羅刹さんにもタマにも幸せでいてほしいの。雪が降るとちょっとはしゃいで、冷たい風が吹くと『さむーっ』って皆で言い合って。こたつでみかんを食べて『おいしいね』って笑い合う。特別なことをしなくても、そういう時間は幸せだなって……」

美空の言いたいことはわかる。温泉旅行はそれはそれでいい思い出になったが、日常のちょっとしたひとコマも貴重な時間だ。来る日も来る日も、暴力におびえるだけの日々を過ごしてきたからこそ、穏やかに過ぎていく時間の大切さはよくわかっているつもりだ。

子供たちがケンカをしたりいたずらをしたりして騒いでいるのはうるさいと思うものの、自分にはなかったああした時間が、うらやましくもある。

「これからもずっと、そうやって過ごせればいいのにと思ってるんです。あっ、でももうちょっと手伝ってほしいですけどね」

彼女の苦言に苦笑しながらも耳を傾け続ける。

「だけど……」

突然声のトーンが落ちたので、何事かと身構えた。

「大切な人に危険が迫っているのに、平気でいられるわけがないのもわかってるんです。私だって、子供たちが危ない状況に陥ったら、なにを置いても助けに行くから。だから、羅刹さんがご両親の心配をするのは当然なの」

まさか、両親の現在の様子を探っていることを美空に知られているとは思っていなかった羅刹は、彼女に背を向けたまま目を見開いた。

「苦労ばかりしてきた羅刹さんのこれからは、もう楽しいことだけでいい。だから、危険なところに行ってほしくないんです。薬草を採りに行ったときだって、どうして行かせちゃったんだろうって後悔ばかりして……」

美空の声が震えている。あのとき、あやかしの世から戻った羅刹を玄関で出迎えた彼女の頬に涙が伝ったのを思い出した。

「だけど、ご両親の心配をする羅刹さんの気持ちも痛いほどわかるの。私はこの屋敷の家政婦だから、羅刹さんが子供たちを守っておけと命じるなら、もちろんやる。でも、約束して。必ず戻ってくるって。子供たちの将来をひとりで背負うなんて、重すぎてお断りだから。ちゃんと羅刹さんも面倒を見て」

もしや美空は、羅刹が起きていると気づいていて話しているのではないだろうか。

彼女のおせっかいのおかげで、家族と過ごすことの温かみを知った。子供たちが笑うと自分の心も躍ることを知った。そして子供たちが成長していくのが、なによりうれしい。

そういう経験をしているうちに、やはり両親は自分を見捨てたわけではないのではと確信し始めている。大切な者は自分の手で守りたい。どれだけそう強く願ってもできなかっただけではないかと。

そう考えるようになってから、屋根の上であやかしの世を見ている時間が長くなった。

美空はそうしたこともお見通しなのかもしれない。彼女は自分に関することには鈍感なくせに、誰かの心の機微にはとんでもなく敏感なのだ。

美空の心の葛藤を聞いた羅刹は、思い悩んだ。

毎日屋根であやかしの世の中枢がどうなっているか確認できないことに、もやもやしている。結界の中に入りさえすれば父や母の状況がつかめるし、自分が本当に見捨てられたのかどうかもわかる。

いや、もう羅刹はわかっていた。両親がきっと今でも自分に手を伸ばせなかったことを悔いているのを。

子供たち四人と一緒にいると、たとえ満足に親代わりとして機能していなくても、彼らを絶対に失いたくないと思う。なにかあれば、命を懸けてでも守るという気持ちが日に日に強くなっていく。

実の子でなくともそうなのだから、きっと父や母が中枢にとどまったのは苦渋の決断だったのだと思えるのだ。

美空はお茶を飲み、バリバリと音を立てながらせんべいを食べたあと、部屋を出ていった。

起き上がった羅刹は、こたつの上の湯呑《ゆのみ》に注がれている緑茶に茶柱が立っているのを見つけて、頬を緩ませる。

「まったく。あいつは福の神か」

美空がかかわって、悪い方向に行ったためしがない。紆余曲折《うよきょくせつ》すれど、必ず最後は皆が笑っている。もちろん、羅刹もだ。

「行くべきか……」

羅刹はぼそりとつぶやいた。

自分があやかしの世に行き父に加勢すれば、事態が打開できる可能性もある。天知眼で見る限り、大蜘蛛派のあやかしたちも傷つき、そして疲れきっており、いつ命を落とすやもしれぬ状況に戦う気力を失っているようだ。

大蜘蛛さえ倒せたら、そうした者たちが一気に寝返るような気がしている。

問題は、残していく子供たちのこと。ただそれも……。

「美空……」

彼女は、『羅刹さんが子供たちを守っておけと命じるなら、もちろんやる』と力強く宣言した。この屋敷のことは気にせず、思うままに動けと背中を押してくれたのだろう。

おそらく、彼女も不安なはずだ。ひとりで四人の面倒を見て、責任を負うのは簡単なことではない。万が一、羅刹が戻らないようなことがあれば、きっと途方に暮れるだろう。

いや、彼女は羅刹が無事に戻ると信じているのだ。そうでなければ、羅刹の背中を押すような発言はしなかったに違いない。

美空の最大限の強がりと覚悟をしかと受け取った羅刹は、あやかしの世の中枢に赴くことに決めた。

それから羅刹は、子供たちと公園でひたすら遊び、初めてファミリーレストランに連れていって、食事までした。

しっぽや耳を出さないという約束をきちんと守った四人は、出された料理に目を輝かせて食べていたけれど「みしょらのごはん、いい」と声をそろえた。

初めての場所で食べた食事は楽しかったようだが、美空の料理のほうが好みだったらしい。それを聞いた美空は、うれしそうに微笑んでいた。

美空とタマに、あやかしの世に赴く決意を明かしたのは、美空が独り言をつぶやいたあの日から五日後。

騒がしい朝食のあと自室にふたりを呼び、こたつを挟んで座ってから口を開いた。

「あやかしの世に行く」

それだけで、美空はすべて理解したようにうなずいた。

「知ってましたよ。急にファミレス行くとか言うんだもん。……でも、思い出づくりしてるみたいで嫌なんですよね。子供たちは私の料理のほうがいいと言ってくれましたけど、私はたまには楽したいんです。だから……」

美空は目に涙をいっぱいにためて声を振り絞る。けれど、途中で言葉が続かなくなり、目頭を押さえた。

「わかってるよ。また連れていきゃいいんだろ」

「そうです。私、パフェが食べたいんです。デザートバイキングに行きましょう」

「そんなものに行ったら、絶対に耳が生えてくるだろ」

バイキングという、たくさん並んだ料理から好きな物を取ってきて食べるレストランがあると聞いてはいたが、そんな遊び要素満載では、子供たちも我を忘れること間違いなしだ。

「えー」

「……それじゃあ、美空がしつけておけ」

「私はしっぽも耳も生えないんですよ。どうやってしつけたらいいのかわからないでしょ」

美空は口を尖《とが》らせる。

「戻ってくるから」

美空をまっすぐに見つめて言うと、彼女は一瞬顔をゆがめたものの、笑顔を作った。

「食べ物の恨みは恐ろしいですからね」

羅刹に戻らないという選択肢はない。絶対に子供たちやタマ、そして美空に会いたいからだ。

「タマ」

「わかっておる。存分に暴れてこい。ただし、美空を悲しませるな」

日々、美空に盾突き、趣味のように口げんかをしているタマも、美空は大切な存在なのだろう。満足な食事を提供してもらえるからというだけでなく、彼も美空が来てから楽しそうなのだ。

「そうだな」

羅刹が素直に返事をすると、美空が大きく息を吸い込んだ。気持ちを整えているようだ。しかし目を閉じたまましばらく開かない。

「タマ、席を外せ」

羅刹が言うと、タマは部屋を出ていった。

羅刹はタマが通ったせいで開いた障子を閉めたあと、美空の隣に座り直す。

「美空」

「……ごめんなさい。笑って送り出そうと思ってたのに」

彼女の大きな目から、はらはらと涙がこぼれだし、頬を伝って落ちていく。

美空が自分を心配してくれているのがひしひしと伝わってきて、胸が痛い。このままここで彼女と一緒にいられたら……なんて、柄にもないことを考えてしまう。

けれど、羅刹にはすべきことがある。あやかしの世の未来のために。そして、子供たちの幸せのために。

こちらに逃げてきたばかりの頃、天知眼で見たあやかしの世の未来は惨憺《さんたん》たる状況だった。あれから未来を覗かなくなった。必ず事態は好転すると信じていたからだ。

それを自分の手でできるなら……そして、美空が信じてくれるなら、必ずやり遂げる。そして帰ってくる。

「こんなんじゃ、心配ですよね」

くしゃくしゃに顔をゆがめながら必死に笑おうとする美空を、羅刹は思わず抱きしめた。

「泣きながら笑うと、不細工だ」

「不細工じゃないもん」

弱々しい反論をしてくる美空は、羅刹の腕を強くつかみ、胸に顔を押しつけて泣いているようだ。

「お前の涙は尊いよ」

「えっ？」

「俺を本気にさせる」

もう不安や憤りや悲しみといった負の感情で、美空を絶対に泣かせない。

羅刹は心に強く誓う。

「子供たちを頼む。できるだけ早く帰ってくる」

美空は羅刹の腕の中で力強くうなずいた。


その後羅刹は、子供たちに出かけることを伝え、美空に協力するように話した。

「いいおー」

「みしょらがんば」

「おてつだいしゅる」

相模、桂蔵、蒼龍と続く。

難しい顔をしていた葛葉だけがなにも言わず心配していると、彼女は羅刹をじっと見て口を開いた。

「らしぇつ、どこいくの？」

「ちょっと遠くだ」

あやかしの世のことを思い出させないほうがいいのではないかと濁すと、なにかを感じ取っているのか葛葉は眉をひそめた。

「らしぇつ、いなくなったらいやぁ」

葛葉の思いがけない言葉に、羅刹は驚くと同時に、気が引き締まった。決していい親代わりではない自分のことを、必要としてくれているのがわかったからだ。

子供たちのうしろにいる美空も、唇を噛みしめていた。

「俺はいなくならない。ちょっと用があって出かけるだけだ。だからその間、美空を頼むな」

きっと葛葉は、目の前で父や母が濁流に呑まれて命を落としたことを、思い出しているに違いない。だから羅刹も、ああしていなくなってしまうのではと不安なのだろう。

「みしょら、よしよししてあげりゅ。らしぇついないと、さみしいよ」

葛葉が言うと、美空は驚いたように目を丸くしている。あれほどいつも言い争いをしている羅刹と美空なのに、不思議なことに子供たちの目には仲がよさそうに映っているらしい。

「そうだな」

羅刹が葛葉の頭を撫でると、思いきり胸に飛び込んできた。それを見ていたあとの三人も突進してくるので、羅刹は抱き寄せる。

偶然出会った彼らと、これほど強い絆を築けるとは思っていなかった。これも、美空のおかげだ。

羅刹がふと美空に視線を送ると、彼女は大きくうなずいた。

翌朝早く、羅刹は蝶々雲が広がる空に向かって手を上げ、あやかしの世への入口を作った。

「それじゃあ、行ってくる」

見送りに出たのは、美空とタマだ。子供たちはまだ布団の中ですやすや寝息を立てている。

「これ、持っていってください」

美空が差し出してきたのは、大きなおにぎりふたつ。いまだ羅刹は三角には握れないけれど、戻ってきたらまた子供たちと一緒に作りたい。

「羅刹、お前は強い。しかし、わざわざ傷つくようなことはするな。ときには逃げることも必要じゃ」

「ああ、わかった」

大蜘蛛の拠点から命からがら逃げてきたタマの言葉には重みがあった。

家族を失っているだろうタマも、本当はみずから乗り込んで大蜘蛛に制裁を加えたいに違いない。タマの無念も晴らすつもりだ。

「子供たちを――」

「心配しないで。しっかり預かります」

美空の意志のこもった言葉に羅刹はうなずき、空を見上げて地面を蹴った。


父や母がいる中枢はあやかしたちが多く集う、あやかし界ではもっとも大きな街だ。羅刹の家族もそこに居を構え、父とともに国を動かす者たちも住んでいたとても重要な拠点だった。

羅刹が大蜘蛛一味に連れ去られ、大蜘蛛とその仲間が暴れ始めたのを知った父は、その街を丸ごと守るように結界を張った。

父が作る結界は強固なもので、簡単に出入りできない。何度天知眼で覗いても、近くで火柱が上がろうとも結界が崩れた様子は見られなかった。

そのため大蜘蛛たちは手出しできず、多くの父の仲間やその家族が無傷でその中に潜んでいる可能性がある。

「ひどいな」

羅刹が降り立った場所は、最近衝突があったのか焦げ臭いにおいが立ち込めており、顔をしかめた。

ここから中枢まで数キロ。羅刹の脚ならあっという間に到達できる。

もっとも危険な地域に突入する前に、天知眼で改めて情報収集をした。

大蜘蛛はどこかに隠れているのか姿が見えないが、大蜘蛛派が結界の外の南側のある一点に集結している。ならば北側から潜入すべきだろう。問題は、大蜘蛛一派の攻撃に耐え続けてきた強い結界を破れるかどうかだ。

行ってみなければわからないと、足を踏み出そうとした。しかし、その前に美空が持たせてくれた大きなおにぎりを頬張る。

「鮭《さけ》か……」

今日のおにぎりは、特別具が多い。ちょうどいい塩加減のそれをしっかりと嚙みしめて味わいながら胃に送り、羅刹は気合を入れた。

するると、たちまち角が生えて目は赤く染まり、本来のあやかしの姿になる。

「終わらせてくる」

羅刹はそうつぶやき、駆け出した。

すぐに十体ほどの大蜘蛛派だと思われるあやかしに遭遇したが、羅刹が鬼だと気づいてあとずさりする。どのあやかしも鬼の強さをよく知っているのだ。

「待て。俺はお前たちを殺したいわけじゃない」

そう声をかけると、驚いた様子だ。それもそうだろう。長い間、殺すか死ぬかというような状況に身を置いてきたのだから。

「俺は、あやかしの世をもとに戻したいだけなんだ。お前たちだってこれ以上無駄な戦いは望んでいないはず。大切な人を死なせたくないだろ？」

羅刹は屋敷に残してきた美空と子供たち、そしてタマを思い浮かべながら言った。

「し、信じられるか」

あやかしたちは身構える。しかしその目は泳ぎ、動揺しているのが見て取れた。

羅刹の言葉を安易に信じられないのは理解できる。彼らは多くの命が散っていくのを目の前で見てきたのだから。

「俺は本気だ。必ず平穏な生活を取り戻してみせる。だから、ここを通してくれ」

言葉ひとつで説得できるほど、甘くはないのはわかっている。羅刹だって、自分を牢に閉じ込めて痛めつけ続けた大蜘蛛の仲間を殺してやりたいほど憎んでいたからだ。しかし美空と過ごしているうちに、そうした憎しみの連鎖を断ち切らなければ、もとの世界は戻ってこないと思うようになった。これからも、憎しみは心の奥でくすぶり続けるかもしれない。けれど、過去より未来。四人とタマ、そして美空の笑顔を守るほうが大事だとわかったから。

「通すわけにはいかん。やれ！」

先頭に立つ大男が声をあげると、意を決したようにあやかしたちが羅刹を襲ってきた。

彼らは、ここで羅刹をあっさり逃せば自分たちが大蜘蛛に消されるとわかっている。そんな状況での説得はやはり難しかったと、羅刹は仕方なく戦いに挑んだ。といっても力の差は歴然としている。

「すまん。少し眠っていてくれ」

羅刹は向かってくるあやかしたちを拳《こぶし》一発で気絶させ、先を急いだ。

倒しても倒してもどこからともなく湧いてくるあやかしを、手加減しながら倒していくというのは骨が折れる作業だった。駆け抜ければ数分で着く距離なのに、いつの間にか日が落ち、ようやく中枢の結界付近にたどり着いたときには朝になっていた。

手を焼いたものの、羅刹は傷ひとつなく結界の外側に到着した。しかし羅刹の怪力をもってしても、結界の壁はびくともしない。

「どうすれば……」

中に入らなければ、天知眼も効かない。父や母が、そして仲間がどうしているのかすらつかめない。

ならばひとりで大蜘蛛を殺《や》れば……とも考えたが、さすがにそれは危険すぎる。大蜘蛛だけならなんとかなっても、大蜘蛛に支配された多くのあやかしがそこらじゅうに潜んでいるからだ。

美空に必ず戻ると約束した羅刹は、ほかの方法を模索し始めた。

結界を張っているといっても、これだけ長い間籠城《ろうじょう》するのは難しい。どこかに出入口があって、食べ物を調達しているはずだ。

羅刹は改めて天知眼を使い、その場所を探し始めた。しかし、辺りを確認してもそれらしきところが見当たらない。

もしかしたら父が、そのときだけ結界を緩めているのかもしれない。

試しに過去を覗いてみると、やはりそのようだ。数名のあやかしが出入りしているのが見えたが、現在、その出入口は封鎖されていた。

羅刹も、あやかしの世と人間の世をつなぐ扉を自由自在に作ったり消したりできる。父もそうした能力があると考えて間違いない。

相模や蒼龍の両親も、この中にいればきっと生きている。そう希望が湧いてくるほど、父の結界は頑丈だった。

しかし、このままでは埒《らち》が明かない。

しばらく考え込んだ羅刹は、ふと思い出した。

「絆……」

美空が、あやかしに完全変化した子供たちの姿が見えるのはどうしてなのかとタマと話しているのを、羅刹はこっそり聞いていた。

あのときタマは、強い絆が生まれると魂が共鳴する。共鳴が起こると、心の声が聞こえるようになると話していた。しかも、その絆は親子や夫婦、兄弟などの間だけに存在すると。

ずっと牢でひとりだった羅刹には、それが本当なのかどうかわからない。ただ、もし両親が今でも羅刹のことを想っているのであれば、心の声を通わせられるかもしれない。

羅刹はそれに賭けた。

それから雑念を振り払い、ひたすら父と母の顔を思い浮かべようとした。美空のおかげで失われていた両親の記憶が戻りつつある羅刹は、ぼんやりとふたりを思い出し、心の中で訴える。

（羅刹です。助けに来るのが遅くなってすみません。皆、無事ですか？）

同じことを二度繰り返したが、まったく反応がない。

（結界の中に入るにはどうしたらいいですか？　俺も大蜘蛛を倒す手助けをしたいのです）

あきらめずにもう一度念じる。しかし結果は同じで、羅刹の背に冷たいものが走った。

もし、父も母も命を落としていたら……。いや、持ちこたえているということは、父は間違いなく生きている。

葛藤して不安になるも、美空の顔を思い浮かべて歯を食いしばる。

必ずあやかしの世の混乱を収めて、美空と子供たちのもとに戻る。

羅刹は気を引き締めた。

（父さん、母さん、無事ですか？　会いたい……会いたいんだ）

そして、もっとも伝えたい想いを思いきり心の中で叫んだ。すると、か細い声が聞こえた気がして、必死に耳をそばだてる。

(羅刹、羅刹に会いたい。死ぬ前に、ひと目でいいからあの子に……)

弱々しい女の声は、母に違いない。懐かしい響きに感激しながらも、『死ぬ前に』という言葉に緊張が走る。

(羅刹を助けるまでは死なせない。もう少し頑張るんだ。羅刹を助けられたら、我が命を全部お前に与えよう)

次に聞こえてきたのは、太い男性の声だった。おそらく父だ。

しかしその内容が衝撃的で、羅刹は目を瞠《みは》る。

母は命が危うい状態で、父は母に魂を分け与えているのかもしれない。

タマが口にしていた話を思い出し、そう感じた。

それと同時に、美空が言っていたことは正しかったのだとわかった。父も母も羅刹を見捨てたわけでなく、どうにもならなかったのだ。

父は自分が命を落としては仲間が全滅すると、必死に踏ん張っているのだろう。仲間の安全が約束され羅刹を救えれば、自分の命はなくなってもいいと思っているようにすら感じる覚悟の大きさに、胸を打たれる。

やはり父は偉大だった。

羅刹は、仲間から慕われていた父の姿を完全に思い出した。大きくなったら父のようになりたいと思っていたことも全部。

母の状態が把握できず気が気ではないけれど、両親ともに生きていてくれたことに目頭が熱くなる。

自分の魂も分けられるなら、母も助けられるかもしれない。

ずっと恨んでいたはずなのに、これほど自分は両親を求めていたのだと思い知らされた。

(聞こえますか？　羅刹です)

羅刹はもう一度心の中で呼びかけた。

(羅刹？　羅刹なの？)

母のそんな声が届いたとき、安堵した。自分にも親子の強い絆が存在したといううれしさと、これで事態を打破できるという安心は、羅刹に力をみなぎらせる。

(そうです)

(ああっ、羅刹なのね。生きていてくれたのね……)

震える母の声を聞き、言い知れない喜びが広がる。しかし、死の淵に立っているのであれば、一刻も早く救わなければ。

（大蜘蛛を片付けて、ゆっくり話がしたい。今、結界の外にいるんです。父さんと話をさせてください）

羅刹が心で呼びかけると、しばらく声が聞こえなくなり焦ったものの、今度は低い父の声がした。

（羅刹……なのか？）

（父さん……）

（羅刹……。助けに行けなくて、申し訳なかった）

声を詰まらせる父が泣いているのがわかり、あやかしの世に来てよかったと心からそう感じた。

長年にわたるわだかまりが、たったひと言で消えていく。

父も母も、ずっと羅刹を助けられない苦しみや絶望を抱きながら、必死に大蜘蛛と対峙《たいじ》してきたに違いない。

（父さん。俺も手を貸したい。結界の中に入るにはどうしたらいい？）

（お前をもうこれ以上危険にさらしたくない。ここを離れるんだ）

父の意外な言葉に、羅刹は無意識に首を横に振っていた。両親が羅刹をあきらめなかったように、羅刹もまたふたりを置いて去ることはできない。

（離れません。俺、守りたいやつがいるんです。そのために、あやかしの世をもとに戻したい）

羅刹は四人の子供たちを思い浮かべながら伝えた。

彼らを本来の場所に戻したい。もし両親が生存しているのであれば、会わせてやりたい。

（……そう、か。絶対に無理はするな）

（はい。大蜘蛛派の統率が乱れていますよね）

天知眼で見る限り、士気が低いように見て取れる。

（そうだ。戦いが長く続いたことで、皆疲弊している。ただ、疲れているのは大蜘蛛の仲間だけではない。残念だが、こちらもだ。結界に守られているから持ちこたえているが、これを破ったら多くの者が命を落とすことになるだろう）

父の言葉に納得した羅刹はうなずいていた。

しかし、皆が争いをやめたがっているのであれば、最大の好機でもある。

（大蜘蛛の居場所が探れないのですが）

（地下だ）

父の声を聞き、すぐさまもう一度天知眼を使った。

大蜘蛛は巧みに姿を隠しておりすぐには見つけられなかったが、地下を念入りに探っていくと、無数の棘《とげ》を持つ脚を悠然と動かす姿をとらえた。

（いた。南西の方向。俺が背後に回って奇襲をかけます。父さんのほうからも攻撃できますか？　狙いは大蜘蛛だけでいい）

おそらく大蜘蛛の手下たちは、大蜘蛛を守りたいとは思っていない。ただ、指令に従わなければ命がないので、渋々戦っているだけ。羅刹たちに挟まれた危機迫る場所に駆けつけたりはしないに違いない。大蜘蛛を殺めてほしいと思っている者すらいるのではないだろうか。

最近、何度もあやかしの世を天知眼で覗いていてそう感じたのだ。

（わかった。羅刹に従う。羅刹……）

父が声を震わせるので、背筋に冷たいものが走る。

もしや死を覚悟しているのでは？

（死なせません。父さんも、母さんも、一緒に耐えてきた仲間も。子供たちの未来を守るんだ）

湧き出てくる感情をありのまま父にぶつけた。

長く牢にとらわれ、やっと逃げ出しても罵声《ばせい》を浴びせられ……いつの間にか大きく感情が動くことはなくなっていた。そうやって凍らせておかなければ、苦しさのあまり生きてこられなかったのだ。

けれど、美空が自分にも熱い想いがあることを思い出させてくれた。

（そうだな。私もお前に会うまでは死ねぬ）

父の声に張りが戻ってきたと感じた羅刹は、きっとこの作戦はうまくいくと信じた。

（行きます）

一瞬で南西の方角に移動した羅刹は、大蜘蛛に気配を察知される前に拳を地面に打ち込んだ。するとひびの入ったそこがぱっくりと割れ、大きな羅刹が豆粒に見えるほど巨大な大蜘蛛が飛び出てくる。

「鬼か……」

「いかにも。お前には随分世話になったからな。お礼に来たん――」

羅刹が話し終わらないうちに大蜘蛛の脚が攻撃を仕掛けてくる。羅刹が素早く飛んで避けると、大蜘蛛はヒューーッと口笛を鳴らした。仲間を呼んでいるようだ。

「お前のせいで、いくつ命が失われたと思ってるんだ。絶対に許さない」

双子の両親が濁流に呑まれた瞬間を、今でも鮮明に覚えている。あれほど自分が無力だと思ったことはなかった。

もうあんな思いは二度としたくない。

大蜘蛛は八本の脚をすさまじい勢いで動かし、襲ってくる。脚に無数に生えた棘には毒があり、刺されたら命はない。けれど羅刹の俊敏さはそれを軽く上回り、大蜘蛛の攻撃を難なくかわす。次第に大蜘蛛の動きが鈍くなってきた。

「誰も助けに来ないいな」

羅刹の予想通りだった。そもそも大蜘蛛派には絆などなく、きっかけがあれば寝返るような者ばかりの寄せ集めなのだ。

「お前は逃げ回るだけで精いっぱいじゃないか。攻撃すら仕掛けられない腰抜けのくせして、ほざくな」

大蜘蛛が大地に体当たりすると、羅刹がいた地盤が崩れる。しかしすぐさま飛び上がり、事なきを得た。

「いつまで逃げられるかな」

大蜘蛛は自分の勝利を確信しているようだが、それは羅刹のセリフだ。

そのとき大蜘蛛の背後から、十数名の仲間を連れた父が姿を現した。久しぶりに顔を合わせたにもかかわらず父だと瞬時にわかったのは、羅刹と同じように目を赤く染め、鋭い角を生やし、全身が青白い炎で包まれているからだ。羅刹も力がみなぎっている今、同じ炎を纏っていた。

「大蜘蛛よ。私の首が欲しいのだろう？」

父が煽ると、大蜘蛛はうしろ脚を伸ばして父たちに攻撃を仕掛ける。しかし羅刹の強さを感じ取っているのか、羅刹に背を向けようとはしなかった。そのせいで攻撃が定まらず、父たちも難なく避けている。

「お前が作った絆はまがい物だ。誰もお前を大切だとは思っていないみたいだな」

今度は羅刹が煽ると、大蜘蛛は砂埃《すなぼこり》を立てて父たちの視界をふさぎ、怒りをむき出しにして次々と脚を羅刹に突き刺そうとしてくる。

羅刹はそれを避けるように宙を舞ったが、砂が目に入り棘が頬をかすめた。

「くそっ」

「私を侮《あなど》るな。毒が一滴でも体内に入れば命取りだ」

「羅刹！」

羅刹の頬から血がにじむのを見た父が、顔を引きつらせて羅刹の名を叫ぶ。

「俺はこんなことでは死なん。美空と子供たちが待ってるんだ」

父とその従者が大蜘蛛を取り囲み、一斉に攻撃を仕掛けようとしたそのとき、「離れろ！」という大きな声とともにゴウゴウと水の音がし始め、羅刹たちのいた場所を激流が襲った。

羅刹や父たち一行は突然現れた太い川の流れに巻き込まれることなく逃げたが、中心にいた大蜘蛛は取り残され、必死に脚で大地をつかんでいる。

「羅刹」

父が投げた鈍く光る刀を受け取った羅刹は、地を蹴ると大蜘蛛の頭めがけて急降下していく。

最後のあがきか、大蜘蛛は羅刹に向かって再び脚を伸ばしてきたが、たった一本。踏ん張っていなければ流されるからだろう。

「これは命を落とした者たちのお前への怒りだ」

羅刹は容赦なくその脚を切り落とし、大蜘蛛の頭に渾身の力を込めて刀を突き立てた。

——ギャアアアア！

耳障りな雄たけびが辺り一帯に広がり、緑色の体液を噴き出した大蜘蛛は、水の勢いに負けて流されていく。

「終わっ、た……」

地上に降り立った羅刹だったが、毒のせいか体がふらつき激流に呑まれそうになる。しかし次の瞬間ぴたりとそれがやみ、元通りの砂地が現れた。

「羅刹！」

よろけて膝をつく羅刹のもとに父が駆け寄ってきて、抱き寄せる。

「……ようやく、会えた」

そう口にした羅刹だが、激しいしびれに襲われて体を支えていられなくなり、父に身を預ける。

「ダメだ。死ぬな」

父の声が聞こえてきて、美空や子供たち、そしてタマの顔が頭をよぎった。

――帰りたい。うるさいほどの笑い声が広がるあの屋敷に、戻らなければ。もう美空を泣かせないと誓ったじゃないか。

羅刹は自分に言い聞かせて歯を食いしばるも、次第に息が苦しくなってくる。

「くそっ」

「羅刹！」

そのとき、誰かが羅刹の名を叫びながら駆け寄ってきた。

「薬草だ。煎《せん》じている暇はない。食え」

相手の姿を確認する間もなく、空気を貪るために開いた口の隙間から薬草の葉をつっこまれ、あまりの苦さに吐き出しそうになる。けれど、どうしてもあの屋敷に帰るんだという強い気持ちが勝ち、奥歯で力強く噛んで飲み込んだ。

「ううう、くそまずっ」

万能薬の薬草は、瞬時に解毒してくれたらしい。あっという間にそんな言葉が吐けるほど回復してきて、その場に座り直した。

「よかった。羅刹……」

偉大なはずの父の目から涙があふれるのを目の当たりにした羅刹は、心臓がわしづかみにされたように痛む。

父や母を恨むことで、なんとか生きてきた。けれど、恨むべき対象は大蜘蛛であり、こんなふうに男泣きする父ではなかったのだ。

「俺……父さんや母さんに見捨てられたと思い込んでずっと恨んでました。もっと早く助けにくれれば救えた命があったかもしれないのに」

羅刹は後悔を口にした。

子供たちを人間の世に逃がしたあとすぐに舞い戻ってくれれば、犠牲は抑えられたはずだ。それなのに、両親への憤りや、鬼だというだけで無条件に責め立ててくるあやかしたちへの絶望が深すぎて、子供たちを守ることを言い訳にして放置してきたのだ。

「お前のせいではない。私の力が及ばず、助けられなかったのが悪いのだ」

羅刹は首を横に振った。

父は最大限の努力をしたはずだ。あれだけ広範囲に結界を張るのは簡単ではなく、かなりの力を使っただろう。守りながら攻めるというのは、相当困難な作業になるからだ。

こうして大蜘蛛をあっさり倒せたのは、父たちが踏ん張り通して大蜘蛛派の結束を崩し、さらには大蜘蛛の力を徐々に削いだ結果だろう。

「いえ。父さんと母さんが、きっと俺を助けたいのにできなくて苦しんでいるはずだと教えてくれた人がいました。その通りでした」

羅刹は美空の顔を浮かべる。

――約束は守った。帰るぞ。

気がつけば心の中でつぶやいていた。

「美空さん、ですね」

ふと声をしたほうに顔を向けると、思いがけない者が立っていて目を見開く。

「汀悟……」

洪水を起こして羅刹たちに加勢し、さらには薬草を口に入れてくれたのは彼だったのだ。

「お久しぶりです。こんなことで私が犯した罪をあがなえるとは思っていませんが、少しでも――」

「ありがとう」

羅刹は彼の言葉を遮り、お礼を口にした。すると汀悟はかすかに微笑み、うなずいている。

大蜘蛛側としてたくさんの仲間の命を奪ったくせに、自分は妻と子を亡くした被害者だという顔をしてもとの街に戻った彼のことが、ずっと心のどこかに引っかかっていた。

過去の罪は、決して消えることはない。けれど彼はこの先、もう二度と同じ過ちは繰り返さないだろう。

「蒼龍が寂しがっている。また会ってやってくれるか?」

羅刹が問うと、汀悟は目を丸くしたものそれも一瞬で、すぐに白い歯をこぼす。

「会いたいです、ぜひ。それでは、失礼します」

汀悟は羅刹と父に気を遣ったようで、あっさり帰っていった。

羅刹は父の従者のあやかしたちに囲まれ、大歓迎された。牢から逃げ出したばかりの頃、戦乱の世になったのは鬼のせいだと口々に責められもしたが、ずっと父を信じてついてきてくれた者もいる。

それに、羅刹にひどい言葉をぶつけた者たちも、大切な存在を亡くし、穏やかな日常すらままならず……誰かのせいにしなければ生きていられなかったのだろうと、今なら少し理解できる。

「母さんは？」

羅刹が父に問うと、父は苦々しい顔をした。

「結界の外の仲間を助けようとして、ひどいけがを負った。今は私の魂を分けて、なんとか生きている。もう残りの魂もすべて渡して、彼女を助けたい。羅刹、あとは頼める――」

「断ります」

父の弱気な発言を、羅刹はぶった切った。

「俺の魂がある。心の声が聞こえたなら、分けられるのでは？」

「しかし……」

「俺にはともに生きていきたい人間がいます。彼女の寿命まで生きられれば、それ以上は望まない」

このとき羅刹は、美空とはもう離れられないのだと思い知った。彼女を愛してしまったのだと。

「それに、勝手に死なせませんよ。俺はまだ、父さんや母さんから聞きたい話がたくさんあるんだ」

羅刹がそう伝えると、父は目を潤ませながらも力強くうなずいた。

結界のあった中枢部に移動すると、父の仲間たちが一様に涙を浮かべ、勝利を噛みしめていた。

父が大蜘蛛のところに向かったあと、彼らも戦いに出ていったが、大蜘蛛の手下たちは皆散り散りになって逃げていったようだ。もう戦う意欲などまったく残っていなかったに違いない。

勝利の歓喜に沸く仲間たちをかき分け、ひたすら母のいる場所へと急ぐ。

結界が張られていたおかげで内部は多くの建物が残っていた。

とある家屋の前にやってきた羅刹は、言い知れない懐かしさを感じる。

間違いない。ここは羅刹が生まれ育った家だ。

父に先導されて奥へと急ぐ。すると布団に横たわり涙を流す、頬のこけた母がいた。視力を失っているのか、視線は宙を舞ったままで羅刹をとらえようとしない。さらには右脚の膝から下を欠損していた。

残酷な現実に目を背けそうになったが、母は羅刹と会えるまではと必死に生きてきたと父から聞かされた羅刹は、口を開いた。

「母さん」

「羅刹、どこにいるの？　早く……早く会いたい。父さんとは会えたの？」

どうやら心の声だと勘違いしているようだ。羅刹が近づいていき母を抱きしめると、「はっ」と短く息を吐き出した母は、力強く抱きしめ返してきた。

「らせ……羅刹なのね」

「そうだよ。ただいま」

どんな挨拶をすべきかと考えていたが、口から出てきたのは『ただいま』だった。ずっと帰りを待っていてくれたことがうれしかったのだ。

「ああっ……」

母はそれきり言葉をなくし、ただただ涙を流しながら羅刹を抱きしめていた。羅刹の目にも涙が浮かび、再会の感動を噛みしめる。

魂を分け与える方法など、羅刹はまったく知らない。ただ……。

(母さんを助けたい。俺の命を分け与えたい)

ひたすら念じる。すると軽い疲労感に襲われ、なにかがすっと体から抜けていったような感覚があった。

ようやく母の手が緩み顔を見ると、うつろだった表情に生気が戻っており、目の下のくまも消失していた。

「あなた……私に魂を?」

「わかった?」

「えぇ、体が軽くなったわ。でも、羅刹の命をもらいたいなんて――」

「もうあげてしまったんだ。大切にしてくれないと困る」

そう言うと、羅刹の手を握ったままの母は、再び涙をこぼしながらうなずいた。

「羅刹、本当にありがとう。私たちは少し疲れた。お前に国を任せたい。こんなに立派になって……。今のお前なら十分に国を背負える」

父から唐突に後継者に指名されるも、戸惑いばかりだ。羅刹は国が欲しくて戻ってきたわけではないからだ。

「大変ありがたい話ですが、今はお受けできません。俺には守りたい人たちがいる。

れた。

『ともに生きていきたい人間がいる』と話したからか、父は「そうだな」と認めてくれた。

「親とはぐれた子供たちも預かってるんです。彼らの親も捜してやりたい」

「そうか。もちろんだ。私も協力する。探す拠点が必要だろうから、こちらにも家を用意しておこう。お前の大切な人さえ了承するなら、連れてきても構わない。いや、ぜひ会いたい」

「わかりました。話しておきます」

美空があやかしの世に来たがるとはとても思えないけれど、とにかく蒼龍と相模の両親捜しはしたい。そのとき、美空が手を貸してくれればこれほど心強いことはないが、勝手な言い分であることは百も承知だ。

とにかく美空自身の幸せを大切にしてやりたいと、羅刹は回答を濁した。

その後、父と母との大切な時間を過ごした。戦乱の世だったためまともな食べ物は手に入らなかったが、羅刹の活躍を聞きつけた仲間たちができる限りの食材を用意して、もてなしてくれた。

魂を分け合えるというのは不思議なものだ。母はみるみる元気を取り戻し、笑顔を見せてくれた。

散々父や母に懺悔《ざんげ》されたものの、羅刹はそんな言葉よりふたりの笑顔がなによりもうれしかった。そしてまた親子として触れ合えることに心が震えた。

夜になり外へと出ると、街灯のないその街からは無数の輝く星が見える。

羅刹はすーっと息を吸い込んで目を閉じ、美空たちの顔を思い浮かべた。

――俺が帰るべき場所は、あの屋敷だ。

まだ子供たちや美空と出会って日が浅い。それにしては、あまりに多くの思い出ができた。

絶望しかなかった羅刹に希望を見せてくれた美空。天知眼で見た荒んだあやかしの世は、彼女のおかげで救われた。未来は変わったのだ。

美空に出会わなければ、両親が気になりつつも意地を張って、助けになど来なかったに違いない。

それくらい羅刹が負った心の傷は深く、それを癒やしたのは万能な薬草ではなく、美空の温かさだった。

「これが、好きってことか……」

羅刹は苦笑したが、すがすがしい気分だった。

そうした感情が存在するのは知っていた。しかし、なにも信じられなくなっていた自分が抱くとは予想外だったのだ。

「朝になったら帰る。なあ、パフェってうまいのか？」

美空に会いたい。くだらないことを言い合って、子供たちの成長に目を細め……。そんななにげない日常を、彼女とともに楽しみたい。

羅刹はもう火柱が上がることのない広い夜空を堪能してから、家の中に入った。

第四章　魂の共鳴

羅刹が発ってから、美空は何度も空を見上げてしまう。子供たちと庭で遊んでいても、ふと気がつくと視線は空にあるのだ。

羅刹があやかしの世への入口を空に作ったからというのはある。突然彼が降ってくるのではないかと期待してしまうのだ。いや、あれほどの大男が降ってこられても困るのだけれど。

「みしょらー」

公園に行きたいはずなのにわがままを言わず庭で遊んでいる子供たちは、意外にも物わかりがいい。美空ひとりでは連れていけないとわかっているようだ。

「なあに？」

「これ、あげりゅー」

相模がしゃがんだ美空に差し出したのは寒椿の花びらだ。

「ありがとう。きれいだね」

「きれきれー」

鮮やかな紅色の花びらが彼の目に映っていて、それもまた美しい。

「げんきらして」

「ん？」

「よしよし」

突然頭を撫でられて驚いたが、羅刹がいなくて寂しいでしょう？という意味なのだろう、きっと。

「ありがと。元気出た」

子供たちの前では普段通りにしていたつもりなのに、不安が顔に出ていたかもしれない。羅刹は必ず戻ってくると信じているが、あやかしの世の過酷な話を聞いているせいか、怖くて震えが止まらないのだ。

羅刹は今、どうしているだろう。そしていつ戻ってくるのだろう。

「あっ、タマぁ。あしょぼ」

葛葉の声がしたので振り返ると、いつもはこたつに潜って出てこないタマが庭をピョンと横切る。タマと遊びたくて仕方がない四人は、追いかけ始めた。

きっとタマなりに協力してくれているのだ。

「タマ、よろしく」

――ニャアァァァーオ。

まだ朝食の皿洗いが済んでいない美空が声をかけてから離れようとすると、タマのうなり声が聞こえてくる。

あの叫びは、もうギブアップと言いたいに違いない。しかし無視して台所へと向かった。

「お昼はどうしよう」

シンクに置かれた皿を洗いながら、早くも次の食事に頭を悩ませる。

最近子供たちは食べる量が増えてきて、それなりの量を作る必要も出てきたので重労働だ。とはいえ、笑顔で夢中になって食べる彼らを見ていると、美空まで幸せな気持ちになれる。

「ちゅるちゅるでいいんじゃね？」

「はっ……」

聞き覚えのある声に手が止まる。振り返るとそこには、羅刹が立っていた。

「えっ、本物？」

「幽霊かもな」

冗談を言いつつ右の口角を上げる彼は、「来い」と手を広げた。美空の目からあふれる涙に気づいたからに違いない。

美空はなりふり構わず、彼の腕に飛び込んだ。

「怖気《おじけ》づいて戻ってきたの？」

「お前なぁ。……大蜘蛛は殺った。あいつの手下はあいつを助けることなく、逃げていったよ」

まさかこんなに早く戻ってこられるとは思ってもおらず、半信半疑だ。しかし美空が飛び込んだ広い胸はたしかに温かくて、これは幻覚ではないと確信した。

「お前、気が強いくせして意外とよく泣くよな」

「羅刹さんのせいだもん」

こんなに涙もろくなんてなかったのに、彼がやきもきさせるのが悪い。

「それはそれは悪かった」

感情のこもっていない謝罪が彼らしすぎて安心するなんて、なんかおかしい。けれど、いつものようなやり取りが心地よかった。

「……会えたんですか？」

美空は羅刹の胸に頬を押しつけたまま、おそるおそる尋ねる。もちろん、両親にだ。

「ああ。美空の言う通りだった。父も母も俺を見捨てたわけじゃなかった」

心なしか声が弾んでいる羅刹の着物の襟をギュッとつかむ。

「よかった……」

「お前のおかげで、あやかしの世の未来が変わった」

「えっ……?」

羅刹の言葉がうまく呑み込めなくて体を離すと、彼は美空の頬を両手で包み込んで顔を上げさせた。

吐息を感じるほど近い距離に、たちまち鼓動が速まり制御できない。

「美空が、俺たちに希望をくれたんだ」

「羅刹さん……」

彼の目がいつになく真剣で、視線をそらせなくなった。

「お前、天知眼持ってるんじゃ」

羅刹はそう言いながら頬を緩める。

これほど穏やかな彼の笑みを初めて見た。両親とのわだかまりもなくなり、あやかしの世の問題も解決して、凍っていた心が完全に溶けたのだろう。

こんなに優しい顔をするのだと、驚いたくらいだ。

「バレました？」

おどけてみせると、羅刹は目を細めたあと、もう一度美空を強く抱きしめた。

「みしょらー、タマがぁ」

桂蔵の声がしたので慌てて羅刹から離れる。

「……らしぇつだ！」

台所に飛び込んできた彼は、羅刹を見つけて声をあげた。

彼の声が聞こえたらしいあとの三人のパタパタというかわいらしい足音が廊下に響いて、次々と顔を出す。

「らしぇつだぁ。お手伝いした」

「いい子してたおー」

「みしょら、よしよしした」

葛葉、そして桂蔵と相模が次々と羅刹にアピールを始める。

美空がここに来たばかりの頃、大人の顔色をうかがっていた彼らが、こんなに自然に褒めてほしいと主張できるようになったことが感慨深い。

「ごはんたべりゅ？」

相変わらずのマイペースぶりを発揮するのは蒼龍だ。

羅刹はそれを笑いながら、腰を折って子供たちを抱きしめる。

「協力してくれてありがとう。飯も食うぞ」

「わあ」

「バナナぎょーざいい！」

羅刹と一緒に食卓に着けるのがうれしくてたまらない様子の子供たちだけれど、羅刹はバナナ餃子のリクエストに、あからさまに顔をしかめた。

「イワシにします？」

「するか！」

美空もちょっとからかうと、羅刹はむきになって怒っている。イワシは断固拒否なのだ。

――ニャァーーーー！

奥座敷のほうから、どこか悲痛なタマの鳴き声が聞こえてきた。

「あれ、タマがどうとかって言ってなかった？」

桂蔵がそう言っていたような。

美空が尋ねると、桂蔵はハッとして話し始める。

「タマ、ちゅめたいちゅめたい、ちたの」

「冷たい冷たい？」

美空が慌てて飛んでいくと、庭の沓脱石《くぬぎいし》の上で最高に不機嫌な顔をしているタマを見つけた。見れば、足が泥だらけになっている。

「あ、まさかあそこにはまった？」

――ニャッ。

顔をゆがめての短い返事は、肯定の意味に違いない。

子供たちは朝からバケツに砂と水を入れてかき回し、〝ごはん〟を作っていたのだ。

それを葉っぱの皿にのせようとして、大胆な葛葉がバケツを丸ごとひっくり返した。

おそらくタマは、それを知らずに突っ込んでしまったのだろう。

「お風呂行こ」

美空がタマを抱き上げようとすると、タマの視線が背後にいる羅刹に向いている。

「子守り、ご苦労さん」

――ニャーアァァ。

バカにされたように羅刹に鼻で笑われて、怒っているようだ。しかし美空は、また
日常が戻ってきたと口元を緩めた。

子供たちは羅刹が戻ってきたのがよほどうれしいのか、彼について部屋に入ってい

く。美空はタマを連れて風呂場に直行だ。

「羅刹は逃げ帰ってきたのか?」

タマも美空と同じようなことを言うので噴き出す。

「そう思ったんだけど、大蜘蛛を倒せたって。詳しい話は聞けてないけど、ご両親にも会えたみたい」

「そうか……」

温かいお湯を出し、シャワーでタマを洗い始める。

「あっちって、ずっと大変なことになってたんだよね。それなのに羅刹さんがちょっと行っただけで解決しちゃうなんて、そんなことある?」

正直、もっと長丁場になると覚悟していた。

「大蜘蛛側も、疲れ果てていたんじゃろう。そこに最強の鬼が介入したから、あっさり倒れたんじゃなかろうか。まあ……あの怪力に俊敏さ。脳みそも筋肉かと思っていたがそういうわけでもなさそうじゃし、鬼の中でも羅刹はとんでもない能力の持ち主なんじゃろうよ」

「持ち腐れてるじゃない」

美空が思わず漏らすと、タマはおかしかったのか鼻の穴を大きく膨らませた。

美空には、あやかしとしての力がどうかなんてまるでわからない。しかし、なんであれすべてを解決してきた羅刹の仮の家族としては、鼻が高い。

「はい、きれいになった」

シャワーを止めてタオルを出してやると、タマは器用に体をこすりつけて拭いている。

美空はその光景を見ながら、ふと思った。

あやかしの世の戦乱が収まれば、きっと皆戻っていってしまう。

待ち望んだそのときが来たのに、美空は寂しさでいっぱいになる。せっかく子供たちとも仲良くなれ、羅刹との心の距離が縮まってきたように感じていたのに、これでお別れなんて。

羅刹は『美空が、俺たちに希望をくれたんだ』と言ったが、彼らに拾われて、美空の人生も変わった。絶望しか見えなくなっていたのに、今は未来への期待で胸を膨らませている。

それも、彼らと一緒にいたからなのだが、美空は一気に心の支えを失うのだ。

とはいえ、引きとめるという選択肢はない。彼らにとっては、本来いるべき場所に戻るだけのことなのだから。

「どうしたのじゃ」

「ん？　夜はバナナ餃子に決定したんだけど」

「なんじゃと！」

羅刹と同様バナナ餃子が苦手なタマは、顎が外れんばかりに声を張り上げて落胆している。

「子供たちに聞こえるよ。今日は、いい子にしてたご褒美だから我慢して。……それで、お昼はなににしようかなと思って」

美空は感情に蓋をしてごまかした。

「目玉焼きじゃな」

タマは目玉焼きが大好物なのだが、今朝食べたところだ。

「やっぱりスパゲティかな」

美空がぶつくさ言いながら台所のほうに向かうと、「わしの話を聞けー」とタマが叫んでいたが、振り返りもしなかった。

◇◇◇

あやかしの世から戻った羅刹を待っていたのは、人目もはばからぬほど号泣し、顔をぐちゃぐちゃにする美空だった。

薬草を採りに行ったときでさえほろりと涙をこぼした彼女がこうなることは予想していたものの、ここまでとは驚いた。

これほど心配していたのかと彼女を抱きしめたくなった羅刹は、気がつけば手を広げて『来い』と声をかけていた。

これではまるで子供のようだと思ったけれど、素直に胸に飛び込んできた美空を抱きしめたとき、もう離したくないと強く感じた。

ずっとひとりで過ごしてきた羅刹には、誰かとかかわる心地よさなんてわからなかった。それを教えてくれた美空には感謝しかない。

その晩、美空に尋ねられてあやかしの世について話をすることにした。

荒れ果てた土地が広がっていて、復興には時間がかかりそうなこと、しかし中枢部の結界内は建物も多く残っており、そこに逃げ込んだ仲間たちは不自由な生活をしながらも、元気に生きながらえていたことを伝えた。

すると美空は、まるで自分のことのようにホッとした様子を見せ、結界を張り続けた父に感謝を表した。

汀悟に助けられたと明かしたとき、同じ部屋で座布団に丸まり耳をそばだてていたタマはビクッと反応して起き上がった。しかし美空は微笑むだけで、驚いている様子はない。

「羅刹さんの気持ちが、ちゃんと伝わっていたんですよ。汀悟さんはこの屋敷で、優しさを覚えて帰っていったんだと思います」

そう口にする彼女は、少々他者を信用しすぎだと思う。けれど、裏切りを恐れて疑うばかりでなく、信じるのも悪くない。

そもそも彼女は羅刹たちがあやかしであると知ったとき、腰を抜かして逃げ出そうとした。しかし、危害は加えないという羅刹の言葉を信じて家政婦の仕事を引き受けてくれて今がある。

根っからのお人好しなのだろう。そのせいで、自分が傷ついたこともあるのではないだろうか。それでも信じることをやめない美空は、強い心の持ち主だ。

「父から、国の指揮を執るように言われた」

汀悟の話をしても顔色ひとつ変えなかった美空が目を泳がせたのは、羅刹がそう話したときが初めてだった。

「やだ、こんなにぐうたらしてるのに、国の頂点に立つの？　えっ、国王ってこと？

皿も洗えないのに？」

美空はそうおどけていたが、動揺しているのがありありとわかった。羅刹とまったく視線を合わせなくなったのだ。

――なにを考えているんだ。本心を教えてくれ。

（嫌だ。帰らないで。……なんて言う資格はないよね）

そのとき、羅刹の耳に声が届いた。たしかに美空の声なのに、彼女の口はまったく動いていない。

――もしや、これは……。

親子や兄弟、そして夫婦などの間にしか成立しないという強い絆がなせる魂の共鳴が起きているのだろうか。

美空の心の声だとしか思えない。タマには聞こえていないようで、汀悟の話以来、また丸まって目を閉じ、耳だけはこちらに向けてだんまりを決め込んでいる。

羅刹はしばらく黙ったままでいた。

（皆が戻れるのは、幸せなことなんだよ。泣いちゃダメ。私はただの家政婦でしょ）

間違いなく美空の心の声だ。それが聞こえるようになったことに驚いたものの、それくらい美空を信頼しているのだから当然だと納得もした。

（美空も一緒に来い）

試しに羅刹も心の中でささやいてみる。しかし彼女の表情が変わることはなく、聞こえていないとわかった。

タマから共鳴という現象があると聞きはしたが、彼女はまだ半信半疑なのだろう。聞きたい、伝えたいと強く願うときにしかつながらない。

羅刹は美空の胸の内を知りたいと強く思ったため、聞こえてきたに違いない。それに、すでに両親との間で声に頼らない会話を経験したあとなので、すんなり聞けたのだろう。

「お前も来る？」

聞こえていないとわかった羅刹は、言葉に出した。

「えっ？」

「国王たる俺の活躍を見に来るか？」

「あははっ。国王になってもぐうたらしてそう。見なくても想像つくんだから」

（そんな冗談を軽々しく言わないでよ。私は人間なんだよ）

美空の悪態とともに、悲痛な心の声も聞こえてきた。

（冗談なんかじゃねぇよ。ついてこいよ）

羅刹は思いを込めて念じたものの、美空に伝わることはなかった。

本当は強引にでも連れていきたい。しかし、美空の未来を羅刹が決めるわけにはいかない。彼女には人間としての幸せを求める権利があるのだから。

「まあ、しばらくは父が陣頭指揮を執る。国も大切だが、相模と蒼龍の両親も捜してやりたいんだ」

「そうですよね。見つかるといいな」

それはもちろん、いつだって子供たちを想う彼女の本音だ。

「あちらで暮らす拠点が整うまで、子供たちを混乱させたくない」

「わかってます。いつも通りに過ごしましょう。あっ、明日は午後から駄菓子屋に行きますから」

「嘘だろ……」

羅刹が眉をひそめると、美空がにらんでくる。

「いろいろ我慢させたんですから、これくらい。そういえば、パフェも忘れてませんよ」

羅刹があからさまに肩を落とすと、美空はクスッと笑みを漏らしながら部屋を出ていった。

美空と子供たちを連れてパフェなるものを食べに向かったのは、その三日後。自分で食べ物を取りに行くバイキングはさすがに子供たちには難しいと判断し、ファミリーレストランに落ち着いた。

美空が一番楽しそうで、渋々ではあったが重い腰を上げてよかったと羅刹は思った。スマホで画像を見せられてどんなものなのかはわかっていたものの、実際に前にするとかなり驚く。

「どうやって盛ってるんだ？」

ガラスの器から大きくはみ出し、今にも落ちそうなイチゴを見て羅刹は思わず声を漏らした。どうやらこれは小さいサイズらしいのが、またびっくりだ。

「しゅごー」

「おっきー」

ひとつずつ好きなパフェを注文した子供たちは、手をパチパチと叩いて興奮気味だ。

「お前ら、約束破ったら即帰るからな」

「はぁーい」

しっぽや耳を出すなとくぎを刺したのだが、パフェが運ばれてくる前に言うべきだった。元気な返事は聞こえたものの、もうすっかり心がパフェに奪われている。

桂蔵と葛葉は、双子だからか同じプリンがのったものに即決した。食いしん坊の蒼龍は、様々な果物が盛られたもの。ビビりの相模はなかなか決められなかった。というのも、自分が注文したパフェよりほかのものがおいしかったら嫌だという理由らしい。慎重すぎる性格に美空が噴き出していたが、結局、大好きなバナナたっぷりのパフェにした。

朝から機嫌のいい美空は、イチゴだらけのパフェを選んだ。パフェが初めてでよくわからない羅刹は美空と同じものにしたのだが、見た目がもっともかわいらしく、なんとなくばつが悪い。

(パフェなんて久しぶり。羅刹さん、連れてきてくれてありがとう)

「おう」

「ん?」

美空の心の声が聞こえた羅刹は、条件反射で反応してしまい、美空が首を傾げている。

「なんでもない。落とさないように気をつけて食え」

「いたらきまーしゅ」

四人は大胆にスプーンを突き刺し意気揚々と食べ始めた。

果物を攻略し始めた蒼龍は手づかみでパイナップルを食べている。

「落とすよりはいいよね……」

フォークを勧めようとした美空だったが、あきらめて見守っている。

「美空も食え」

早速パフェを倒しそうになった葛葉の器をさりげなくつかみ、羅刹は言った。

「はい、いただきます」

美空も気づいたようで苦笑しているものの、イチゴを口に入れて満面の笑みを浮かべている。

たったこれだけのことで大げさだ……とも思ったけれど、美空は日々の小さな出来事から幸せを探すのが得意だ。そんな彼女とかかわっていたから、子供たちの笑顔がこれほど弾けるようになったのだろう。

美空が屋敷に来たばかりの頃は、子供たちに親がいないと知り、かわいそうだという意識が先行して叱れないでいたようだ。しかし今は、叱るべきときとそうすべきでないときがはっきりしていて、まるで本当の母親のよう。

美空は子供たちの母親代わりにならなければと奔走しているが、もう十分その役割を果たしているように思う。

羅刹もパフェにスプーンを入れて、それを口に運んだ。

「なんだこれ……」

イチゴの甘酸っぱさと、濃厚な生クリームと甘いアイスクリームの組み合わせが、なかなかいける。

子供たちはひと口食べた瞬間から虜《とりこ》になり夢中で食べ進んでいるが、羅刹にもその気持ちがわかった。大きいサイズが食べたいくらいだ。

「お口に合いませんでした？」

「いや、そういうわけでは」

美空が申し訳なさそうにしているものの、『大好きだ』と明かすのも子供みたいだと思い、濁す。

いつだったか美空に『羅刹さんの舌、お子ちゃまなんだもん』と言われたことがあったが、その通りかもしれない。

「あー、おちたぁ」

葛葉がプリンを半分ほど落として、思いきり顔をしかめている。

「お皿の上だから大丈夫よ」

初めてパフェを食べる子供たちがこぼすことなんて想定内だったのだろう。美空がウエイトレスに頼んで、パフェの器の下に皿を置いてもらっていたのが功を奏して、葛葉はまた笑顔を取り戻した。

「ちょっと蒼龍くん、皮は食べないの」

蒼龍はオレンジの皮まで食べようとする……いや、半分食べているので美空が止めた。しかし本人はおいしかったらしく「なんでぇ?」と不思議がっている。

自由奔放な彼らだけれど、美空に初めて作ってもらったハンバーグを食べたときとは見違えるほど、食べ方が上達している。

——成長してるのか。

毎日一緒にいるとなかなか気づけないが、四人は確実に成長している。そういえば、公園での友達とのかかわり方もうまくなっている。

そもそも様々なことを吸収して自分のものにしていく時期なのだろう。だからこそ、成長著しい彼らの姿を実の両親に見せてやらねばという思いが強くなっていく。

他人にさほど興味のなかった羅刹は、自分にそんな気持ちが湧くのが不思議だった。しかし、そう思える自分が嫌いではない。きっと美空がいなければ、知ることのなかった感情だ。

羅刹はパフェのおいしさにパクパクと食べ進み、あっという間に器を空にした。

世話を焼き続ける美空と交代して、子供たちの口を拭いてやる。

「羅刹さん、今拭いても無駄ですよ。あきらめも肝心です」

美空は、以前羅刹が彼女に伝えた言葉を口にしている。四人に振り回されてあたふたしていた彼女もまた、母親代わりとして成長した。

けれど一番成長したのは、そんな五人を微笑ましいと思える羅刹自身かもしれない。

あやかしの世に戻ることが現実的になってから、これまでの日々について振り返る時間が多くなった。

これが寂しいということなのだろうと、薄々感じている。美空がそばにいない生活が、まったく思い描けなくなっているのだ。

できれば彼女を連れてあちらに戻りたい。しかし、美空はあやかしではない。人間としての幸福を奪う権利は羅刹にはない。

そんな葛藤を、ずっとしている。

最後まで残っていた相模が食べ終わると、四人はクリームで汚れた手を盛んに動かして全身で喜びを表しながら、感想を言い合い始めた。

「おいちかったねぇ」

「プリン、プルプル」

美空はそんな彼らを、幸せそうに見つめる。

その横顔に見惚《みと》れていると、美空が気づいて首を傾げた。

「どうかしました？」

「もうひとつ食えそうな顔してるなと思っただけだ」

「あれっ、珍しく他人の心が読めるんですね。その通りです」

彼女はクスクス笑う。

『もう読めてるよ』と言ったらどんな顔をするだろう。

「羅刹さんも好きそうでしたよ？」

「悪いか」

羅刹は好きだと認めた。好きな物は好き、それでいい。

「やっぱり好きなんだ……。子供たちもお約束守れたし、また来ちゃいます？」

「くるぅ！」

返事をしたのは羅刹ではなく、示し合わせたように声をそろえた子供たちだった。

屋敷に戻ると、タマが不貞腐れてこたつに陣取っていた。

羅刹が足を突っ込むと、わざとらしく爪を立ててくる。

「いてぇ」

「甘いにおいをぷんぷんさせて、鬼の威厳はどこじゃ」

「そんなもん、最初からねぇよ」

自分も食べたかったからといって、八つ当たりはやめてほしい。レストランに動物は入れないのだから仕方ないのであって、羅刹に怒ったところでどうにもならないのだし。

「お前……。そういえば、わしの呪いを解く方法についてまだ聞いておらんぞ。あちらで調べてきたんじゃろ」

「忘れてた」

「はーっ！」

タマが本来は人形になれるという意識がまったく薄れている。

「それどころじゃなかったんだ。わかるだろ」

正直、タマにかけられた呪いをどうにかしなければなんて一瞬たりとも考えなかった。けれど、そうごまかす。

「まあ、そうじゃが……。人形になれば、温泉もパフェも……ああ……」

こたつから頭だけ出したタマが、打ちひしがれている。

人形になれない弊害がこんな形で出るとはお気の毒だが、羅刹にもどうにもならないのだから嘆かれても困る。

いつかタマにも平穏な日常を取り戻してやりたいが、あやかしの世の者たちが、戦乱前の生活を送れるようにすることが優先だ。

父は大蜘蛛に加担した者を捕らえると話していたが、恐怖に縛られていた彼らの事情はわかっていて厳罰には処さないそうだ。その者たちから呪いについて聞き出せれば、なんとかなるかもしれない。

「お前、いつあっちに戻る気だ?」

「子供たちの安全が確保できるまでは無理だ。できれば早くとは思っているが……」

羅刹が言葉を濁すと、タマがにやりと笑う。

「寂しいのじゃのう。美空と別れるのが」

「は?」

「顔に書いてある。……いたっ」

うっとうしいタマの頭を手で払うと、こたつの脚にぶつけて顔をしかめている。

「そういえば、美空がタマにとシュークリーム買ってたなぁ」

「おまっ、それを早く言わんか！」

タマは目の色を変えて、部屋を出ていった。

「土産なんていらねえって言ったのに」

美空が帰りにスーパーに寄ってタマのおやつを買うと言ったときは、面倒だしいらないだろとは思ったものの、彼女にとってはタマもしっかり家族なんだろうと、納得もした。

まあ、羅刹にとってもタマは家族の一員なのだが、そんな話をしたらつけあがるので黙っておく。

あやかしの世に戻ったら散り散りになるのだろうけれど、その状況が想像できないほど今の生活に慣れてしまった。

葛葉と桂蔵をどうするかまではまだ考えてはいないが、まともに面倒を見られない羅刹より、彼らを育てるのに適任なあやかしがいるだろう。

「美空、か……」

彼女がいてくれたら、どれだけ助かるか。

しかし、家政婦として連れていくという都合がよすぎることはしたくない。もし連れていくとしたら……。

羅刹はあれこれ考えながら目を閉じた。

強い北風が吹く翌日の昼過ぎ。羅刹が屋根に上って天知眼を使っていると、桂蔵の声がする。

「らしぇっー」

「なんだ」

「ごはんよー」

「みしょら、おいでおいでしてるー」

相模と葛葉が次々に教えてくれる。蒼龍は空に舞う枯れ葉が楽しいのか、ぼーっと眺めていた。

「わかった」

羅刹が屋根から飛び下りた頃には、子供たちの姿はすでにない。茶の間にすっ飛んでいったのだろう。

羅刹が縁側から家に上がるとタマが部屋から出てきた。

「なにか見えたか?」

「家屋の修繕が進んではいる。ただ、食べ物が不足しているようだ」

温かい美空の手料理が食べられる幸せを思い知らされる。

牢にいた頃もろくなものは口にできなかったが、今のあやかしの世はそれに近い環境なのだ。

「人間の食べ物はうまい。あちらに持っていったらどうじゃ」

「そうだな」

あやかしの世でも、人間の食事に近いものは食している。しかし、味が大雑把で手に入る食材も少ないため、パフェどころか美空がよく作るスパゲティもない。

大蜘蛛を倒した晩、食材をかき集めて羅刹をもてなしてくれたが、種類も味も、美空の料理の足元にも及ばなかった。

美空に相談してみようと思いながら、羅刹は廊下を進んだ。

その日の昼食は、子供たちの好物のフレンチトーストだった。かぼちゃのスープとソーセージもついている。

口の周りをシロップで光らせながらあっという間に食べてしまった彼らは、レストランとは違い、しっぽも耳も出したい放題。場所によってしまっておけるということは、ある意味コントロールできているということなのか、羅刹にはよくわからない。

「ごちしょうしゃまでしたー」

子供たちは我先にと手洗いのために並び、「さきぃ」と順番の取り合いをしている。

「あ……」

シロップ付きの手で押し合うせいで着物が汚れたのを見て、美空がため息をついた。

とはいえ、以前のように大げんかになることはなく、話し合いで決めている。美空も介入せず見守るようだ。

「僕、一番に来たもん」

「でも、葛葉がつおーい」

自分の強さをわかっている葛葉の堂々たる主張に、美空がかぼちゃスープを噴き出しそうになっている。

「じゃあ、くじゅはが一番ねー」

おいおい、それでいいのか?とつっこみたくなるが、本人たちが納得しているのなら放っておくことにした。

無事に手洗いが済むと、奥座敷へとすっ飛んでいく。腹が満たされた四人は、しばらくは仲良く遊ぶはずだ。

羅刹は、美空にあやかしの世の相談をすることにした。

「あっちの食べ物が不足している」

唐突に切り出したのに、美空は食べる手を止めて真剣に耳を傾けてくれる。彼女もずっと心配しているのだ。

「そうですよね。なんとかならないかな……」

「こちらからなにか運びたい」

「それなら、すぐに食べられるものがいいですよね。きっと調理も大変だろうし」

羅刹はうなずいた。

大蜘蛛を倒したあの日、感謝のもてなしは受けたが、廃材をかき集めて火をおこし、やっとのことでこしらえた料理だったのだ。

「たくさんご飯を炊いて、おにぎりを握りましょう。中の具と、のりが足りないな。羅刹さん、買い物お願いできます？　……菓子パンとかも食べるかな？　おにぎりより日持ちがするからいいかも」

美空は次々に思いついたことを口にする。実に頼もしい。

「人間が作ったパンはうまい。食べるはずだ」

「それじゃあ、それもお願いしますね。野菜も食べます？」

「ああ。でも今は育てられていない」

大蜘蛛が暴れだす前は、広い土地に野菜がびっしりと植えられていた。しかし、火や水の攻撃のせいで、それも全部ダメになった。

「すぐに食べられませんけど、こちらから野菜の種や苗を持っていきませんか？　そういうものもなくなってしまったんですよね」

「なるほど」

長い目であやかしの世の復興を考えるなら、そうしたことも必要になる。羅刹ひとりでは思いつかなかった。

「意外と視野が広いんだな」

「意外とっていります？」

美空は口を尖らせるが、目が笑っている。

「さすがに野菜を育てた経験はないから、調べますね。でも、野菜を育てるあやかしが必要ですけど……」

「土地はいくらでもあるし、天知眼で見ると、散り散りになっていたあやかしたちが中枢部に戻ってきつつあるから、働き手はいくらでもある。それに、水の管理は汀悟にさせる」

「汀悟さん……」

美空は驚いて目を見開いたものの、すぐに頬を緩めた。

「あいつにも役割があったほうがいい。ほかのあやかしたちの役に立つことで、少しでも罪の償《つぐな》いになれば」

旅立った魂は戻ってこない。そんなことくらいで許されるはずもないが、汀悟のためにもそうした場を作ってやりたい。

この屋敷を去るとき、子供たちの温かさに包まれて思うところがあったはずだ。あちらに戻り、被害者面をして生きていることが羅刹には受け入れられなかったものの、そうしなければ街に戻れなかったのだと、少しは理解している。

羅刹を助けに来た彼が、心を入れ替えて踏ん張っていると信じたいのだ。だとしたら、罪を償う場所があってもいい。

「そうですね。羅刹さんって、意外と器が大きいんですね」

「意外とっているか?」

羅刹が同じように返すと、美空はクスクス笑っていた。

羅刹が買い物に行っている間に大量に米を炊いた美空は、子供たちと一緒におにぎりをこしらえてくれた。

子供たちがうまく握れるはずもないが、彼らに手伝わせることに意味があると考えたようだ。あやかしの世の一員だとわかってもらいたいのだろう。

すさまじい勢いで握っていく美空の横で羅刹も手伝うものの、彼女とは違い大きさがまちまちで、時折具を入れ忘れる。子供たちはのりを巻く係をしたり、購入してきた大きな密閉容器に詰めたりしていた。

「みしょらぁ、空いたー」

空腹をアピールするのは、やっぱり蒼龍だ。

「まだ晩ご飯には早いなぁ。でも、せっかくだもんね。皆自分でひとつずつ作って、茶の間で食べて」

「はぁーい！」

張り切りだした子供たちは、小さな手で大きなおにぎりを作り、茶の間に去っていった。

「皆、上手になったなぁ」

美空が漏らす。

そういえば、以前ケンカになっておにぎりを投げ、美空が激怒したことがあった。あれをきっかけに、美空と子供たちの仲が急速に縮まっていったようにも思う。

「そうだな」

相変わらず形はいびつで、具を別に持っていったり、強く握りすぎてご飯の粒がつぶれていたりと、なかなか笑える光景ではあるが、皆満足そうだ。

「羅刹さんも食べていいですよ」

美空が作りたての鮭入りおにぎりを羅刹に差し出してきた。しかし羅刹はおにぎりが入った容器をひとつにまとめていて両手がふさがっていたため、受け取ることなくそのままかじる。

「え……？」

「食えねぇだろ」

「それ、置けばいいでしょ？」

その通りだが、美空の手から食べたかったのだ。なんとなく。

彼女の耳が赤く染まったのは、照れているのだろうか。

やはり美空をあやかしの世に連れていきたい。こんな日常がなくなるなんて、信じられない。

（お前も来いよ）

羅刹はすこぶる身勝手だと承知していて、心の中でつぶやいた。

美空が迷惑がっていないと確認できれば、強引に連れていくのに。

子供たちと離れるのがつらいのはわかっている。しかし、あやかしばかりの場所に一緒に行っても構わないと思っているかどうかはわからない。いや、普通なら行かないだろう。しかも、羅刹が彼女を連れていきたいのは、子供たちのためだけではない。美空なら、こちらで強く生きていける。出会ったあの日、公園で倒れていたのは、たまたま悪条件が重なっていただけで、これだけ気遣いができてきぱきと動けるのだから、どんな仕事でもこなせるはずだ。

彼女には人間と結ばれて自分の子供を授かり、幸せに暮らしていく可能性が無限に広がっている。

その晩、大量のおにぎりを持った羅刹は、一旦あやかしの世に戻った。

危険がないとわかっているせいか美空の表情は明るく、子供たちと一緒に手を振って送り出してくれた。

美空が握ったおにぎりは大盛況。父に頼んで、食べ物が必要なあやかしたちを広場に集めて振る舞ったのだが、すぐになくなってしまった。

中でも子供たちがうれしそうに頬張る姿に、羅刹はホッとした。

もう自分のように苦しむことがないように、この先の平穏を守りたい。しかしそうであれば、やはり羅刹はこちらに戻ってくる必要がある。

戦乱の責任をひとりで背負い戦い抜いた父は疲弊しており、できれば早く羅刹がその地位を継いだほうがいいのは明白だった。

実は大蜘蛛を倒したあの日、父の跡を継ぎ、国を治めるのに適任な者はいないかと多くの者に尋ねてみた。しかし、父が偉大すぎるらしく、その跡を継ぐ度胸のあるあやかしは皆無だったのだ。

たしかに中枢を守り抜いた父の功績は大きい。羅刹が思っていたよりずっと多くのあやかしたちが無傷で生きていたのだから。

長い間牢で過ごしていた羅刹は、父の活躍も知らないし国の動かし方もさっぱりわからない。ただ、美空が必死に子供たちを守ってくれたように、羅刹にもできることがあるのではないかと思っている。

「羅刹、本当にありがとう。これ、すごくおいしいわ」

わかめおにぎりを食べた母が、優しい顔で微笑む。

そういえば……いつも母は『羅刹』と優しい声で名を呼び、抱きしめてくれた。

――美空の温かみと似ている。

無条件で愛し、なにがあっても味方でいる。そんな彼女を子供たちが慕うのは必然なのかもしれない。

「美空さんと言ったか。彼女に会ってみたい」

「彼女は人間ですから、そんな簡単には……」

父の言葉にそう返すと、納得したようにうなずいている。

「しかし羅刹。大切な存在は、生涯で何度も出会えるわけではない。後悔しないようにしなさい」

父が目の見えない母の手を握り優しく微笑む姿を見て、自分と美空もこうなれるだろうかと、ふと勝手な妄想をした。


夜が更けてから人間の世に戻った羅刹は、子供たちの眠る奥座敷を覗いた。すると、寝かしつけをしながら寝落ちしただろう美空が、子供たちに埋もれるようにして眠っている。

「すごい寝相だな」

どうしても布団からはみ出す子供たちを心配した美空の提案で、オイルヒーターなるものを購入したおかげか部屋がほんのり暖かく、皆幸せそうな顔で眠っている。けれど、部屋の隅まで転がっている桂蔵や、腹を出して大の字になっている葛葉に、笑みがこぼれる。

美空がこの屋敷に来るまでは、子供たちのことで笑ったことなんてなかったのに。

子供たちはすやすやと寝息を立てる一方で、相模にくっついて横向きで眠る美空の顔が、なぜか険しくなった。

「行かないで。らせ……」

途中で声は途切れたけれど、今、自分の名を呼んだような。

笑顔で見送ってくれたが、それでもあやかしの世は混乱期にあったばかりだ。内心心配していたのかもしれない。

羅刹は美空の頬にかかる髪をよけ、暖房のせいかほんのり赤らんだ彼女の頬にそっと触れる。

「俺はここにいる。安心して眠れ」

そしてそう声をかけると、美空の顔から緊張が抜け、すーっと深い眠りに落ちていった。

第五章　素直な気持ち

羅刹が大蜘蛛を倒してから、季節が流れた。

麗《うら》らかな春の日差しが差し込む庭が朝霞《あさがすみ》に包まれたその日。屋敷は大騒動だった。

「やぁー、これいいー」

「うーん。それはもう暑いと思うよ。見て、暖かくなってきたから庭に花が咲きだしたでしょう?」

美空は、もこもこのダウンコートを着ると聞かない葛葉に、庭の片隅に咲く水仙を指さして言う。最近おしゃれに目覚めた葛葉は、自分で服を選ぶようになったのだ。

今日は白い薄手のセーターに、紺のズボン。おしゃれに目覚めても動きやすさは最重要らしく、スカートには目もくれないのが彼女らしい。

「あっ、ほら。桂蔵くんとおそろいのパーカー買ったでしょう？　あればどう？　かわいいと思うんだけどな」

「かわい？」

「うん。すごく」

美空がうまくのせると、やっと納得した葛葉はようやく着替え始めた。

あやかしの成長は人間よりずっとゆっくりだと聞いているけれど、成長著しい年頃なので、洋服がすぐに小さくなっていく。

着物も丈が足りなくなり、先日呉服屋で新調したばかりだ。洋服のほうが動きやすいし洗濯も楽なのだけれど、近いうちにあやかしの世に戻るのであれば着物も必要だと思ったのだ。

うきうきした様子で好きな着物を選んでいた子供たちとは裏腹に、別れの日が刻々と近づいていることに、美空の胸は痛んだ。

「羅刹さん、子供たちの着替えお願いします」

「は？」

すっかり準備が整い部屋でごろごろしている羅刹に子供たちを託すと、眉をひそめている。

「唐揚げ、いらないんですね」

「いるに決まってるだろ。しょうがねぇな」

羅刹は大きなため息をつくが、以前とは違い目が優しい。なにかを頼むと渋々というような態度は見せるも、嫌がってはいないようにも見える。素直になるのを恥ずかしがっているとでもいうのか……。

そんな彼に子供たちを任せた美空は、台所に戻って大量に作った弁当をバッグに詰め始めた。

今日はバスで二十分ほどの距離にある大きな芝生公園に遊びに行くのだ。

温泉旅行にタマを連れていけなかったので、その罪滅ぼしというのもある。

その公園は桜の名所として知られているけれど、桜はすでに散っている。わざと時季をずらしたのだ。混雑していると、子供たちが万が一しっぽや耳を出してしまったときにごまかしようがなくなると思っての選択だった。

そもそも彼らは花より団子だし、いつもと違う場所で遊べるのが楽しいわけで、問題ないだろう。それに、薔薇《ばら》の花壇もあるようなので、美空はそれを楽しみにしている。

以前、羅刹がファミリーレストランに行くと言いだしたとき、『思い出づくりしてるみたいで嫌なんですよね』と彼に言ったが、まさに今、美空は同じことをしようとしている。

温泉にタマを連れていけなかったからなんていう理由をつけたものの、本当は子供たちがはしゃぐ姿を目に焼きつけておきたいのだ。

あやかしの世では、美空の提案でこちらから運んだ野菜の種や苗がしっかり育っているらしく、食糧難も次第に落ち着いてきたのだとか。

大蜘蛛派だったあやかしたちもほとんど捕まったようだ。彼らはすでに身も心も疲弊していて、抵抗する様子すら見せないという。

少しずつではあるけれど、以前の穏やかなあやかしの世が戻ってきている。

……つまり、羅刹や子供たち、そしてタマとの別れがすぐそこに迫っているのだ。

タマをキャリーバッグに入れ、大量のお弁当を抱えていざ出発。

「なんでお前を持っていかなきゃならないんだよ。重い」

タマ入りのキャリーバッグを持った羅刹がぶつくさ文句を言っている。

タマは子供たちの面倒を見るほうの立場だし、当然リードなんて必要ない。タマ専用の食事もいらないため、すこぶる楽だ。しかし猫は猫なので、バスに乗るときはルールに従わなければならない。

「怪力のくせにうるさいわ！」

たしかに、羅刹ならタマなんて指一本で持てそうだ。

「文句垂れるなら、このままどっかに置いてきてやる」

——ニャーァオ！

羅刹に反論しようとしたタマだったが、ちょうど子供たちがそばにやってきたのでそうもできず、怒りのこもった鳴き声をあげた。

温泉旅行以来のバスに乗った子供たちは、ふたりずつ座席に座り外を眺めている。

「ビューン」

乗り物好きの男の子三人は、すさまじい勢いで流れていく景色に興奮気味だ。しかし羅刹の言いつけを守り、声のトーンは控えめだった。

一方、葛葉は人間観察に忙しく、バス停で人が乗ってくるたびにじっと見ている。

五つ目のバス停で、ベビーカーを抱えたお母さんが赤ちゃんを抱っこして乗り込んできた。美空が立ち上がり席を譲ろうとすると、それより先に葛葉が立って「おいでおいで」とお母さんを呼んでいる。

「ありがとうね。でもあなたも疲れちゃうからいいよ」

お母さんは遠慮しているが、葛葉はブンブン首を横に振っている。

「赤ちゃん、座るのぉ」

そして少し強引に、桂蔵の隣にお母さんを座らせた。

通路を挟んで斜めうしろに羅刹と座っていた美空は、席を立つ。

「ご迷惑でなければどうぞ。葛葉ちゃんは羅刹さんの隣に座って」

バスは揺れるため、葛葉を座らせたほうがいいと判断したのだけれど、葛葉の目は赤ちゃんにくぎ付けだった。

「すみません、ありがとうございます」

「かわいー」

興味津々の葛葉は目尻を下げている。

「かわいいね。女の子ですか？」

「はい。九カ月です」

お母さんはにっこり微笑んだが、目の下にくまができている。きっと育児で疲れているに違いない。美空も四人の育児を押しつけられたばかりの頃は、寝不足と疲労で青白い顔をしていた。

「葛葉も赤ちゃんだった？」

「えっ……？」

思いがけない質問に、美空はとっさに対応できなかった。もちろん赤ちゃんだったのだろうけれど、父も母も失っている彼女にどう話したらいいのかわからない。

「そうね」

美空は努めて明るく振る舞ったが、顔が引きつっていないか心配になる。

「葛葉もかわいかったぞ」

すると、羅刹が助け船を出してくれる。まさか彼がこんなことを口にするとは意外すぎて驚いたけれど、そもそも彼女たちの命を救ったのは羅刹だ。育児放棄気味だったとはいえ、四人に対する責任感はずっと持ち続けているに違いない。

「ほんと？」

葛葉は羅刹のところに行き、問いかけている。

「本当だ。タマを持てるか？」

羅刹は立ち上がり、自分の席に葛葉を座らせて膝にタマを持たせ、美空の腕を引いた。美空にも座れと言っているらしい。

タマを抱えた葛葉は、窓の外を見て物思いにふけっている。両親のことを思い出してしまったのだろうか。

「おかあしゃん、葛葉のことかわいいって言ってたかなぁ」

ぼそりと漏らしたひと言に、美空の胸はわしづかみにされたように痛む。けれど、笑顔で彼女の肩を抱いて、口を開いた。

「当然じゃない。葛葉ちゃんも桂蔵くんもかわいいに決まってる。それに、今でもお空の上から見ててくれてるよ」

　タマが話していた通り、親子の間に魂の共鳴があり、最期に両親がありったけの力をふたりに渡したのだとしたら、彼女たちはとてつもなく尊い贈り物をされている。いつかこの事実が理解できるようになったら、きっと両親の深い愛をしっかりと感じられるはずだ。

「そっかぁ」

「うん。さっき席を譲ってあげた優しい葛葉ちゃんのことも、ちゃんと見てる。きっと今頃、感心してると思うな」

　美空がそう伝えると、彼女はうれしそうにはにかんだ。

　妖狐のふたりは、あやかしの世に戻ってからどうするのだろう。人間でいう親族のようなあやかしがいるのかどうか定かではないけれど、ふたりがこれ以上心に傷を作らないようにしてあげたい。

　――一緒に行けたら、寂しい思いはさせないのに。

　ふとそんなことを考えたものの、四人から離れたくない美空のただの勝手な言い分だ。

　羅刹は多くを語らないけれど、子供たちについてはしっかり考えているはず。当然、妖狐のふたりについても。それなのに、美空が口を挟むべきではないだろう。あれこれ考えながら、赤ちゃんのほうに視線を移すと、なぜか羅刹が美空をじっと見ていた。

バスの移動では何事もなく、広い公園に到着した。たくさんの薔薇が出迎えてくれ
たけれど、子供たちは芝生広場に一直線だ。

「うわぁ、ひろー」

相模がぐるぐる回りながら、広い公園を満喫している。

「らしぇつー」

羅刹の手を引くのは桂蔵だ。

「あれ、なあに？」

彼が指さしたのは、噴水だった。

「知らん」

羅刹も初めて見たらしく、美空が説明を始める。

「あれは噴水というのよ。落ちた水をまたくみ上げて、ずっと出てるの」

「そーりゅー？」

「あはは。蒼龍くんではないよ」

たしかに、蒼龍を連想させる……と思ったところで、美空の顔が引きつった。

「蒼龍くん、ストーップ」

水が大好きな彼が、いち早く噴水に駆けつけていたのだ。飲んでしまいそうな勢いに、美空が慌てて止める。

「蒼龍くん、飲んだらダメよ」

「おみじゅあしょび、しゅる」

「それもダメ。夏じゃないとさすがに冷えちゃう。お家から遠いから、お風呂にもすぐ入れないしお熱出るよ？」

念のために着替えを一枚ずつ持ってきたけれど、冷えた体はどうにもならない。

美空はしゃがんで彼に言い聞かせた。

「お熱いやぁ」

「そうよね。だから見るだけにしようね」

なんとかうなずいてくれたので、きっと大丈夫だろう。彼らはいたずらもするが、納得すればダメだと言われたことには手を出さない。

美空は大きな木の下に持参したシートを敷き、タマをキャリーバッグから出した。

「猫が苦手な人もいるから、気をつけて。あんまりうろちょろすると縛りつけておかないといけなくなるからね」

美空たちはタマが爪を立てたり噛みついたりしないと知っていても、周りの人はそうではないため、一応話しておく。

「縛りつけるなら、わしより子供たちじゃ」

「そうなんだけど」

タマの言う通りだけれど、ここは我慢してほしい。

「まあ、よい。わしはのんびり過ごす」

タマはシートの上で丸まると、目を閉じた。

弁当を置いた羅刹は、噴水にくぎ付けになっている蒼龍の隣に歩み寄る。おそらく彼も興味津々なのだろう。

「羅刹さんって、意外とかわいいよね」

美空が漏らすと、タマが目の上をピクッと動かす。

「初めては、誰でもワクワクするか」

公園に初めて行ったときもそう。羅刹は子供のように無邪気に滑り台を滑っていた。真顔なので一見楽しそうには見えないものの、ものぐさな彼が何度も滑る様子を見て、気に入ったのだとすぐにわかった。

「ねえ、あやかしの世にも公園ってあるの？」

タマの横に座り、お茶を飲みながら美空が問うと、タマは面倒そうに口を開いた。

「わしは見たことがない。こっちにあるおもちゃや駄菓子もないのぉ。あいつら、あちらに戻ったらつまらないと不貞腐れそうじゃ」

それを聞き、ずっと人間の世で生きていくことはできないのかなんて、一瞬考えてしまった。

しかし、現実的ではない。人間の世で暮らしているあやかしも、あやかしの世が荒れているから仕方なくそうしているのであって、そもそも人間とあやかしは共存する生き物ではないのだから。

「野菜みたいに、あっちに持っていけるといいよね。おもちゃや駄菓子の工場をっていうわけにはいかないけど、公園みたいな場所は作れそう」

美空が提案して羅刹が持っていった野菜の種や苗からは、すでにたくさんの収穫があって喜ばれているようだし。

「羅刹に話してみろ。あいつが頭《かしら》になるのじゃから、どうにでもなるじゃろう」

「頭ねぇ……」

あやかしとしての羅刹の能力がどれくらい優れているのか、美空にはさっぱりわからない。だらしない羅刹を見ていると、国を率いるような存在にはとても見えないのだ。

「まあ、荒れ放題になってしまったし、ひとりでは無理じゃろうが」

「そうだよね。サポートする存在がいないとね」

きっと有能な侍従がいるのだろうとなにげなく漏らすと、タマはうっすらと目を開けて、意味深長な笑みを浮かべる。

「なんじゃ。自覚はあるのか」

「自覚？　なんの話？」

美空が問いかけたが、タマはまたまぶたを下ろした。

それから子供たちと一緒に、持ってきたボールで体を動かしたり、色とりどりに咲き誇る薔薇を愛でたりした。

「きれきれー」

「あっ、薔薇は棘があるから、触っちゃダメよ」

手を伸ばそうとする葛葉を止めると、すさまじい勢いでひっこめている。

「痛い痛い？」

「そう。美しい花には棘があるの。皆も見た目だけにだまされないでね」

なんて、将来恋をするときの教訓になればと話してみたが、ポカーンとしていて意味は理解していないようだ。

「薔薇はきれいなんだけどね」

美空が顔を近づけて香りを楽しむと、子供たちも真似をした。

「さて、そろそろご飯にしようか」

太陽が南の空高くに近づいてきたので子供たちにお弁当を提案すると、全員の顔がほころんだ。食べるという行為は、皆を幸せにする。

あやかしの世でもこの笑顔のままでいてほしい。

美空は願うことしかできないのがもどかしかった。

大量のお弁当をあっという間に平らげ、その後もくたくたになるまで体を動かした子供たちと、日が落ちる頃に無事に帰宅した。

美空がスマホでたくさん撮った写真を見ていると、子供たちが覗き込んでくる。

「しゃがみ、いるー」

「そうね。蝶々を見つけたときだね」

「そーりゅー、ねんね」

「起きてるよ。目、開いてるでしょ?」

葛葉がおかしな指摘をしてきたのは、ぼーっと噴水を見ている蒼龍の横顔の写真だ。噴水の水に没頭するあまり、ピクリとも動かないどころか瞬きすらしなかったので、目を開いたまま寝ているかのようではあった。

「みしょら、痛い?」

たくさんの写真を一緒に見ていると、いつの間にか頬に涙が流れていて、桂蔵に気づかれてしまった。

「よしよし」

頭を優しく撫でてくれるのは、相模だ。

「ごめん。痛くないよ。なんでもないよ」

子供たちと、もうこんな楽しい時間が持てないかもしれないと思ったら、涙があふれてきてしまった。

彼らは本来あるはずだった幸福を取り戻しに行くのに、それを手放しで喜べない自分が情けない。でも、寂しいものは寂しいのだ。

「あはっ、どうしたのかな。ごめんね」

複雑な胸の内を明かすことはできず、美空は子供たちを抱きしめた。

その夜。疲れて子供たちと一緒に寝落ちした美空は、夜中に喉の渇きを覚えて部屋を抜け出した。

昼間は暖かくなってきたものの、夜はまだ少し冷える。

「美空か？」

腕をさすりながら廊下を進むと、羅刹の声がした。

「はい。まだ起きてるんですか？」

問うと障子が開いて、襟元をはだけた浴衣姿の羅刹が顔を出した。

「まだ十時だぞ」

「え……。もう三時くらいかと思ってました」

そういえば、今日は子供たちも疲れたせいか、風呂から出たらバタンキューだった。

いつもより眠った時間が早く、勘違いしていたようだ。

「二階に行くのか？」

「喉が渇いて、お茶を飲もうかと。羅刹さんも飲みます？」

「ああ、頼む」

うなずいて台所に向かうと、羅刹もついてきた。

「タマは?」

「こたつで寝てる。ぐうたらしやがって。そろそろこたつを片づけてやる」

「その言葉は、ブーメランが返ってきますよ。覚悟はいいですか?」

美空が茶化して言うと、羅刹はかすかに口角を上げた。

彼は、美空がここで暮らし始めた頃に比べたら随分表情が豊かになり、喜怒哀楽もはっきりしてきた。子供たちを見る目は優しいし、時折幸せそうな顔を見せる。

きっとこっちが、彼の本当の姿なのだろう。

温かいお茶を淹れて茶の間の彼にも出し、座卓を挟んで向かいに座る。

「こんな時間に、なにしてたんですか?」

「天知眼であっちを見てた」

美空の心臓がドクンと跳ねる。

日に日に落ち着いてきたとは聞いているけれど、それを耳にするたびに別れのときが迫っていると感じて、笑えなくなるのだ。

彼らの幸せを願うなら、仲間のいる場所に戻れることを手放しで喜ぶべきなのに、自分本位な気持ちで引きとめたいと思ってしまう。そんな自分にあきれている。

しかも、子供たちだけでなく、羅刹との別れもつらい。あんなに腹を立てていたのに、彼が過去に負った心の傷のせいでちょっとひねくれているだけで、本当は優しい鬼だと知ってしまったから。

「そう、ですか。野菜、育ってました？」

「ああ。南部の薬草畑も着々と広くなっている。けがをした者たちも随分回復したよ」

羅刹は野菜を育てるとともに、薬草も増やすように指示を出した。またあの崖に登って薬草を採ってきたと聞いたときは、ガミガミとお小言を口にしたが、彼のおかげで救われたあやかしたちがたくさんいるはずだ。

「そっか。よかった。……お母さまは？」

争いで大けがをしたものの、随分回復したとは聞いた。でも、その後の様子は知らない。

「残念ながら、負傷した目や脚は薬草を使っても治らない。だけど、俺が生きていたことを喜んでくれて、今は前向きだ」

きっと、一刻も早く羅刹に戻ってきてほしいに違いない。

羅刹の母の気持ちが痛いほどわかるのに、『早く行ってあげたら』という言葉はどうしても出てこなかった。

――私……ずっとここにいてほしいなんて、最低だ。せめて私も、ついていけたらいいのに。子供たちだけじゃなくて、羅刹さんも心配……じゃないか。私が一緒にいたいだけか。

心の中でそんな葛藤をしていると、羅刹が驚いたように目を見開いている。

「どうかしました？」

「いや……。そろそろ子供たちの親捜しを始めたい」

とうとうこの日が来てしまった。

美空はショックで倒れそうだったが、必死に笑顔を作る。けれど顔の筋肉がかすかに痙攣《けいれん》していた。

「見つかるといいな。早く会いたいよね」

この気持ちは嘘ではない。

公園に向かうバスで、いつもとんでもなく明るい葛葉の心の傷を垣間見て、皆元気に暮らしてはいるけれど満たされないものがあるのだと感じた。

必死に母親代わりをしているつもりでも、本当の両親から与えられる温もりは比べ物にならないはずだ。

「これからも、応援してます」

努めて明るく言ったものの、声が震えていたかもしれない。応援しているのは本当だけれど、自分もそばで手伝いたかったという思いが強すぎて、なかなか気持ちが切り替わらないのだ。

「私も仕事探さないと」

精いっぱいの強がりを吐く。

家政婦という仕事はなかなかハードで、けれどとても楽しかった。死を乞《こ》うほど絶望していたのに、そんなことを考える暇すらなくて、そのうち子供たちと一緒に心から笑えるようになった。

幸せな時間を経験できたおかげで、明日への希望を抱けるようになり、前を向いて歩いていける自信がついた。

羅刹は、未来は変えられるから天知眼で見ても意味がないと話していたけれど、確実に美空の未来は変わった。

「なに言ってんだ」

「えっ？」

湯呑を座卓に置いた羅刹が、あきれ顔で大きなため息をついている。

なにか間違ったことを言っただろうか。

「美空も一緒に来るに決まってるだろ」

羅刹の発言に驚いた美空は、目をぱちくりさせる。

これほど離れたくないと悩み、なんとか心に折り合いをつけなければと苦しんでいるのに、どうしてこんなにあっさりと、そしてさも当然かのように言えるのか理解できない。

美空が放心していると、羅刹はふっと鼻で笑った。

「息してる？」

「はっ、止まってました」

「死ぬぞ」

物騒な言葉をつぶやくものの、なぜか羅刹は楽しそうだ。

「……な、なんで私も行くんですか？」

「なんでだろうな」

「待って。私、あやかしの世で生活なんてしたことないです」

「俺も、人間の世で生活したことなかったぞ」

すこぶる正論を吐かれて、言い返す言葉もない。

不安なような、まだ一緒にいられてうれしいような。感情が激しく揺れ動き、なにを考えるべきかわからなくなった。

「とにかく、一緒に連れていくから。これは相談じゃなくて決定事項な。身の回りの物、まとめとけよ。明日行くから」

「明日⁉」

「逃げられる前にな」

羅刹がぼそりとつぶやいたが、それがどんな意味なのか美空にはさっぱりわからなかった。

◇　◇　◇

美空と話をした翌朝。食事のときに、羅刹から子供たちにあやかしの世に戻ると伝えた。すると、彼らは食べるのをぴたりとやめ、全員が美空に視線を送る。

「みしょらは？」

「バイバイいやぁ」

険しい顔で別れを惜しむ四人に、美空はハッとしている。

別れが寂しいのは、自分だけだと思っていたのだろうか。彼女以上に子供たちが別れたくないに決まっているのに。

「美空も行くぞ」

「ほんと?」

「行くぅ!」

「いっちょ!」

口の周りにご飯粒をつけたまま大喜びする子供たちに、美空は慌てている。

昨晩、ほとんど命令するかのように『連れていく』と宣言したけれど、彼女は迷っているはずだ。当然だろう。あちらはあやかしばかりだし、どんな世界なのかまだよく知らないのだから。

けれど、連れていくからには彼女のことは守るし、笑顔で過ごせるようにするつもりだ。

「まだ私、行くとは……」

「行かないんだってさ」

「いやよぉ。みしょら……」

いつもは強気な葛葉が、泣きそうな顔をしている。

「ああっ、行かないとも言ってなくて」

「行くってさ」

羅刹が素知らぬ顔で言うと、子供たちは一斉に立ち上がり、美空に抱きついた。

「わあ。みしょら、いっちょー」

「え……」

目をぱちくりしている美空だけれど、ここまで喜ばれたらさすがに否定できないだろう。

「私、人間ですよ？　人間なんかがついていったら、迷惑なんじゃ……」

「なるほど。俺たちあやかしがここで生活しているのが迷惑なんだな」

イジワルだとわかっていて指摘する。

「そんなわけないでしょ」

「それじゃあ、お前も同じだ」

美空は言葉をなくし、羅刹はにやりと笑った。

勝機ありだ。

そもそも羅刹が美空を連れていきたいのは、子供たちのためでもあるけれど、それ以上に自分のためだ。しかし、未知の世界に足を踏み入れることにはかなり覚悟が必要だとわかっているので、今は外堀を埋めて逃げられないようにしたい。

羅刹がこれほど強気に出たのは、美空が子供たちだけでなく、羅刹とも一緒にいたいと思っているとわかったからだ。

昨晩、美空と対峙したときに、どうしても本音が知りたくて心の声を読んだのだ。

(絶対に後悔させない)

羅刹は美空に向かってそう念じたが、やはり気づいている様子はなかった。

混乱する美空を連れて、羅刹はあやかしの世に渡った。子供たちは久しぶりで少し興奮していたが、人間の世に逃げたときより多くの緑が広がっている様子に驚いていた。

思えば彼らは、戦乱の真っただ中に生まれてきた命だ。昔の平穏なあやかしの世を知らない。

タマにはどんな様子か話してあったものの、「ほぉ」と感嘆している。

そして肝心の美空は……広大な土地を前に立ち尽くし、完全に固まっていた。緊張で顔が引きつり、瞬きが異常に速い。

「こっちだ」

羅刹の事情を聞いた父が、子供たちと一緒に過ごせるように家を用意してくれている。

大蜘蛛にとどめを刺した羅刹は英雄視されていて、こちらに戻ることを父が周囲に打ち明けたら、歓迎してもらえているらしい。もう以前のように『鬼のせいだ』とうしろ指をさされることはなく、仲間から傷つけられる心配はなくなった。

人間である美空にどんな目が向けられるのか未知数ではあるけれど、羅刹の大切な人で、彼女が戦乱を収めるのにひと役買ったと話してあるため、おそらく問題ないだろう。もちろん、自分が守る。

「美空」

羅刹はなかなか足を踏み出さない美空の手をしっかりと握って歩き始めた。

――逃がしてたまるか。

彼女と一緒にいたいという自分本位な気持ちで、あやかしの世に縛りつけるつもりはなかった。しかし、美空も一緒にいたいと思っているのであれば話は別だ。

「羅刹、よく来た」

玄関先で、すっかり表情が柔らかくなった父が出迎えてくれる。

すると美空はハッと我に返り、羅刹の手を振りほどいて深々と頭を下げた。

「はい。……彼女が美空です」

次に子供たちの紹介をしようとしたが、ビビりの相模が美空の脚にしがみつき、顔を隠している。桂蔵も羅刹のうしろに隠れた。葛葉はまるで戦いを挑むかのごとく堂々たる仁王立ち。蒼龍は父に興味がないのか、周囲を見回している。

「皆、羅刹さんのお父さまにご挨拶するよ」

「おとーしゃん？」

「そうよ。だから怖くない」

美空はしゃがんで子供たちに言い聞かせる。

羅刹の父は羅刹と同じくらいの背丈があり、大男。怖がっても仕方がないと思ったけれど、美空に声をかけられた彼らは安心したように笑顔を見せた。美空のことを信頼している証《あかし》だ。

「いつものように並んでみよう」

美空の言葉をきっかけに、四人が一列に並んだので、羅刹が口を開いた。

「こっちから、桂蔵、葛葉、相模、蒼龍。ついでに、タマ」

――ニャーオ！

付け足しで紹介したからか、タマが不貞腐れている。

父は真っ先に美空に歩み寄った。

「は、初めまして。山科美空です」

「初めまして。羅刹の父です。あなたが、羅刹を支えてくださったとか。それにおにぎりや野菜の生産まで、なにからなにまで——」

「いえっ、私はなにも」

美空は謙遜しているけれど、彼女が作ったおにぎりは、疲れきったあやかしたちの心にしみたはずだ。

「羅刹さんにそっくり……」

彼女がぼそりと漏らす。

たしかに目元がそっくりだと、戻ってくるたびに言われた。

「皆もよく来たね。私とも遊んでくれるとうれしい」

父が話しかけると、子供たちは「はぁーい」と元気に返事をした。

振り返った父は、イスに座った母に視線を送る。

「妻です。目が見えなくて……。中にどうぞ」

父の言葉をきっかけに、美空は自分から歩み寄りしゃがんで母の手を取った。

「初めまして。山科美空です。大変なご苦労があったと……」

美空が声を詰まらせると、母は首を横に振る。

「いいえ。美空さんが羅刹を守ってくださったんですよね。あの子に会わせてくれてありがとう。ありがとう……」

「守るだなんて。ケンカをしていただけで……」

そこは素直にうなずいておけばいいのに、彼女は正直に漏らす。

たしかにケンカは山ほどしたが、美空がいなければ今の自分はない。

「皆もおいで。羅刹さんのお母さまだよ。お目々が見えないの。だから手を握ってご挨拶できるかな？」

「できりゅー」

四人は我先にと母に駆け寄り、手を握る。

「お目々どうちたの？」

桂蔵が話しかける。

「けがをして、見えなくなってしまったのよ」

「痛い痛い？」

泣きそうな声を出すのは相模だ。

「もう痛くないよ。心配してくれてありがとうね」

「おかあしゃん？」

母の腕にしがみついたのは葛葉だ。

「そうよ。羅刹のお母さんです」

「わぁ、みしょらみたいー」

一番うしろにいる蒼龍がそう言ったとき、美空は驚いたように目を丸くしたけれど、彼女はもうすでに四人の母親も同然だ。

それから四人はひとりずつ名前を言いながら、母の手をしっかりと握っていた。子供たちの話をするたびに、『一気に孫ができたみたい』と話していた母は、よほどうれしかったのか、うっすらと涙を浮かべていた。

羅刹たちが滞在する家はなかなか立派で、平屋ではあるが十分な広さだった。ただ……人間の世とは違い、電気や水道、ガスといったものがない。

「どうしよう、これ。明治時代だわ」

美空は困った顔をする。

水はあらかじめ甕《かめ》にたっぷり用意されているし窯《かま》もあるが、なにからなにまで使い勝手が違う。父の侍従が来てあっという間に火をおこしてくれたものの、美空は腕を組みしばらく考えていた。

『やっぱり帰る』と言われるのではないかと心配していたが、「よし」と腕まくりをした美空は笑顔になる。

「なるようになるでしょ。とりあえずご飯炊いてみよー」

頼もしい発言に、羅刹は思わず笑みをこぼした。

とりあえずなんて言った彼女だが、たくさんもらった魚を使って炊き込みご飯をこしらえてくれた。

「焦げたー」

炊き上がりを見てガクッと肩を落としていたものの、焦げもうまそうだ。

「羅刹さん」

「なんだ」

「これ、お父さまとお母さまにも差し入れしてください。焦げ臭いのは鼻をつまんでもらって……」

「鼻をつまむとか」

彼女と一緒にいると、やっぱり楽しい。しかも、来た早々、父や母の気遣いまでしてくれてありがたかった。

「……でも、お料理の上手な方が作ってるか」

たしかに従者が父や母の食事の世話をしているが、器を引っ込めようとした彼女の手を握った。

「いいから。美空が作ったもんなら、喜んで食べるだろ。鼻をつまむかどうかはわからないけどな」

あやかしの世の者たちは、野菜の種を持ち込んで食を豊かにしてくれた美空に感謝している。両親も早く会いたくてうずうずしていたくらいなので、大喜びするはずだ。

「そうだといいな。それじゃあ、お願いします」

こちらに来ても、彼女の笑顔が曇らなくてよかった。

羅刹は胸を撫で下ろした。

◇◇◇

あやかしの世に足を踏み入れた美空は、ガチガチに緊張していた。

なかば強引に連れてこられて、不安半分、まだ子供たちとそして羅刹と過ごせるという喜び半分という複雑な心境だ。

ただ、羅刹が『相談じゃなくて決定事項な』と言ったとき、ホッとした自分もいた。

あれほど言い合いが絶えなかったのに、必要とされているのがうれしかったのと、そうやって強引に誘われたおかげで踏ん切りがついたのだ。

とはいえ、別れが先延ばしになっただけ。子供たちの両親が見つかり、妖狐のふたりの生活が安定したら、今度こそ本当にさようならだ。

どんどん表情が優しくなっていく羅刹の変化を、もっと近くで見守っていたかったという気持ちもあるが、仕方がないだろう。

あやかしだらけだと身構えていたものの、羅刹の父や母は本当によくしてくれる。それに、野菜の種を持ち込んだり、何度もおにぎりを差し入れたりしたことで、羅刹と同じように美空まで英雄扱いされていてひどく驚いた。

そのせいか皆親切にしてくれて、毎日のように水や野菜が届く。文明が発達しておらず苦労は尽きないけれど、楽しく生活できている。

慣れない窯でこしらえた料理を、野菜を分けてくれるあやかしたちにお礼として配っていたら、『料理屋をやらないか？』とまで言われて、目を丸くした。

人間の自分がそこまで受け入れてもらえることがありがたかったものの、子供たちを優先したいのでお断りした。

羅刹は、人間の世でのだらだらした姿が嘘だったかのように、毎日出かけては父とともにあやかしの世の再生にいそしんでいる。その一方で天知眼を駆使して、相模と蒼龍の両親を捜し続けていた。

美空たちが滞在している中枢部の復興の早さを耳にし、以前住んでいた者たちが戻ってきつつあるという。その中にふたりの両親がいたらいいのにという期待を抱いているものの、簡単に見つかるほど甘くはなかった。

羅刹の父が用意してくれた家は、台所と部屋が四つ。人間の世で過ごしたあの屋敷よりは手狭だけれど、十分な広さがある。

しかしどうやらここは仮の住まいらしく、近い将来国の頂点に立つ羅刹の住居は、別の場所にもっと立派なものを建築中だとか。

羅刹はここでいいと話しているらしいが、大蜘蛛を倒した英雄をそんなところには住まわせておけないと返事があったらしい。

ほとんど部屋にこもっていると知っている美空は、広くても使う部屋はひとつだけだよ?と思いながらも、国の頂点たるあやかしが住む家が質素なのもおかしいのだろうと納得した。

……いまだ、あのぐうたら羅刹がそんな地位に就くのが信じられないでいるけれど。ただ最近の様子から、彼もやればできるんだとわかった。

うっすらと汗ばむような陽気になったその日。美空は子供たちと一緒に、畑作業を手伝うことにした。

羅刹に公園のようなものを作ったらどうかと提案したら、『そうしよう』と即決してくれたものの、まずはあやかしたちが安心して暮らせる環境を整えるのが先。そのため子供たちが少々退屈しているのだ。

それならばと広大な畑に連れていくと、『お手伝いしゅるー』と声を合わせた。

四人は初めての農作業に、目をキラキラさせて楽しんでいる。

「わあ！」

かぶを抜いた相模が、思いきり尻もちをついた。強く引っ張りすぎたのだ。

「そんなに強く引っ張らなくてもいいのよ」

涙目になっている相模を抱き起こして言うと、「うんとこしょは？」と眉をひそめる。

「そっか。絵本はそうだったもんね」

散々読み聞かせをした絵本の中のおおきなかぶを引っこ抜くシーンを真似したのだろう。ところが抜けたのは小さなかぶで、葛葉が「ちっちゃー」と笑っている。

「あんなに大きなかぶはないのよ。小さくてもおいしいんだから」

「豆もあるぞー」

近くで作業していた者から声をかけられ、四人はそちらに顔を向けて走りだした。

「美空」

羅刹の声がしたので振り返る。タマも一緒だ。

「もしかして、手伝います？」

美空は茶化したが、羅刹の顔がいつになく真剣で緊張が走った。

「……どうかしたんですか？」

まさか大蜘蛛派のあやかしが残っていて危険なのでは？と最悪の事態が頭をよぎり、とっさに子供たちのところに駆け寄ろうとすると、羅刹に腕を引かれて止められた。

「どこ行くんだ」

「どこって、子供たちを守らなきゃ」

「守る？　なに言ってるんだ」

羅刹はあきれたような冷たい視線で、美空を射る。

「危ないわけじゃないんだ……」

「美空は心配性じゃのお」

タマにまで鼻で笑われて気分が悪い。

「悪かったわね」

「いや、そのくらい子供たちを大切に思ってるってことだろ」

羅刹がフォローしてくれるのが意外すぎる。でもそれならさっきのような突き放す言い方は、ぜひともやめていただきたい。

「それで、なんですか?」

「見つかった」

「えっ?」

「汀悟とついさっき、話をしたんだが」

汀悟の名を聞き、ピンときた。

「蒼龍くんのご両親ですか?」

「ああ。汀悟も捜してくれていたようで、仲間をたどってたどり着いたらしいから、おそらく間違いない」

「よかった……」

あれほど別れが寂しいと思っていたのに、やはり実の両親が見つかったという知らせはうれしいものだ。

「ただ……」

羅刹が声のトーンを落とすので、心臓が大きく打ち始める。

「母親が亡くなったようだ」

「そんな……」

美空はほかの三人と一緒に、いんげん豆の収穫を楽しむ蒼龍に視線を送りながら、肩を落とした。

けれど、父だけでも生きていたのは幸いなのかもしれない。きっと、桂蔵や葛葉のように両親を亡くした子供たちも多いはずだ。

「今は南の地域で、薬草を育てるための水の管理をしているようだ。その薬草のおかげで、けがが治った者も多い」

けが人が続出したここでは、食べ物と同じくらい薬草が望まれている。

汀悟は今、この広大な畑の水の管理をしていると聞いた。蛟がいると水に関する悩みはすべて解消するらしい。

「とにかく父親と会わせようと思う。母親のことは、父親から話してもらったほうがいいと思っているが、美空はどう思う？」

まさか自分の意見を求められるとは思いもよらず戸惑ったものの、蒼龍の笑顔を見ながらうなずいた。

「それがいいでしょうね。もし私にできることがあればお手伝いします」

あんなに小さいのに、母の死を受け止めなければならない残酷さに胸が痛む。しかし、隠し通せるものでもなく避けては通れない。

蒼龍が頼ってくれるなら、いつでも抱きしめる。

「明日、こちらに来てもらうことにする。美空も近くにいてくれないか？」

「わかりました」

美空がうなずくと、羅刹は子供たちのそばに歩み寄り、一緒にいんげん豆を収穫し始めた。


翌日は、雲ひとつないさわやかな空が広がっていたのに、美空はそわそわしていた。いよいよ蒼龍と父との対面が叶うのだ。

今朝、羅刹から父に会えると聞いた蒼龍は、いつものおっとりさはどこに行ったのか興奮してほかの三人のところに飛んでいった。

すでに両親を亡くしている妖狐のふたりの反応が気になり美空も追いかけたが、桂蔵も葛葉も「よかったねぇ」と素直に喜んでいて、その健気な姿に胸を打たれた。

ほかの三人を刺激しすぎるのもよくないという配慮から、対面は羅刹の父の邸宅で。

三人の面倒はタマと久々に会った汀悟に任せて、美空も付き添った。汀悟は、もう二度と子供たちを傷つけるような言葉を口にしないと信じている。

蒼龍は緊張しているのか、部屋の片隅で美空にしがみついたまま微動だにしない。けれど扉が開き、恰幅がよく眉の太い男性が姿を現すと、一目散に駆けていき胸に飛び込んだ。

「蒼龍……。よかった。元気で……本当に」

父は声を震わせ、蒼龍をがっちり抱きとめる。

「おとーしゃん、おとーしゃん」

蒼龍の甲高《かんだか》い声が耳に届いたとき、美空の頬に感動の涙が伝った。すると羅刹が励ますように、そっと肩を抱いてくれる。

しばらくすると父は、片手で蒼龍を軽々と抱き、美空たちの前まで歩いてきた。

「羅刹さま、それと……奥方さまでしょうか」

「いえ、ただの家政婦です」

羅刹の妻だと勘違いされ、声が大きくなる。

「みしょらよー」

父の首にしがみつく蒼龍が、父に美空を紹介した。

「美空さん、ですね。蒼龍を守ってくださったとお聞きしました。なんとお礼を申し上げたらいいのか……」

「礼などいらない。俺たちも蒼龍と一緒にいられて幸せだった」

羅刹は思わぬ言葉を口にしたが、その表情は柔らかで、心からそう思っているのだと伝わってきた。だから美空も隣でうなずく。

「一旦失礼する。存分に蒼龍との再会を楽しんでほしい。手を貸せることがあれば、呼んでくれ」

「はい。ありがとうございます」

蒼龍はこれから母の死を聞かされることになる。再会の喜びのあとに酷な告知が待っているのはかわいそうだけれど、あとは父に任せたほうがいい。

美空は羅刹とともに、一旦別の部屋に移った。

蒼龍の胸の内を考えると、どうしても顔がゆがむ。必死に泣くのをこらえていると、不意に羅刹に抱きしめられた。

「大丈夫だ。蒼龍は乗り越える。美空からもらった愛があるからな」

優しい言葉をかけられて、我慢していた涙がこぼれてしまった。

「羅刹さん、おかしいです」

「なにが？」

「最近、優しいんだもん」

それがうれしいのに、これ以上その優しさに浸っては涙が止まらなくなると、ひねくれたことを口にする。

「ああ、お前はいじめられるほうが好きだったな」

「違います」

「それじゃあ、甘えとけ」

美空の背に回った羅刹の手に力がこもり、身動きが取れなくなった。それなのに心地いいのはなぜだろう。

「蒼龍くん、幸せになれますよね」

「当然だ。そうでなければ返さない」

羅刹の力強い言葉に安心した。

出会ったばかりの頃の彼は、仕方がないから子供たちの面倒を見ているとばかり思っていた。けれど、彼らを連れて人間の世に駆け込んだときから、幸せにする覚悟があったのではないかと思う。

ただ、その〝幸せ〟というものを彼自身が知らず、戸惑っていただけ。しかも思いきり不器用で、子供たちに対する愛がたっぷりあるのに、表現できなかったのだ。

けれど、もしかしたら子供たちは、羅刹の愛に最初から気づいていたのかもしれない。物言いも冷たく、まともに面倒を見られない彼のことを『らしぇつー』と慕い、笑顔を見せていたのだから。

今思えば、あの屈託のない笑みは、捨てられたくなくて媚《こび》を売るというような不純な気持ちなど混ざっておらず、単純に羅刹が好きだったと思えるのだ。

しばらくして、蒼龍の悲痛な泣き声が聞こえてきた。母の死を聞いたのだろう。

「みしょ……みしょらぁ」

次に美空を求める叫び声もして、美空は羅刹と顔を見合わせた。

「行ってやってくれるか？」

「もちろんです」

部屋を出ていくと、父に付き添われた蒼龍が出てくるところだった。彼は美空を見つけると、口をへの字に曲げて、思いきり腕の中に飛び込んでくる。

「おかしゃん、おかしゃん……」

どう慰めればよいのかなんてわからない。美空はただ無言で彼を強く抱きしめた。

「みしょらもいなくなりゅ？」

ひとしきり泣いた蒼龍はぼそりとつぶやく。

「いなくなんてならないよ。蒼龍くんが会いたいと思えば、いつでも会える。だって、私も蒼龍くんに会いたいんだもん」

そう伝えると、彼は美空の首に抱きついて離れようとしなかった。

しばらくして落ち着いてくると、彼は羅刹の胸にも飛び込んだ。やはり、羅刹のことも大好きなのだ。

「あやかしの世は、俺が必ず守る。もう怖いことは起こらない」

「ほんと？」

「ああ。だから安心して暮らせ。お前は、火事のときに人を助けたり、池の子猫を救ったりできる優しい蛟だ。大きくなったら、俺の手伝いをしてほしい。どうかな？」

「しゅる！」

ふたりの会話にほっこりする。

羅刹はこれからも関係が続くということを伝えて、安心させたような気がした。

それから父も交えて話し合いをし、蒼龍は父とともに帰ることになった。もちろん、いつでも遊びに来られるという点は強調しておく。ほかの三人も寂しがるはずだから。

蒼龍は名残惜しそうに何度も振り返りながら父とともに去っていったが、近いうちに会えることを祈りつつ見送った。

「蒼龍くん……」

蒼龍の前では泣くのをこらえていたものの、どうしても涙がこぼれる。すると隣で同じように見送った羅刹が、着物の袖でごしごしと美空の顔を雑に拭いた。

「ちょっ……。もっと優しくしてください」

「優しく？　……こうか？」

美空の前に立ち目線が合うようにかがんだ羅刹が、大きな手でそっと美空の頬を拭うので、心臓がドクッと大きな音を立てる。

「も、もう大丈夫です」

見つめられるのが恥ずかしすぎて体をのけぞらせたのに、羅刹に腕を引かれて抱きしめられてしまった。

「な、なに？」

「お前にも抱きしめてやるやつが必要だろ」

「えっ……」

「よく頑張った」

やっぱり、最近の羅刹はおかしい。こんなことを言う鬼じゃなかったのに。

けれど、あやかしの世に戻り、父や母と家族としての関係を再構築できたおかげで、すさまじい勢いで彼の心が解放されつつあるのかもしれない。

とはいえ、照れくさくてたまらずもがく。

「もう、放して」

「お前が言ったんだぞ」

「なにを？」

「つらい気持ちはもらってやれるって」

ちゃんと覚えていてくれたようだ。

「……うん」

抵抗するのをやめた美空は、しばらく羅刹に抱きしめられたまま心の整理をした。

あんなに腹を立ててばかりだったのに、今は羅刹の腕の中が心地いい。彼が鬼のあやかしだとわかっていても……心が惹《ひ》かれていく。

不器用で口も悪くて、変なところで要領がよくて……。でも、心がズタズタになるまで傷ついた分、きっと優しいのだ。そうでなければ、子供たちに手を差し伸べたりはしなかっただろう。

あれだけ言い合っても羅刹がいると安心するのは、絶対に守ってくれるという確信があるからだ。

羅刹は、天涯孤独だった美空が安心して心を開ける存在になっている。彼とも……離れたくない。


蒼龍が去ったあと、残った子供たちはしばらく沈んでいた。派手なケンカはすれど大好きな仲間が突然いなくなったのだから、それもうなずける。

けれど美空が「またすぐに会えるよ。ずっと友達だよ」と伝えたら、次第に元気を取り戻してきた。

「みしょらー。行くおー」

玄関で大声を出す葛葉は、すっかり畑の手伝いが気に入った様子だ。

邪魔になっていないか心配で羅刹に聞いてもらったけれど、作業をしているあやかしたちは皆、子供たちをかわいいと思ってくれているようで安心している。

大蜘蛛のせいであやかしは恐ろしいという刷り込みが少なからずあったが、そうではないとわかった。

「タマ、どこ?」

朝食後、姿を消したタマを捜すも出てこない。畑に行くのが嫌で隠れているのだ。

人間の世のように車が走っているわけではなく、危険は少ない。とはいえ、自由気ままな三人から目を離さないというのはなかなか難しく、ついてきてもらいたいのに。羅刹は朝から出かけていて、戻ってこないのだ。

「タマ、あっちいた」

相模が奥の部屋を指さすので向かうと、部屋の隅で丸くなり目を閉じているタマを発見した。

「いた」

「いないぞ」

「ふざけてないでついてきてよ。ひとりじゃ無理」

美空がお願いしたのに、目も開けない。ふてぶてしい態度は相変わらずだった。

あやかしの中でも化け猫は少ないらしく、こちらに来てからもいまだ会ったことはない。彼にも早く仲間に会わせてあげたいけれど、どうしても子供たちが優先になってしまう。

「美空、いるか？」

そのとき、玄関から羅刹の声がした。

「らしぇつー、あしょぼ」

羅刹にせがむ桂蔵の声も聞こえる。

「いますよ。タマが調子悪いみたいで、ご飯はいらないと言うので心配で」

わざと大きな声で返すと、タマは目を見開いた。

「悪くない」

「いやー、外に行けないくらい悪いんでしょ。お昼は抜かないと」

美空は慌てるタマをその場に残して、玄関に向かった。すると羅刹が相模になにか話をしている。

「みしょらー」

駆けてきたのは眉尻を下げた桂蔵だ。葛葉も続き、ふたりとも美空の脚を離さんとばかりに強く握ってきた。

——これはもしかして……。

美空が羅刹と相模を見つめていると、美空に視線を向けた羅刹が小さくうなずく。おそらく相模の両親も見つかったのだ。

実は昨晩、羅刹が天知眼で天狗の一族が西部に集結しているところが見えたと話していた。おそらく、その地域に行って彼の両親を見つけたのだろう。

あらかじめ相談がないということは、両親ともに健在なのだと思う。それはとても喜ばしいけれど、蒼龍に続いて相模もいなくなると思うと、やっぱり寂しい。残される桂蔵や葛葉も、そうに違いない。

「美空、ふたりを頼む」

「わかりました」

「しゃがみぃ」

桂蔵が悲痛な声を出す。大切な仲間がまたひとりいなくなるのだから、どれだけ相模にとってうれしいことでも、耐えきれないのだろう。

羅刹が近づいてきて、妖狐のふたりの前で膝をついた。

「俺が昨日話したことは覚えているか？」

「……うん」

泣きそうな葛葉がコクンとうなずく。

「そうか。相模はこれから父さんと母さんに会いに行く。ただ、ずっと大事な友達だし、いつでも会えるようにする。約束だ」

羅刹が小指を出すと、ふたりは渋々その指に短い小指を絡ませる。

「らしぇつ、うしょついたら針だお」

「針でも槍でも飲んでやる」

桂蔵の言葉にうなずく羅刹は、いつになく優しい顔で微笑んだ。残されるふたりを、安心させたいのだろう。

「相模」

そして相模を呼び、三人での別れの時間を作った。

「おっきいかぶ、とりゅよ」

「きれいな石しゃん、あげりゅ」

「あーっと」

独特の別れのあいさつではあるけれど、彼らの真剣な表情を見ていると、胸にくるものがある。寂しいと泣き叫ぶより、日常の些細な会話が、美空の胸に突き刺さった。もうしばらくこうした言葉を交わせないので、最後にもう一度と思っている気がしたのだ。

「相模くん。また会おうね」

美空も話しかけた。

「みしょら、ずっといりゅ？」

相模の質問に、目が泳ぐ。桂蔵と葛葉の引き取り先が決まれば、美空はもう用なしだ。人間の世に戻ることになるのだろう。

本当は、彼ら四人がすぐに戻ってこられる場所を守ってあげたい。でも、羅刹も新しい家に引っ越し、君主として陣頭指揮を執り始める日も近い。もう今までのように家族ではいられないのだ。

美空が答えられないでいると、羅刹が代わりに口を開いた。

「当然いるよな」

「えっ？　……うん、いるよ」

ここは笑顔で嘘をつくところだったと我に返り、口角を上げる。ときには優しい嘘も必要だ。

「みしょら、すきぃ」

「私も大好きよ、相模くん」

美空は相模と一緒に、葛葉と桂蔵も抱きしめた。

羅刹に手を引かれた相模が行ってしまうと、なんともいえないどんよりした空気が漂い始める。

残ったふたりを励まさなくてはと笑顔を作ったとき、タマがやってきた。ニャーオと大きな声で鳴き、ついてこいと言わんばかりに外へと出ていく。

「あ、畑に行くんだったね」

「いくぅ」

きっと寂しさでいっぱいだろうけれど、ふたりに笑顔が戻った。

頑として行かないと言い張っていたタマも、沈んだ子供たちを見て出てきてくれたのだろう。タマも羅刹と同様、ツンツンのくせして優しい一面もある。

右は桂蔵、左は葛葉と手をつなぎ、畑までの道のりを歩く。戦いで荒れた土地を復興している最中なので、そこらじゅうで建物を建てているのだが、さすがはあやかし。重そうな木や石を軽々と持ち上げたり、相模のように空を飛んで運んでいる者がいたりと、見慣れない光景が広がっている。

しかし皆の顔に希望が宿っており、羅刹が英雄視されていることに納得した。彼はあやかしの世の未来を変えたのだ。

「ねえ。昨日、羅刹さんとなにを話したの？」

先ほどの羅刹の発言が気になり、ふたりに尋ねる。

「らしぇつねー、おとーしゃん」

「お父さん？」

桂蔵の言葉の意味がわからず首を傾げると、葛葉が続く。

「葛葉と桂蔵のおとーしゃんなの。ずーっとおとーしゃん」

まさか、羅刹はふたりを育てていくつもりがあるのだろうか。てっきり誰かに任せると思っていたので、目を丸くした。

けれど、羅刹がそう決めたのであれば、応援したい。適当すぎる育児ではあるけれど、彼が子供たちに注ぐ愛情は本物だとわかったから。

頬を緩ませて自慢げに教えてくれる桂蔵と葛葉も、羅刹と一緒にいられてうれしいのではないだろうか。

「そっか、お父さんか」

羅刹の覚悟の大きさを感じて、君主たる大きな器を持っているのかもしれないと実感した美空は、しみじみと口にした。

畑に到着すると、ふたりは一目散に駆けていく。そのうしろ姿を見ながら、いよいよ別れのときが来たのかもしれないと考えていた。

相模が両親のところに戻り、桂蔵と葛葉も羅刹が育てると決めたのであれば、もう美空にできることはない。

相模にずっとここにいるか問われたとき、羅刹が『当然いるよな』とごまかしたのだけが気がかりだ。

会えると思って帰ってきたらいなかったなんて、残酷ではないだろうか。とはいえ、あの場で『人間の世に戻るよ』とも言えなかった。

「なーに考えとるんじゃ」

「ん？　なんでもないよ」

タマに見透かされている気がして、ごまかす。

「美空は難しいことを考えすぎじゃ。なるようになる」

「タマや羅刹さんが行き当たりばったりすぎなのが悪いでしょ。やきもきするの」

「それじゃあ、ずっとやきもきすることじゃな」

「ん？」

人間の世に戻ってからも心配していろと？

さすがにそれはごめんだけれど、気にしないのはもっと無理だなとも思う。

畑で手伝いながら遊んでいるうちに、桂蔵と葛葉にいつもの笑顔が戻ってきた。とはいえ、心中は穏やかではないはずだ。蒼龍や相模にはお迎えがあっても、自分たちには永遠にないとわかっているから。

しかし、どれだけ苦しくても、乗り越えなくてはならない。

「葛葉、桂蔵」

人間の世と同じように昇っている太陽が南中した頃、背後から羅刹の声がして振り返る。すでに相模の姿はなく、両親が連れ帰ったのだとわかった。

「らしぇつー」

ふたりは駆けていき、羅刹の脚に突進する。

「ちゅいたー」

「お前……その手なんだよ」

葛葉のつぶやきに羅刹が顔をしかめたのは、着物が泥で汚れたからだ。ふたりはずっと畑の隅で泥遊びをしていて、手も足も泥まみれなのだ。

「桂蔵は、顔も汚いぞ。これじゃあ飯が食えないだろ。しょうがねぇから、一緒に風呂入るか」

「いっちょ？」

「わぁ、らしぇつ、いっちょー！」

葛葉と桂蔵が大げさなほどに喜んでいる。

羅刹の発言に、美空は驚いた。彼が子供たちと一緒に入浴したことなんてないからだ。

羅刹の父親らしい行動を見て、頼もしく思ったのと同時に、自分の役割は終わったのだとも感じた。

その後屋敷に戻り、風呂の準備をして子供たちの着物を脱がせた。

「それじゃあ、私は食事の準備……ちょっと！」

振り返ると、羅刹がすでに着物をはだけさせているので慌てる。

「なんだよ」

「まだ私、ここにいるでしょ？」

「一緒に風呂入っただろうが」

温泉旅行に行ったときの話をしているのだ。

でもあれは、仕方がなかったからであって、それに美空のほうを見ないと約束していたのに見た羅刹が悪い。

「もう！　ふたりをお願いしますね」

顔を背けたまま出ていこうとすると、いきなり腕を引かれた。

「飯は作らなくていい」

「どうして？」

「あっちにパフェを食いに行く」

あっちとは、人間の世のことだろうか。パフェと言うからにはそうだろう。

「ほんとに？」

「今は気がまぎれるものがあったほうがいい」

彼はすでに洗い場で遊んでいるふたりに視線を送って言う。

「そうですね」

次に人間の世に戻るときはひとりだと覚悟していたので拍子抜けしたけれど、美空は純粋にうれしかった。

子供たちは上機嫌だ。羅刹と三人での初めての入浴に加え、パフェまで食べに行けると聞いたからに違いない。

大張りきりのふたりを連れて羅刹と人間の世に戻ると、まだそれほどときは経《た》っていないのに懐かしさがこみあげてくる。

道路を走る車のエンジン音。空に広がる無数の電線。それらはこちらで生活していた頃は決して心地よいものではなかったけれど、なんとなくホッとする。

羅刹は葛葉と、美空は桂蔵と手をつなぎ、以前赴いたレストランに向かった。

「約束覚えてるな」

「ごはんもたべりゅー」

「そうだ。パフェはそのあとだ」

ふたりに語りかける羅刹の表情がやはり優しい。本当の父親だと言っても、まったく違和感はない。

早速お子さまランチを頼むと、ふたりは満面の笑みで食べ始めた。美空と羅刹は日替わりランチのハンバーグを楽しむ。

「しゃがみ、バイバイした？」

唐突に葛葉が羅刹に尋ねた。

「ああ。父親と母親に会えてホッとしてた。相模が遊びに来ると話してたぞ」

両親について触れるのは残酷ではないかと思ったけれど、羅刹は淡々と伝えている。ふたりの父親になる覚悟がしっかりあっての発言のような気がした。

——私もふたりの成長を見ていたい。羅刹さんと一緒に、家族になれたら……。

美空はそんなことをぼんやりと考える。

羅刹がこの子たちの親になる覚悟があるのであれば、同じくらいの強い気持ちが美空にもある。もちろん、人間とあやかしという違いがあるのは承知しているけれど、そんなものは通り越して愛おしい存在なのだ。

「わぁ、しゃがみとそーりゅー、またあしょぶ」

桂蔵が笑顔を崩すことなく言った。とても無理をしているようには見えず、彼らなりに今の状況を受け入れ、次の段階に進もうとしているのがわかった。

自分も寂しいとずっと沈んでいないで、四人の新しい門出を祝わなければ。もう公園で倒れていた頃の弱い自分とは違う。彼らの顔を思い浮かべれば、どんなことでも踏ん張れる。

美空はそう思いながら、ハンバーグを口に入れた。

パフェまでしっかり食べて店を出る。来たときと同じ組み合わせで歩いていると、桂蔵が段差につまずき、とっさに抱きとめてことなきを得た。先を行く羅刹と葛葉は気づかなかったようで、少し距離が空いてしまう。

「急ごうか」

桂蔵に声をかけると、羅刹にも届いたのか立ち止まった。美空たちが追いつくと、不意に羅刹が美空に向かって手を出してくる。

「ん？」

「こけるから、つないでおけ」

そう言った羅刹は、美空の手をしっかりと握った。

転びそうになったのは桂蔵だと反論したいのに、この手を離したくない。彼に触れられると鼓動が速まって苦しいけれど、ずっとこうしていたいと思ってしまうのだ。

人気《ひとけ》のない場所であやかしの世への扉を開いた羅刹は、美空に「帰るぞ」と声をかけてから、足を踏み入れた。

『行くぞ』ではなく『帰るぞ』というその声かけが、まるであやかしの世が美空にとっての居場所だと言われたような気がしたのは、彼らから離れたくない美空の都合のいい解釈なのかもしれない。

◇◇◇

相模は両親をしっかり覚えていて、ふたりの姿が見えた瞬間、羅刹の手を離して駆けていった。

父は戦いでけがをしたようだが、薬草のおかげで回復している。涙を流して再会を喜ぶ母は、相模を失い憔悴《しょうすい》していたのだとか。

両親に抱きしめられて静かに涙をこぼす相模の姿を見ながら、彼らを拾って本当によかったと羅刹は感じた。

相模の両親が見つかり、羅刹はまず桂蔵と葛葉に話をした。

迎えに来てくれる存在がいない彼らが不安に思っているのは手に取るようにわかっ

たので、これからの未来を示したかったのだ。

だから『お前たちはこれからも俺の子だ。ずっと一緒だ』と伝えた。

絶命寸前の妖狐の両親からふたりを預かったときは、一時的な避難場所になるつもりはあっても、まさか生涯をともにするとは思ってもいなかった。

しかし、同じ屋根の下で暮らしているうちに情が湧いたのだ。誰かに任せてやきもきするより、自分のそばに置きたい。そう強く感じた。

子育てのうまいあやかしに任せてしまったほうがいいのではないかと葛藤したこともあった。けれど、美空とは違いろくに役に立っていないはずの自分を『らしぇっ』と慕ってくれる彼らを、どうしても手放す気にはなれなかった。

相模がいなくなり沈んでいる桂蔵と葛葉を連れて、美空とともに一度人間の世に戻った。子供たちを励ましたいという目的が一番ではあったけれど、美空の反応も知りたかったのだ。

人間の世に戻った彼女が、やはりこちらで暮らしたいと思えば、帰してやらなければならない。彼女は子供たちや羅刹、そしてタマのために心を尽くしてくれた大恩人だ。彼女がいなければ羅刹はずっとひねくれたままだっただろうし、あやかしの世に向かって父の手助けをしようとは思えなかったはず。

つまり、美空があやかしの世を救ったと言っていい。

大蜘蛛を倒したのが羅刹であるため、皆が羅刹を褒めたたえるけれど、陰の勇者は確実に美空だ。おそらく近くで羅刹を見ていたタマも、そう思っているだろう。

そんな彼女の気持ちをないがしろにはできない。ただ、美空に対して家族の愛とは違った愛情を抱いてしまった羅刹は、美空の気持ちを優先したい一方で、無理にでも引きとめたい自分よがりの強い思いもある。そのため、人間の世に戻ってきた美空がどういう感情を抱くのか確認したかった。

人間の美空には魂の共鳴は起こらないのか、単に気づいていないだけなのか、羅刹の心の声が届いている節はない。だから一方的に聞くのは悪いと思いつつも、子供たちを愛おしそうに見つめながらハンバーグを頬張る彼女の胸の内に、耳をそばだてた。

すると『私もふたりの成長を見ていたい。羅刹さんと一緒に、家族になれたら……』という声がたしかに聞こえて、羅刹の心は躍る。

(俺も美空と家族になりたいよ。本当の家族に)

子供たちもいるので心の中で訴えたが、相変わらず気づいてはいないようだ。

こんな声が聞こえてしまったら、我慢できるはずがない。それに、こちらに戻ってきたければ、いつでも連れてくる。

羅刹の気持ちは完全に固まった。

◇　◇　◇

蒼龍と相模がいなくなってから約一カ月。うっすらと汗ばむような陽気になってきた。

汀悟が管理している広大な畑ではたくさんの野菜がとれるようになり、多くの住居が完成して、あやかしたちはもとの生活を取り戻しつつある。

美空はいつここを去るべきかと考えてはいるが、まだ不安定な桂蔵と葛葉を置いては戻れず、ずるずると居続けている。

タマは相変わらずのんびりと暮らしているものの、寂しがるふたりと戯れて遊ぶ姿も時折見られるようになった。

羅刹は……以前の彼の姿はなんだったのかと思うほど、きびきびと働いている。

子供たちを連れて、復興の拠点となっている父の屋敷に行ったら、鋭い目をしてあれこれ指示を出している姿に、幻覚でも見ているのかと思ったくらいだ。

羅刹の母のために、桂蔵と葛葉が花で作った冠《かんむり》を持っていくと、彼女はたいそう喜んでくれて、本当の孫のように抱きしめてくれた。

その様子を見ていると、ふたりは羅刹のもとで育てば幸せが約束されていると安心できる。

「美空」

仕事の邪魔をしてはいけないとふたりを連れて帰ろうとしたのに、羅刹に捕まった。

「はい」

「ちょっと」

奥へと手招きされて、嫌な予感がする。なにか仕事を押しつけられるのではないだろうか。

子供たちも一緒なので、できないことはできないとはっきり言おうと思いながらついていくと、そこには羅刹の父がいた。

精悍《せいかん》な顔立ちはやはり羅刹とよく似ている。しかし幾分か体格は細めだ。

「お邪魔しております」

「こにちはー」

父にも何度も会っている子供たちは、物怖じすることなくちょこんと頭を下げた。

「こんにちは。こっちにおいで」

目を細めてふたりを呼ぶ彼も、とても優しいあやかしだ。

「あのねー、おばーちゃんにあげたの」

羅刹の母をおばあちゃんと呼ぶ葛葉は、羅刹の父の大きな膝に乗って一生懸命話をしている。

「ほぉ、なにを？」

「きれきれーなやつ。お花でー」

桂蔵が手で丸い形を作るも、伝わっている様子はないため、美空が代わりに口を開いた。

「お花で冠を作ったんです。それをおばあちゃんにあげたいと言うので」

「お花、いいにおいー」

「そうか。いい匂いがするから作ってくれたのか」

羅刹の父は頬を緩めてすこぶるうれしそうだ。目が見えなくても、匂いを楽しめると考えてのプレゼントだったのだ。

「優しい子たちだ。美空さんが優しいから、こんなにまっすぐに育っているのだろう」

「私はなにも」

突然褒められて驚いたが、特別なことはしていない。

「いや、羅刹だけで育てていたら、間違いなく曲がった性格になっていたよ」

父の言葉に激しく同意した美空は、無意識にうなずいていた。すると羅刹は、あからさまに眉をひそめてチッと小さな舌打ちをする。

そういうところよ！と思うも、最近の彼がいい父親ぶりを見せるので、なにも言わないでおいた。

「羅刹も、美空さんがいると途端に表情が豊かになる。やはり魂の共――」

――コホン。

羅刹はわざとらしい咳払《せきばら》いで父の発言を止める。なんだったのだろう。

「そんなことより、新しい家ができたそうだ。見に行くか？」

「いくぅ！」

子供たちは抱き合ってピョンピョン跳ねながら喜びを表す。これからふたりがずっと暮らしていく家なのだから、うれしいのだろう。

羅刹はそんなふたりを見て、かすかに口角を上げた。

案内された屋敷はその周辺でもひときわ目立つ、現在滞在している家が三つほど入りそうな立派な建物だった。

「すごー」

子供たちより美空の開いた口がふさがらない。

「西側の建物は仕事のために使うから、こっち側だけな」

羅刹は平然としているが、人間の世でこんなに大きな邸宅を持てる人なんて、ほんのひと握りだろう。

「らしぇつー、入りたいなぁ」

待ちきれない葛葉が、羅刹の腕をブンブン振って上目遣いでねだる。こういうおねだり上手なところは、ちっとも変わらない。

「おお、お前たちの家だから、好きにしろ」

「おうちー！」

葛葉に続いて桂蔵も、はしゃぎながら中に入っていった。

「引っ越しを機に、国を任せられることになった」

羅刹がまるで世間話をするかのように、さらりと明かす。

「……そう、ですか。おめでとうございます、かな？」

「お前、よくわかってんだな」

「なにが？」

「俺が国なんか放り出してだらだら過ごしたいってこと」

それを聞いて噴き出した。

彼が父の跡を継ぎ、あやかしの世に平穏をもたらしたいと思っているのは知っていた。けれど、彼が引き受けるのはそれができるのが羅刹しかいないからであって、本当はそうした地位に興味などなく、勝手気ままに生きていきたいのではないかと感じていたのだが、正解だったようだ。

「だって、羅刹さんとタマからだらだらを取ったら、なにが残るんですか?」

「いっぱいあるじゃろ!」

突然タマが現れて口を挟む。

「あれっ、いつ来たの? だらだらしててついてこなかったくせに」

誘ったのに、無視されたのだ。

美空の言葉をさらっと無視したタマも新しい家が気になるようで、中へと入っていく。

「お前も住むつもりか?」

「なっ……」

にやりと笑った羅刹が鋭いひと言を口にすると、タマは丸い目をさらに見開いている。

「冗談だよ」

羅刹の目が笑っておらず、妙な雰囲気が流れた。

今朝、すでに羅刹が出かけたと勘違いしたタマが、羅刹のたまご焼きを食べてしまったのを根に持っているらしい。

国の頂点に立つ鬼が、たまご焼きひとつでこのありさまだと知ったら、ほかのあやかしたちががっかりしそうだ。

「ああっ、もう。また作りますから」

なんとか羅刹をなだめると、タマは逃げるように姿を消した。

子供たちは新しい家が気に入った様子で、ずっとはしゃいでいる。それとは裏腹に、美空の心は沈んでいた。

――もう、潮時だ。

この家には引っ越してこず、人間の世に戻ろうと思ったのだ。

羅刹は頭目としての新しい人生をスタートさせる。彼が話していた住居の西側の建物には多数のあやかしが住むらしく、桂蔵や葛葉の面倒を見てくれそうな者もいる。

ふたりは徐々にこちらでの生活に慣れてきて、今や畑に行くと『待ってたぞ』と言われるほど。両親はいなくても、周囲のあやかしたちが育ててくれるというような状況ができあがりつつある。

そのおかげか、蒼龍や相模がいないとしょげることが少なくなった。

この家についてきたら、離れがたくなる。人間の世に戻るには絶好の機会だと美空は思った。

「なに考えてる」

「えっ？」

羅刹に唐突に指摘されて、目を泳がせる。

『人間の世に帰ります』と伝えればいいだけなのに、言葉が出てこない。心が拒否しているのだ。

「自分に正直になればいいんじゃねぇ？」

「は……？」

まるで美空の心を読んだかのようなことを言う羅刹に驚き、瞬きを繰り返す。

「勝手にいろいろ決めるなってこと。俺もそろそろ正直にならないとな」

意味ありげな言葉を残した羅刹は、美空の肩をポンと叩いて、中に入っていった。

「なんで……」

美空は羅刹のうしろ姿を見送りながらつぶやく。

子供たちと離れるのはもちろん寂しい。けれど、羅刹と別れるのも同じくらいつらいのだ。

彼のせいでこめかみの血管が何度切れそうになったか。鬼の羅刹ではなく、美空の頭に何度角が生えたか。出会ってから腹立たしいことばかりだったのに、この気持ちはなんなのだろう。

美空は知ってしまったのだ。羅刹の心の中にある、子供たちを守りたいという強い気持ちと、あやかしの世を立て直したいという熱い思いを。そして、あんなに毒を吐くくせして本当は優しい心を持っていることも。

「わかりにくいのよ」

その優しさだけを前面に出してくれれば、素直に言えるのに。

――私はなにを言おうとしているの？

美空はハッと我に返った。そして、自分の胸にある、とある気持ちに気づいてしまった。羅刹のことが、好きなのだと。

けれど、気づいたところでどうしようもない。羅刹は鬼で、美空は人間。そもそも生きる場所が違う。たまたま一緒に過ごせたのが、奇跡だっただけ。

美空は、新しい家に大はしゃぎした桂蔵と葛葉を連れて、一旦仮の住まいに戻った。早速引っ越しの準備をしなければと、子供たちの着物をたたみ始める。

羅刹も珍しく手伝ってくれて、蒼龍や相模が残していった着物をまじまじと見ていた。

公園に行こうと誘うたびに舌打ちをしていた彼も、ふたりがいなくなって寂しいのだろうか。

きっとそうだろう。子供たちがなにかをやらかすたびに、眉間に深いしわを寄せてはいたけれど、彼らの成長を心から願っていたのは間違いない。

飛べなかった相模を屋根から突き落とすという荒療治は今でも信じられないけれど、羅刹なりに相模がたとえひとりになっても生きていける術を身につけさせようとしていたことはわかる。

別れを意識すればするほど、羅刹のことばかり頭に浮かんで、美空は戸惑っていた。自分にとって彼がそれほど大切な存在になっているとは思わなかったのだ。

美空は引っ越しの準備をしながら、いつ人間の世に帰ると切り出そうかとそわそわしていた。

「悩みでもある？」

「なにも」

するとと羅刹にそう問われて、条件反射的に首を横に振る。

あちらに帰るときは、羅刹にはなんの未練もないような笑顔で去らなければ。彼への想いに気づかれたくない。好きだと勘づかれても、あきれられるだけ。そもそも住む世界の異なる鬼と人間の恋なんて、成就するわけがないのだ。

しかも彼は、国の頂点に立つような強いあやかしだ。それなりの伴侶《はんりょ》を得て、国を発展させていくだろう。

いつかまた会えるとしたら、羅刹は国を復興させた立役者になっているに違いない。でも、少しは気が抜ける場所があるといいなと思う。その場所を自分が作れないのが残念だ。

羅刹の背中を見て育った桂蔵と葛葉が立派なあやかしとなり、蒼龍や相模とともに羅刹の片腕になれたら素敵だ。

そんな彼らとわずかな間でもかかわれたことが、美空は誇りだった。

「お前さ」

「ん？」

「強がりが好きなのか？」

「どういう意味？」

羅刹の発言に首を傾げると、彼はなぜかおかしそうに口の端を上げた。


その晩。子供たちが寝静まったあと、美空は自分の荷物の片づけを始めた。といっても大した量ではなく、あっという間に終わってしまう。

「お別れ、か……」

もう一度相模と蒼龍にも会いたかった。でも、彼らは新しい生活に慣れている最中だ。余計な負担はかけたくない。

まずは羅刹に、人間の世に戻ると伝えなければ。

そう思っていると、廊下から足音が聞こえてきて「俺だ」という羅刹の声がした。

「はい。どうぞ」

逃げることはしょっちゅうだけど、彼のほうから美空のところに来るのは珍しい。

障子が静かに開き、月明かりを背負った羅刹が入ってくる。

彼が国を動かすなんて今でも信じられないものの、彼なら立派にやり遂げる気がしている。苦しんできたからこそ得た強さがあるからだ。

羅刹は整理された荷物にちらりと視線を送ったあと、美空の正面にどさっとあぐらをかいた。

帰ることを打ち明ける絶好のタイミングがやってきたのかもしれない。

そう感じた美空の心臓はたちまち激しく打ち始め、緊張が高まっていく。

――帰りたくない。一緒にいたい。好き、なの。

美空は心の中で叫ぶ。するとなぜか羅刹がかすかに微笑んだ。

「引っ越しの準備は整ったか？」

「……はい」

大きく息を吸って心を落ち着かせた美空は、思いきって続ける。

「羅刹さん。私……人間の世に戻ります」

とうとう言ってしまった。

『あっ、そう』とあっさり返されたらショックだと思っていると、羅刹は美空を強い視線で縛り、微動だにしない。

いつになく真剣な表情の彼に、膝の上で握った拳に汗をかく。

「お前……バカ？」

「は？」

「俺は桂蔵や葛葉の父親役はできるけど、母親は誰がやるんだ？」

たしかに母親代わりにならなければと奮闘してきたつもりだ。けれど、一生だとは思っていなかったし、永遠に家政婦をしろと言っているように聞こえる。

美空は本当の家族になりたいのであって、家政婦としてそばにいたいのではない。いつかほかのあやかしと結ばれて幸せになっていく羅刹を、家政婦として支えるなんてまっぴらごめんだ。

「私は人間なんです。ずっとこちらにいるのはおかしいでしょう?」

「なんで?」

「なんでって……」

美空は悩みに悩んでいるというのに、あっけらかんとした答えに、眉根にしわが寄った。

美空が羅刹に抱く想いと羅刹が美空に抱くそれには、すさまじい乖離《かいり》があって交わることはなさそうだ。

好きだから家族として暮らしたい美空に対して、子供たちの面倒を見てほしい羅刹。この溝はどうやっても埋まらないだろう。

うなだれた美空が小さなため息を漏らすと、羅刹が口を開いた。

「ついでに、俺の嫁になればいい」

今のは幻聴だろうか。

美空が羅刹を見つめると、彼は視線を絡ませてくる。『ついで』なんていう発言の軽さとは裏腹に、その真摯な表情からとても冗談を言っているようには思えなかった。

「俺の嫁になれ」

「なんで？」

今度は美空が問いかけた。

「なんでって……お前が好きなんだよ」

「えっ……？」

意外すぎる言葉に、頭が真っ白になる。

「お前も俺が好きだろ？」

確信めいた言い方をされ、とっさに首を横に振った。

「バレてるんだよ。お前が俺を好き好き言ってるの」

「えぇっ」

一度も口にしたことはないのに、どうして気づいたのだろう。いや、彼のことだから適当に話しているだけだと思ったそのとき……。

「……はっ」

「ようやく気づいたか」

まさか、羅刹との間に〝魂の共鳴〟というものがあるのだろうか。心の声が筒抜けだったということ？

美空は驚きのあまり絶句する。

「その通りだ。筒抜けだったってわけ」

羅刹は魂の共鳴を証明するがごとく、美空の心の声を当ててみせる。これは、間違いなく彼に聞かれている。

「嘘……」

「残念だが、本当だ。美空は俺の声が聞こえないのか？」

「どうやって聞くんですか？」

「簡単なことだ。聞きたいと強く念じるだけ」

「念じる……？」

もっと特別な方法があるのかと思いきや、念じるだけとは。

美空は試しに、羅刹の心の声が知りたいと強く念じてみた。

（俺は、美空が好きだ。あいつらの母親にもなってほしいが、俺はお前と離れたくない。まあ、人間の世への扉を開いてやらないから帰れないけどな）

にやりと笑う羅刹の心の声が間違いなく聞こえてきて、美空は瞬きを繰り返す。

「聞こえる……」

最初は半信半疑だったが、後半の少しイジワルな発言が羅刹らしすぎて、本当に聞こえていると納得した。

たしかに、彼に扉を開いてもらうしか戻る方法はないからだ。

「本気？」

美空が思わず漏らすと、羅刹に手を握られる。

「魂の共鳴が起こってるんだ。本気に決まってるだろ」

そういえばタマが、魂の共鳴は親子や兄弟、夫婦といった強い絆が存在しなければ起こらないと話していた。つまり、羅刹と美空の間にその絆があるということだ。

美空は戸惑うも、いつの間にか涙を流していた。すると羅刹が慌てふためき、顔を覗き込んでくる。彼がこんなふうに取り乱すところなんて初めて見た。

「なんで泣くんだ。俺……なんかやらかしたか？」

「……ううん。離れなくていいんだと思ったら、安心しちゃって」

「なんだよ、嫌なのかと思っただろ」

安心したように深いため息をついた羅刹は、美空の腕を引き、抱き寄せた。

「心が読めるんじゃないの？」

「もう読むつもりはない。これからはこうして言葉で伝えればいいからな」

羅刹の気持ちが美空はうれしかった。ここそこ心の中を探らずとも、きちんと言葉でつながり合えたほうがいい。

「羅刹さんも取り乱すんですね」

「当然だろ。美空にだけは逃げられたくない」

「ひとりじゃ子育てが大変か……」

照れくささのあまり、羅刹の広い胸に顔を押しつけたまま話していたのに、いきなり体を離されてしまった。

「お前なぁ」

険しい形相の羅刹は、怒っている様子だ。

「な、なに？」

「たしかに、美空がいないと子育ては難しい。でも、お前にいてほしいのは……」

羅刹はそこまで言うと、美空の耳元で続ける。

「お前と一緒に生きていきたいからだ」

「ほんとに、ほんと？」

散々悪態をつかれてきたので、まだ夢見心地だ。

「お前が好き好き言うから、仕方ないだろ」

羅刹は『仕方ない』とは言っているものの、目が泳いでいる。この毒舌は、おそらくあまのじゃくの照れ隠しだろう。

「でも、九割は嫌いって叫んでたと思う」

だから美空もいつものように反撃した。すると羅刹の頬が緩む。

「上等だ。それじゃあ、あとの一割は？」

「……悔しいけど、好きみたい」

美空が正直に告白すると、あっという間に唇が重なった。

終章

羅刹と心を通い合わせてから、美空には笑顔が増えた。羅刹と桂蔵と葛葉と、一生一緒に生きていくと決めて、晴れ晴れしい気持ちなのだ。

羅刹の両親に婚約を報告すると「婚約してなかったのか?」と驚かれるありさまだった。羅刹の周囲のあやかしたちも、美空はすでに羅刹の妻だと思っていたようで、なんだかおかしい。

しかし人間だからと拒む者はおらず、皆が祝福してくれた。近々祝言を挙げる予定になっている。

タマにも一応報告すると「知っておる」と涼しい顔をする。タマには心を読まれていないはずなのにと不思議に思っていると、「羅刹も美空もわかりやすいのじゃ」と言われてしまった。

美空は羅刹の気持ちに気づいていなかったのに、猫が気づいていたとは複雑だ。

羅刹は相変わらず美空の前ではだらだらだけれど、国を率いると決めてからは凛々《りり》しい表情できびきびと働き、周囲からの信頼も厚くなっている。

一番変わったのは、ぶっきらぼうながらに美空への気遣いを見せてくれるようになったところだ。

今日は子供たちと、そして渋々ついてきたタマと、畑の手伝いをしている。

「桂蔵、砂だらけだな」

そこにやってきたのは羅刹だ。彼は仕事の合間に、こうして子供たちの様子を見に来てくれる。公園に嫌々ついてきたときの彼はなんだったのかという子煩悩ぶりだ。

桂蔵のお尻を叩いてやる羅刹は、美空を見て右の口角を上げた。

「美空は腹が減ったのか？」

「ん？」

「砂を食うほど、減ってたんだろ」

手を伸ばしてきた羅刹が、美空の頬を拭う。どうやら泥がついていたようだけれど、羅刹への恋心を自覚してから、こうして触れられるたびにいちいち鼓動が速まってしまう。

「食い意地が張りすぎだ」

「いくらなんでも、砂まで食べないわよ！」

「どうだか。食いしん坊だからな」

イジワルな笑みを浮かべる彼は、美空がむきになって反論してくるのを楽しんでいる様子すらある。

「みしょらー、くいしんぼー」

葛葉まで真似を始めた。

「おしゅな、たべりゅ？」

桂蔵は羅刹の話を真に受けて、美空に砂を差し出してくる。

「あとでもっとおいしいものを食べようね。羅刹さんは抜きで」

羅刹をにらみながら言うと、彼はかすかに笑みをこぼした。

それから子供たちはジャガイモ掘りの手伝いに向かった。

「みしょらー」

「はーい。蒼龍くん、どこ……あれっ？」

これまでの調子で返事をしてしまったけれど、蒼龍は父のもとに帰ったのだ。たしかに蒼龍の声だと思ったが、聞き間違いだろうか。

周囲を見回すと、蒼龍が駆けてくるのが見えて目を瞠る。

「……幻覚？」

「みしょらぁ」

思いきり胸に飛び込んできたのは、まぎれもなく蒼龍だ。

「どうしたの？」

「あしょびにきたー」

「そっか。おかえり」

まさかこんなに早く再会できるとは思っておらず驚いたものの、もちろん大歓迎だ。

羅刹も彼の頭を撫でてうれしそうにしている。

美空が抱きしめると蒼龍は満足したようで、桂蔵たちのところに駆けていった。

遅れて、蒼龍の父も姿を現した。

「こんにちは。以前はありがとうございました」

「とんでもないです。蒼龍くん、元気になったんですね」

「夜になると母を思い出して寂しいようですが、蒼龍なりに前を向かなくてはと思っているようです。羅刹さまの手伝いができるようになりたいと、水の操り方を勉強中なんですよ」

「すごい」

きっと頼もしい片腕になる。

羅刹は父の話を聞き、蒼龍を見つめて目を細めた。

「羅刹さまのお言葉に甘えてしまいます。すみません」

「甘える?」

なんの話なのか美空にはさっぱりわからず、羅刹を見上げる。すると彼は、畑の向こうを指さしながら口を開いた。

「すぐそこに、大規模な田を作ることになった。彼にはそこの水管理を任せたんだ。蒼龍が一緒だと作業がはかどらないと聞いたから、それなら仕事の間は美空が預かると。大変か?」

「大歓迎です。また一緒にいられるなんて……。葛葉ちゃんも桂蔵くんも喜ぶと思います」

彼ら三人に視線を向けると、離れていた時間があったとは思えないほど自然と打ち解けていて、笑顔が弾けている。

「申し訳ありません。お願いします」

蒼龍の父が深々と頭を下げるが、彼も国を立て直すために働くのだ。喜んで協力する。

「いえいえ。羅刹さん……は忙しいか。タマ、どこ行くつもり」

タマにも子守りをしてもらおうと声をかけると、ずっと木の下で丸くなっていたくせして、そーっと立ち上がり逃げていこうとする。

「夕飯は子供たちが泥団子を作ってくれるって」

「鬼じゃのぉ！」

「鬼の嫁ですけど、なにか？」

売り言葉に買い言葉で、とっさに〝鬼の嫁〟と言ってしまったけれど、恥ずかしくて顔が赤くなっている自信がある。

「そうだな。鬼の嫁だ」

羅刹が繰り返すので、恥ずかしさに拍車がかかる。けれど彼は、とても優しい顔をしていた。

「らしぇっ！」

「あれっ」

今度は相模の声まで聞こえた気がして視線を動かすと、青い空を悠々と飛ぶ彼の姿が確認できて笑みがこぼれる。

すとんとうまく地に降り立った相模は、羅刹に向かってにっと笑ったあと、美空に抱きついてきた。

「俺のところに飛び込んでくるんじゃねぇのかよ」

「ふふ。これまでの子育ての成果ですよ。相模くん、おかえり」

おかえりという言葉が正しいかどうかはわからない。しかし、四人にとって羅刹と美空がいる場所が、もうひとつの家のようになったら素敵だなと思う。

「お父さんやお母さんは？」

しゃがんで視線を合わせてから尋ねると、相模は飛んできた方角を指さした。

「あっちー」

「相模の父には、南部の薬草を運ぶ仕事を手伝ってもらっている。相模が長い距離を飛べるようになったと聞いたから、こちらに来るときに一緒に来たらどうだと声をかけてあったんだ」

羅刹もなかなかいい仕事をする。

しかもあれほど飛ぶことにためらいがあった相模が、遠くまで飛べるようになったのは感慨深い。

「そうなんだ。それじゃあ、また一緒に遊べるね」

「しょう。みしょら、しゅきぃ」

「ありがとう。私も好きよ」

本当の母に甘えているだろうに、いまだ自分を好きだと言ってくれる相模がかわいい。美空たちの触れ合いを見ている羅刹も、顔をほころばせていた。

「しゃがみー」

「おいでー」

「おいもしゃんいっぱいあるおー」

相模に気づいた三人が、満面の笑みで彼を迎える。苦楽をともにした彼らの絆は、きっとこの先も切れることはないだろう。

「収まるところに収まったのぉ」

美空の足元に座ったタマが、子供たちを見つめて言う。

「そうだね。離れるのが寂しいって悩んでいたのがバカみたい。離れたくないなら、離れなければいいのよね」

「あいつらが離してくれると思うか？」

羅刹がそう言うと、タマもふっと笑った。

「俺も」

美空の耳元で羅刹が小声でささやく。『俺も』とは……自分も離さないと言っているのだろうか。

毒ばかり吐く彼の突然の甘い言葉には、たじたじになる。けれど、精いっぱい胸の内を言葉で伝えようとしてくれているのがわかった。

「これにて大団円と言いたいところじゃが……わしのことはどうした？　呪術を解く方法はいつ見つけるのじゃ」

「ああ、忘れてた」

羅刹があっさり返すので、タマが固まっている。

「忘れてた？　二度目じゃぞ！」

「面倒だし、もうそのままでいいんじゃねぇの？」

「はーっ⁉」

羅刹の適当すぎる答えに、タマは顎が外れんばかりの勢いだ。

「そうそう。少しも子育てを手伝ってくれないくせして。永遠にこのままでどうぞ」

「お前たち、金花《きんか》さまをなんだと思っているのじゃ！」

「そういえば、金花だったね」

〝タマ〟という名がしっくりきすぎていて、本当の名を忘れていた。

「はぁー？　わしはずっと年上なんじゃぞ。敬うのが礼儀じゃ！」

「敬いたいと思うところがあればね」

美空が言い返すと、タマは鼻の穴を膨らませている。

「タマぁ、あしょぼー」

ジャガイモ掘りに飽きたらしい子供たちがタマを目がけて駆けてくると、「四人も無理じゃ！」と悪態をついたあと、走って逃げていく。

「意外と息がぴったりじゃないか」

羅刹はタマと彼を追いかけまわす四人を見て楽しそうだ。

「ほんとだ。でも……本当の家族になれる日が来るなんて」

美空がしみじみそう漏らすと、羅刹は力強く美空の肩を抱く。

「お前のおかげだ。お前が俺たちに幸せを運んできたんだ。だから俺も、お前を幸せにする」

羅刹の言葉がうれしくて顔を見上げると、彼はいつになく優しい顔で微笑み、美空の額にそっと口づけを落とした。

鬼と人間の嫁、そして四人のあやかしの子供たちと、化け猫というおかしな組み合わせの家族の絆は、この先もずっと切れることはないだろう。

一生かけてお前を守る

くの人々があやかしの血を引く時代。猫又族の東條家《とうじょう》の長女、霞《かすみ》は
の雅《みやび》とともに平穏な日々を送っていた。そんなある日、雅に縁談が舞い
む。お相手は絶対的権力を持つ鬼族の次期当主、鬼灯蓮《きとうれん》。逆らえな
要求に両親は泣く泣く縁談を受け入れるが、「雅の代わりに私がお嫁
行くわ！」と霞は妹を守るために、自分が生贄として鬼灯家に嫁ぐこと
。そんな彼女を待っていたのは、絶世の美青年で――!?　政略結婚
らはじまる、溺愛シンデレラストーリー。

価：770円（10%税込み）　ISBN：978-4-434-34172-4

Illustration白谷ゆう

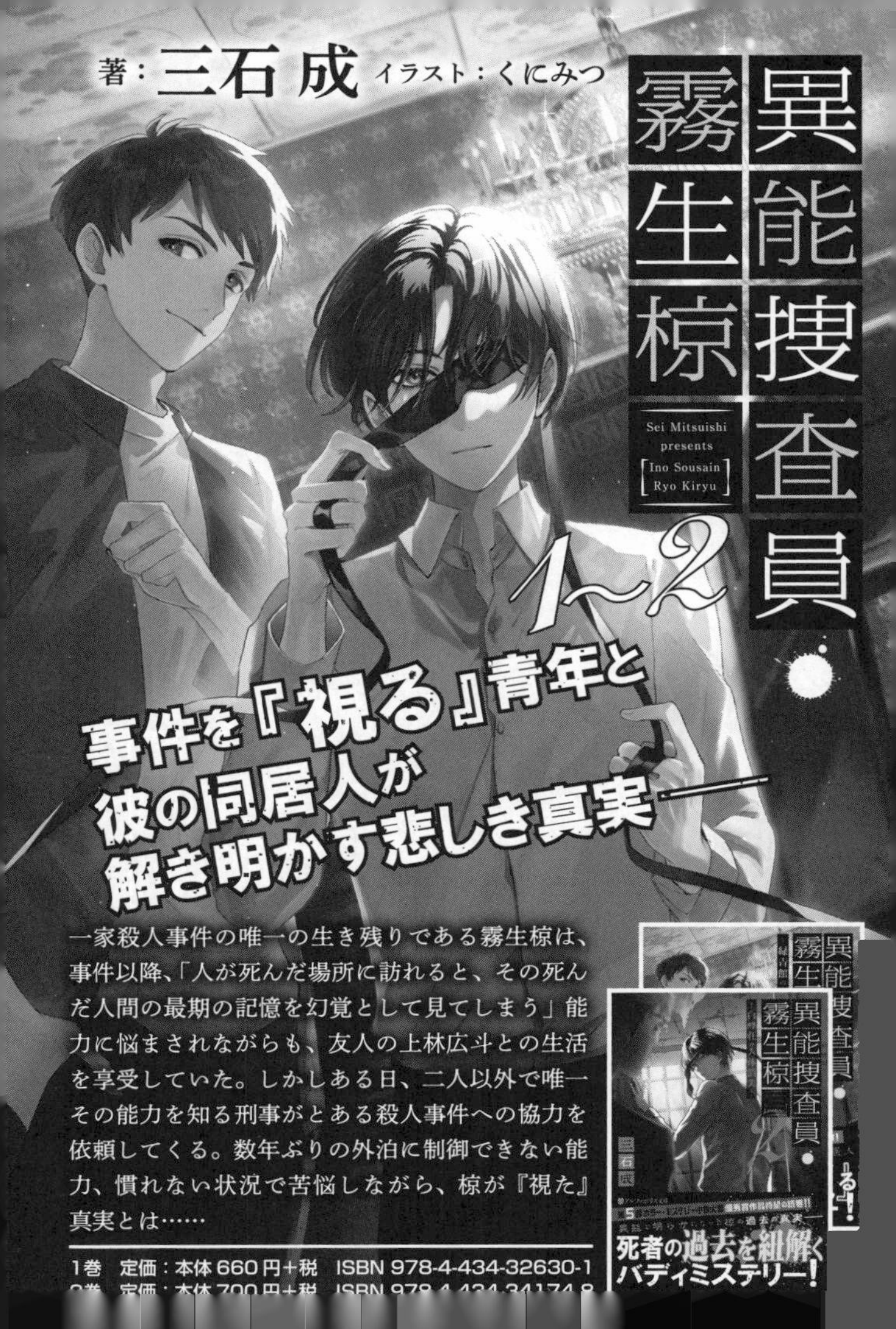
著：三石 成　イラスト：くにみつ
異能捜査員 霧生椋
Sei Mitsuishi presents
Ino Sousain Ryo Kiryu
1〜2
事件を『視る』青年と
彼の同居人が
解き明かす悲しき真実――
一家殺人事件の唯一の生き残りである霧生椋は、事件以降、「人が死んだ場所に訪れると、その死んだ人間の最期の記憶を幻覚として見てしまう」能力に悩まされながらも、友人の上林広斗との生活を享受していた。しかしある日、二人以外で唯一その能力を知る刑事がとある殺人事件への協力を依頼してくる。数年ぶりの外泊に制御できない能力、慣れない状況で苦悩しながら、椋が『視た』真実とは……
1巻　定価：本体660円＋税　ISBN 978-4-434-32630-1
2巻　定価：本体700円＋税　ISBN 978-4-434-34174-8
死者の過去を紐解く
バディミステリー！

皇帝が選んだのはあやかし憑きの少女!?
迦国あやかし後宮譚《かのくにあやかしこうきゅうたん》
1~4
著 シアノ
アルファポリス
第13回
恋愛小説大賞
編集部賞
受賞作
妾腹の生まれのため義母から疎まれ、厳しい生活を強いられている莉珠《りじゅ》。なんとかこの状況から抜け出したいと考えた彼女は、後宮の宮女になるべく家を出ることに。ところがなんと宮女を飛び越して、皇帝の妃に選ばれてしまった！　そのうえ後宮には妖《あやかし》たちが驚くほどたくさんいて……
◉1～3巻定価：726円（10%税込み）
4巻定価：770円（10%税込み）
迦国あやかし後宮譚
シアノ
4
側室候補!?
◉Illustration：ボーダー

世界一幸せな偽りの結婚

理想の令嬢と呼ばれる眞宮《まみや》子爵令嬢、奏子《かなこ》には秘密があった。それは、巷で大流行中の恋愛小説の作者『槿花《きんか》』だということ。世間にバレてしまえば騒動どころではない、と綴る情熱を必死に抑えて、皆が望む令嬢を演じていた。ある日、夜会にて憧れる謎の美男美女の正体が、千年を生きる天狐の姉弟だと知った彼女は、とある理由から弟の朔《さく》と契約結婚をすることに。仮初《かりそめ》の夫婦として過ごすうちに、奏子はどこか懐かしい朔の優しさに想いが膨らんでいき――!?　あやかしとの契約婚からはじまる、溺愛シンデレラストーリー。

定価：本体770円（10%税込み）　ISBN978-4-434-33895-3

イラスト：もんだに

森原すみれ
あやかし薬膳カフェ「おおかみ」
1～3
ここは、人とあやかしの心を繋ぐ喫茶店。
アルファポリス
第3回
キャラ文芸大賞
特別賞
受賞作！
身も心もくたくたになるまで、仕事に明け暮れてきた日鞠《ひまり》。
ある日ついに退職を決意し、亡き祖母との思い出の街を探すべく、北海道を訪れた。ふと懐かしさを感じ、途中下車した街で、
日鞠は不思議な魅力を持つ男性・孝太朗《こうたろう》と出会う。
薬膳カフェを営んでいる彼は、なんと狼のあやかしの血を引いているという。思いがけず孝太朗の秘密を知った日鞠は、
彼とともにカフェで働くこととなり――
疲れた心がホッとほぐれる、
ゆる恋あやかしファンタジー！
全3巻好評発売中！
◎各定価：726円（10%税込）
illustration：凪かすみ

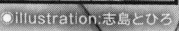

この作品に対する皆様のご意見・ご感想をお待ちしております。

おハガキ・お手紙は以下の宛先にお送りください。

【宛先】

〒150-6019 東京都渋谷区恵比寿 4-20-3 恵比寿ｶﾞｰﾃﾞﾝﾌﾟﾚｲｽﾀﾜｰ 19F
（株）アルファポリス　書籍感想係

メールフォームでのご意見・ご感想は右のＱＲコードから、
あるいは以下のワードで検索をかけてください。

アルファポリス　書籍の感想　検索

ご感想はこちらから

アルファポリス文庫

訳《わけ》あって、あやかしの子育《こそだ》て始《はじ》めます３

朝比奈希夜（あさひな きよ）

2024年7月25日初版発行

編　集－妹尾香雪・星川ちひろ
編集長－倉持真理
発行者－梶本雄介
発行所－株式会社アルファポリス
〒150-6019 東京都渋谷区恵比寿4-20-3 恵比寿ｶﾞｰﾃﾞﾝﾌﾟﾚｲｽﾀﾜｰ19F
TEL 03-6277-1601（営業）　03-6277-1602（編集）
URL https://www.alphapolis.co.jp/
発売元－株式会社星雲社（共同出版社・流通責任出版社）
〒112-0005 東京都文京区水道1-3-30
TEL 03-3868-3275
装丁イラスト－鈴倉温
装丁デザイン－西村弘美
印刷－中央精版印刷株式会社

価格はカバーに表示されてあります。

落丁乱丁の場合はアルファポリスまでご連絡ください。

送料は小社負担でお取り替えします。


ISBN978-4-434-34176-2 C0193

目次

V こちら側とむこう側

ハングルへの旅

新装版

扶余の雀

扶余《プヨ》は百済《ペクチエ》の古都である。

古都ではあるが何もない。

その殆んど何も残ってはいないところがいい。

山河が在るばかり、という点では飛鳥に似ていた。

定林寺跡と言われるところがある。

そこには百済《ペクチエ》時代の石仏と石塔が僅かに残されている。

石仏は頭部が欠けていたという。

唐・新羅《シルラ》軍によって百済《ペクチエ》が滅亡させられた時のことか、もっと後のことだろうか、長く首なしの石仏であったそうだが、これではあまりにお気の毒と、後世の人がまったく別の頭を持ってきて据え、その上に石板を載せ、更にその上にポンと一つ丸石を置いた。

するとと帽子をかぶったあみだ様ふうになった。これはこれで、結構さまになるではないか、と代々そのままにされてきたという。

風雪にさらされ、あたりの風景ともなじみ、今では最初から帽子をかぶっていたかに見えるほどしっくり調和している。

こういう大らかさ、大雑把さは、この民族に独特のもので、こういう気風が私は大好きなのだが、はからずも定林寺跡の石仏は、それを象徴するかのようにほほえんでいる。

アルカイック・スマイル。

日本の中宮寺や広隆寺でもなじみぶかい、なつかしい在るともなしの古拙の微笑である。

九月だった。

しみじみ見惚れていると、俄かにかしましい雀たちの声。

振りむけば石仏に面した一角の大樹をゆるがせて、

「これはまァ、なんとした」

と言いたいほどの雀の大群。

青々とした大樹をめぐり、螺旋状に渦まくように舞いあがり、算を乱してはしゃぎ、梢に突入し、とどめようもないやんちゃっ子たちのように潑剌と騒ぎまくっている。

もう黄昏になっていた。

この木がねぐらなのかもしれない。

「扶余《プヨ》では、雀まで違うのねぇ……」

私は感に堪えてつぶやき、同行の友人は、

「それは思い入れがすぎるというもの」

と笑った。

なぜか私は扶余《プヨ》にぞっこんなのである。

精気に溢れた雀たち。

もともと雀とはこういうものだった。

東京は北多摩郡、保谷の里の、我が軒ばにあらわれる雀たちのおどおどぶりが哀れになった。

雀は참새《チャムセ》だが、意味は「ほんとうの鳥」である。「まことの鳥」とはおもしろい。これではほかの鳥はまがいもののごとくである。

雀は人間の住むところ、その近くでないと生きられないというが、農耕文化が始まって以来、もっとも身近な鳥として、どこの国でもありふれた空気のような鳥だったのだろう。

夕ごはん前のひとしきり、子供たちが遊びに惚《ほう》けて無我夢中、昂奮のあまり叫びかわしているような雀たちと別れてその場を離れた。

帽子をかぶった石仏のほほえみに見守られながら、彼らはあの木で安らかに眠るのだろうか。

たそがれどき、

今でもよく扶余《プヨ》の雀を思い出す。

私もまた一羽の雀のように、定林寺跡の大木に帰ってゆきたいような。

I

はじまりが半分だ

動機

「韓国語を習っています」

と、ひとたび口にすると、ひとびとの間にたちどころに現れる反応は、判で押したように決まっている。

「また、どうしたわけで？」

「動機は何ですか？」

同じことをいやというほど経験し、そしてまた私自身、一緒に勉強している友人に何度同じ問いを発したことか。

隣の国の言葉を習っているだけというのに、われひとともに現れるこの質問のなんという不思議。

「英語を習っています」

「フランス語をやっています」

と言われれば、

「いま、運転を習っています」

と聞いた時のようにその実用性を、しごく当たりまえのこととして受け入れる。

「して、動機は？」

「なにゆえに？」

とは絶対に尋ねない。

朝鮮語ばかりではなく、インドネシア語、タガログ語、タイ語などをやっている人たちも、ほぼ同じであるだろう。

明治以降、東洋は切りすてるのが国の方針であったわけだが、以後百年も経過して、尚ひとびとが唯々諾々とそれに従って、何の疑いも持たないというのは、思えば肌寒い話である。

いつも思うのだが、外交官や商社マンの奥さんが、夫と共に外地に赴任した時、なぜその土地の言葉を覚えようとしないのだろう？

それがヨーロッパの場合は、必死にやるだろうけれど、東南アジアなどの場合、日本人の奥さんどうしの社交は華々しいらしいが、インドネシア語を覚えようとはしないらしいし、その土地の人々との交流もないらしい。

まだ日本語の辞書さえない言語も多いのだから「このチャンスを生かして、私が作ってみようかしら」ぐらいの意気ごみでやったら、中年になって「私の生甲斐は？」と、よよと崩れることもなかろうに……などと。

私の知っている或る大学の先生が、学生たちに「第二外国語はなんでもいいから東洋語の一つを選べ」と教えているそうだが、そのことの意味をわかってくれているのやら、いないのやら、その無反応ぶりを歎かれたことがある。

語学一つをとっても、民衆が、国の方針を乗り越えるということなく来てしまった安易さが、つまりは怪訝な質問となって現れるのだろう。

さて、「動機は？」と問われると、私は困ってしまう。うまく説明できなくて。動機は錯綜し、何種類もからまりあっていて、たった一つで簡潔に答えられないからである。その時々でまったく違った答えかたをしている自分を発見する。

＊

「若い時からやりたかったんです。いつ頃から？　そうですね、敗戦直後くらいから。でも時間もとれず、どこへ行ったら習えるのかもわからず、とうとう五十歳になってしまって、おそるべき晩学です」

先日、知人と話していて、私が、金素雲《キムソウン》氏の『朝鮮民謡選』（岩波文庫）を、少女時

代に愛読していたことに話が及び、

「じゃ、ずっと昔からじゃないですか」

と言われ、そう言われれば関心の芽は十五歳くらいからか……と改めて振りかえる思いだった。

麻の上衣《チョゴリ》の
中襟《なかえり》あたり
硯滴《みずさし》のよな
あの乳房、
莨種《たばこだね》ほど
ちらりと見やれ
たんと見たらば
身が持たぬ

＊

なんとしましょぞ
梨むいて出せば

梨は取らいで
手をにぎる

＊

姑　死ぬよに
願かけしたに
里のおふくろ
死んだそな

いま読んでも、うっとりさせられるが、少女時代にもそれなりに隣国の民謡の神髄に触れ得ていたと思う。くりかえし読んだのは、言葉のわかりやすさ、素朴さ、愛情表現の機智に惹かれたのかもしれない。

一九三三（昭和八）年刊のこの本は、当時から名訳のほまれ高いものだったが、改めて読み直してみて、婦女謡――女たちの嫁ぐらしの辛さをうたったものに面白いものが多いのを新たに発見したし、また金素雲《キムソウン》氏の秘められた抵抗精神を受けとらざるを得なかった。

ほぼ四十年を経て、彼の蒔いた種子が、ひょっこり私の中で芽を出したと言えなくもない。最初に買った辞書が金素雲編の『韓日辞典』であったことにも深いえにしを感じる。

＊

私が五十歳で夫と死別したことを知っている人には、

「語学をしゃにむにやることで、哀しみのどん底から立ち直ろうとし、おかげで何とか立ち直れました。単語一つ覚えるにも、前へ前へと進まなくては出来ないことでしたし。語学を選ぶとき、ドイツ語にしようか、ハングルにしようか迷いましたが、今では隣の国の言葉を選んでよかったと思っています」

などと答えたりしているが、この答にも嘘はない。

＊

「古代史を読むのが好きですから、朝鮮語ができたら、どんなにいいかと思って」

このルートから入る人も多くて「古代史派」という一派を形成できるくらいだろう。私もその一派と言えなくもない。

戦後、もっともめざましかったものの一つに、古代史研究の解放があった。偏頗な歴史しか教えられなかった戦中派の身には、目から鱗の落ちる思いでそれらを貪り読んだ時期があり、今もその延長線上にある。もう少しうまくなったら、金思燁《キムサヨプ》氏の『古代朝鮮語と日本語』というおもしろい本を手引きに、もう一度『古事記』を読み直してみたい。なにしろ漢字の読みが日本式と朝鮮式ではまるで違うので、そういう視点から光を当てると、新たな発見が沢山ありそうなのだ。

*

「第一、詩の翻訳にしても、英語、フランス語、ロシア語、なんかの達人はいっぱいいて名訳で読めるのに、隣国の詩を訳せる詩人が一人もいないっていうのは驚くべきことです。やりはじめてみて一層その驚きが深くなりました」

金芝河《キムジハ》が獄中に在った頃、安宇植《アンウシク》氏に会ったことがある。その折、安宇植氏が、

「日本の詩人がやるべきことは、救出活動よりも先に、まず彼の詩を読むこと、いいにしろ悪いにしろ、きちんとその詩を批評することではないですか？」

この言葉は正鵠を射、こちらの心にまっすぐに届いた。読むこと、原詩で読むこと、そんなことが自分に出来ようとは思われなかったが、あれから十年を経て、金芝河の原詩をたどたどしく読んでいる自分を発見する。

詩の訳は何語であっても難かしい。

韓国の詩人たちの作品を少しづつ訳してみたりするのだが、誰彼のヨーロッパ語圏の翻訳を思い出し、皆恐れげもなくやっているなァと感心する。

原詩を読みとることと、日本語に移しかえること、これも目標の一つだが、どこまで行けることやら、ともかく行けるところまで。

*

これももう十年以上も前になるだろうか。韓国の女流詩人、洪允淑《ホンユンスク》さんが来日され、会いたいとの連絡を下さったので、銀座でお目にかかったことがある。私とほぼ同世代の方で、日本語がうまく、私の詩もよく読んでいて下さるのに、こちらからは洪《ホン》さんの詩が皆目わからないのだった。

「日本語がお上手ですね」

その流暢さに思わず感嘆の声をあげると、

「学生時代はずっと日本語教育されましたもの」

ハッとしたが遅く、自分の迂闊さに恥じ入った。日本が朝鮮を植民地化した三十六年間、言葉を抹殺し、日本語教育を強いたことは、頭ではよくわかっていたつもりだったが、今、目の前にいる楚々として美しい韓国の女《ひと》と直接結びつかなかったのは、その痛みまで含めて理解できていなかったという証拠だった。

洪さんもまた一九四五年以降、改めてじぶんたちの母国語を学び直した世代である。

その時つくづくと今度はこちらが冷汗、油汗たらたら流しつつ一心不乱にハングルを学ばなければならない番だと痛感した。

いつか必ず。これも動機の一つである。

洪さんとはその後、文通が続いているが、私の工夫《コオンブ》（勉強）を喜んで下さって、こちらのつたないハングル文に対して、時にハングルで、時にきれいな日本文で手紙を下さったりする。

いつの頃からか、たぶん三十歳を過ぎた頃からだったと思うが、「いいな」と惚れこむ仏像は、すべて朝鮮系であることに気づいたのである。百済《くだら》観音、夢殿の救世《ぐぜ》観音、広隆寺の弥勒《みろく》菩薩などなど。

また同じく心うばわれる陶器は、白磁、粉引《こひき》、刷毛目《はけめ》、三島手《みしまで》、すべてこれ朝鮮系であった。蒐集癖はないから手もとに何一つ逸品はないけれど、折り折りに視たそれらは、眼底に焼きついている。

＊

もう一つ愛してやまないものに、放浪の旅絵師たちが描いた李朝民画があるが、これら美術への傾倒が、すなわち隣国への敬愛に結びついているのも否定しがたい。

柳宗悦の論考にみちびかれて、というのではなく、おぼろげに手さぐりに自分の好みを確認しつつ、その途中で柳宗悦の『朝鮮とその芸術』に出逢ったのだと言える。柳宗悦は書いている。

「その美術を愛しながら、同時にそれらの人々が、作者たる民族に対して冷淡なのに驚かされる」と。

著作のなかで繰りかえし語られる、この鋭い批評は、現在も尚生き続け命を失ってはいないのだ。そのことに逆に深い悲しみをおぼえる。

秀吉の頃より、一城を傾けても悔いないほどに一箇の茶碗に執着し、しかもその抹茶碗はたいてい朝鮮の雑器であったのであり、その眼力、美意識は相当なものだと思うが、それを創り出す民族には一顧だに与えず、朝鮮半島を思うさま蹂躙している。そして陶工だけを引っこぬいて来たのだ。

柳宗悦の憤りや批判は、遠く一五九二年頃にすでに端を発している事柄である。

美術と言葉とは直接の関係はないけれども、朝鮮美術（過去、現在を含めて）を熱愛する者としては、言葉を学ぼうとすることは、この〈冷淡さ〉の克服につながろうとする、一つの道ではあるかもしれない、と思っている。

＊

はなしは飛躍するが、私の母かたの祖母（東北人）はいたって陶器の好きな人で、少しでもお金に余裕があれば骨董屋で古い陶器を買うのを唯一の楽しみとしていた。孫の私から見ての話だが、なかなかいい趣味の人だった。とうに亡くなったけれど、つい最近、年上の従姉妹《いとこ》に聞いた話では、生前、「朝鮮に行きたい、朝鮮に行きたい」とよく言っていたそうで、いつもお伴を仰せつかる伯母は「それだけは勘弁してほしい、虎がこわいから」と大真面目で答えていたそうである。初耳だったが、その話を聞いたときアッ！と思った。

陶器への憧憬からだったろうが、もしかしたら祖母自身、その血の中にかなり色濃く渡来系を秘めていたのではなかろうか？

出雲へも行きたがり、そちらの願いは果たしたのだが、遠い昔、出雲経由で渡来し、日本海沿いに北上、山形県の庄内地方に定着した集団の末裔では……。

もっともいつの時代に？　と推理を働かせるヒントを残してもいず、また日本人は元を糾《ただ》せばおおかたはどこかからの渡来系であろうから、どうということもないわけだが、もやもやしたものの中にこそ深い真実が隠されていることもあり、隣国に惹きつけられてやまないのも、もしかしたら母かたの血のせいで、何か見えない糸にたぐりよせられているのでは？　という憶いも捨てかねている。

＊

こんなふうに私の動機はいりくんでいて、問われても、うまくは答えられないから、全部をひっくるめて最近は、

「隣の国のことばですもの」

と言うことにしている。この無難な答でさえ、わかったような、わからぬような顔をされてしまう。

隣の国のことば――それはもちろん、南も北も含めてのハングルである。

国の名

韓国人は「朝鮮」という言いかたを嫌う。

特に日本人が「朝鮮」「朝鮮人」と言うことに。

これには二つの理由がある。かつての日本人が、朝鮮、朝鮮人と言う時、差別感情をあらわにこめたことへの反撥。白人から「ジャップ！」と吐き出すように言われて、不愉快にならない日本人はいないだろう。それと同じニュアンスで言われ続けたことへの憤り。

もう一つは分断されて、朝鮮民主主義人民共和国が出来、北では何かにつけ朝鮮《チョソン》、朝《チョ》鮮《ソン》と叫んだために、それへのアレルギー症状のようなもの。すべて朝鮮という言葉が厭になったらしいのだが、ふしぎなことに「朝鮮《チョソン》ホテル」「朝鮮日報《チョソンイルボー》」という名は健在なのだ。

日本で「朝鮮語スピーチコンテスト」があり、友人が多数参加したが、そこで優勝した青年が喜んで韓国の友達に手紙で報告すると、
「なぜ韓国語スピーチコンテストと言わないのか、朝鮮語とは何ごとだ」
友情もあわやこれまでの、強い叱責の返事がきた。その人は大層悩んだが、別の日本人が、
「なんだ、そんなことでこわれるような友情なら、いずれどうしたってこわれるさ」
と事もなげに言った。けれど日本人が思うほど些細なことではなく、国の名は神経を逆なでされるような大問題なのだ。

逆に北では、韓《ハン》という言葉に抵抗を示し、ハングルという言いかたも採らず、あくまで朝鮮語《チョソンノ》であり、朝鮮人《チョソンサラム》である。

外国ではすべてコリアと呼びならわし、これは高麗《コリョ》のなまったものというが、それなら日本でもコリアと呼んだらいいと思うが、西洋人がコリアと言うのはいいが、日本人にコリアと呼ばれるのはなんとも気にくわず片腹いたし、であるらしい。

しかし正式名の「大韓民国」も「朝鮮民主主義人民共和国」も、あまりに長く言いにくいから、「北では」「南では」「北鮮では」「南鮮では」と略しがちになる。これまた憤慨の種。

日本は日本の立場で、あくまでも「朝鮮」で通すべきであるという人も多い。だが実

際のビジネスや、さまざまな交流のなかで、国の名が大きなネックになり、事がぎくしゃくしてさっぱり進まないことに気づく。相手の神経を逆なですることは避けるのがマナーと、南に行けば韓国、韓国語と言い、北に行けば朝鮮、朝鮮語と言ってしまうのが実状らしい。

この本のなかでも、国の名をいたって恣意的に、不統一のままで使ってしまっている。南北を含めて、隣国、隣国語と言いたいのだが、それだけではおさまらない場合が多い。

理屈っぽい人は、

「隣国？　隣国って言ゃ、アメリカ、ソ連も、中国やフィリピンだって入るよ」

と言うのだった。虚心に地図を見れば一番近い隣国がどこだかわかるでしょうが。古い古い古朝鮮の時代からの「朝《あさ》、鮮《あざ》やか」という美しい国の名が、こんなにもややこしく複雑にからくんでしまっている。簡単にはときほぐせない糸のように。その責任の大きな部分が、私たちの父や祖父の時代と深くかかわっているのだ。子孫がおたおたし、いたってしまらないのも無理はない。

父祖の過失は孫子の代まで、さらに彼方までか……。

師

最初ハングルを、どこで、どなたに、習おうかと思った時、なるべく政治色のないところで、まず純粋に言語として学びたい考えが、私にはあった。

朝日カルチャーセンターが一九七四（昭和四十九）年新宿の住友ビルで発足した時、当初から語学講座のなかに「朝鮮語」の項目があり、それは当時画期的なことで、新聞広告を見て、ここで習いたいと思ったのだが、その時はすぐには行けず、ちょうど四期生ぐらいの時ではなかったかと思う。

一九七六（昭和五十一）年四月、小学校の新入生みたいに、ひどく緊張して、三角形の超高層ビル、四十八階の教室まで、エレベーターで吊りあげられていった。

夜七時から九時までの夜学だった。夜学という言葉になぜかあこがれを持っていて、働きながら学ぶ人たち、がたぴしの木造の椅子、冬さむく夏あつい古ぼけた教室、漠然とそういうものを思い描いていたのだが、四十八階の教室はまあたらしく、煌々の蛍光灯、冷暖房完備、スチール製の椅子、椅子には折りたたみ式の小さな机がついている。大きな窓からはネオン輝く新宿の夜景が、眼下に見おろせて、とても夜学というイメージではなかった。

朝鮮語の初級クラスは、若者、中年、老年とばらばらで、女のひともちらほらの四十人ぐらいが、「どんな先生なのかしら？」と待つうち、颯爽とあらわれたのが、金裕鴻《キムユーホン》先生だった。

若々しく三十代くらいに見えたが、後でおもうと、すでにあの時、四十代でいらしたか、と思う。

事務局の人の紹介で、NHK国際局勤務のアナウンサーで、海外向け韓国語の放送を受けもたれ、また早稲田大学語学教育研究所、アジア・アフリカ語学院でも教えていらっしゃる、韓国人とわかった。

これが金裕鴻《キムユーホン》先生との初対面であった。

最初はハングルをやる心得のようなことを話され、諺《ことわざ》の「시작이《シージャギ》 반이다《バニダ》（はじまりが半分だ）」を引いて、

「やろうと思った時、すでに事の半分かたは達成したようなものだ、ということわざですが、ここに集まった皆さんも、あるいはすでにそうかもしれません」

その諺のおおらかさと、先生のお話ぶりに魅せられて、にわかに緊張がほぐれてゆくようだった。

最初休むとついて行けなくなるから、なるべく休まないように、とも言われ、この時の教えを守って、以後半年間、私は一度も休まなかった。子供のころから怠けもので、風邪をひいたと言っては休み、頭が痛いと言っては休み、かなりずるけた覚えがあり、皆勤賞とはまるっきり無縁できたのだが、五十歳で一年生となって、この半年間は皆勤、なぜ今ごろになって勤勉になったのか、我ながら이상하다《イサンハダ》（いぶかしや）。

この次までに、母音の아야어여오요우유으이《アヤオヨオヨウユウイ》を覚えてくるように言われ、必死で覚えた頃が思い出される。今思えば簡単なことだが、まったく白紙の状態で、ハングルのアカサタナである、가나다라마바사아자차카타파하《カナダラマバサアヂャチャカタパハ》から覚えこんでゆくには、相当の努力を要した。

先生に指されて答える時、合っていれば、

「좋습니다《チョースムニダ》（いいです）」

と大声でうれしそうに言われ、間違っていれば、

「아닙니다《アニムニダ》（違います）」

と残念そうに首をふられる。

「좋습니다《チョースムニダ》！」

と言われたくて、ぐゎんばったようなものである。

アナウンサーを仕事とされている方だけに声質がすばらしく、日本語もきれいだった。性格は江戸っ子ふうで、闊達無類、話題にはまるで用心というものがなく、皐月《さつき》の鯉の吹き流しのように気持がよい。

熱のこもった二時間は「燃える授業」というものが、現実に確かにこの世に、在ることを教えてもくれた。なにしろ全身全開なのである。講義をただ受身で聴くというのではなく、指される緊張と、ユーモラスな教授法と、緩急自在で、アッというまに時間が過ぎる。

夜の九時に終ると、全身――特に頭脳に、さんさんシャワーを浴びたようになり、少々気分の悪い日でも帰りには爽快となり、軽やかに新宿駅まで歩くことができた。

いつのまにか自分の席も自然に決まり、いつも隣席に坐る多久さんという女性と親しくなり、いっしょに帰路につき、新宿駅の地下でコーヒーをのんで一息つくというのが習慣になった。

数詞の授業の時、はしから一《イル》、二《イー》、三《サム》、四《サー》と一人づつリレー式に数を言わされ、十六をなぜシムニュクと言わねばならないか、考えるゆとりもあらばこそ、むずかしい発音の番に当たらなければよいが、と思っていると、多久さんは頭のいい人で、パッパと人数を数え、何番目にくるから自分は二十五《イーシボー》と事前にキャッチできた人で、私がもたついていると、芝居のプロンプターよろしく、小声で教えてくれ、何度か危機を脱した。

金《キム》先生はパントマイムの名手でもあり、まったく日本語を使わずに、小話をハングルとパントマイムだけで、大すじを捉えられるように演じたり、また、韓国のおばあさんが客を迎える時、

「어서《オソ》 오세요《オセヨ》（いらっしゃいませ）」

と言いながら、独特の腰の振りかたをして相手をかき抱く物真似は、さもありなむとその姿を髣髴《ほうふつ》とさせ、しばらく笑いがとまらなかった。それと一緒に言葉がしっかりとこちらに入り込んでくる。

또《ツトオ》（また）という副詞を習ったときも、韓国での中学生時代の思い出ばなしをされ、教室で悪童どもが大騒ぎをしているところへ入っていらした老先生が、

「또《ツトオ》！ 또《ツトオ》！ 또《ツトオ》！ 또《ツトオ》！（また　また　また　また〈おまえたちは〉）」

と叱る物真似をされ、その甲高く粘りつくような濃音《のうおん》という発音方法が、まるで農家の庭さきで、とう　とう　と鶏を追いこむときの掛声とそっくりで、これまた一発で覚えられた。カタカナで表記しようとするとむずかしく、あえてやろうとすれば促音のツが語頭にくるとでもいうしかない。

わらべ唄や民謡を、教室がゆらぐほどの大声で皆で歌う日もあった。

言葉を教えるについての、未知の言語に分け入ろうとする人々に対しての、実にさま

ざまな工夫が凝らされているのだった。

教師を仕事とする人も、一人の生徒として何人か受講していたが、習う側に立って、金《キム》先生の教えかたから改めていろんなことを考えさせられていたらしい。誰に対しても公平で、出来なくても馬鹿にしたり軽蔑したりは一切なく、むしろユーモアで救って下さった。こんなに陽性で能動的な授業についてゆけないとしたら、ついてゆけないほうがおかしい、どうかしているといつも感じさせられてきた。ただ、昼間働いてそれぞれの職場から夕食もとるかとらないかで駆けつけてくる人が多かったから、どうしても脱けられない仕事で欠席、それが三回くらい続くと落ちこぼれてしまうということはあった。

けれど先生も人の子、体調悪かったり、気分ののらない日もあるだろうに、いつもいつもまったくの完全燃焼、それがふしぎでならなかった。だいぶ経って親しく話をするようになってから、

「先生の授業の、あの情熱の源は何でしょうか？」

と愚問を発したことがある。そのお答えがふるっていた。韓日親善のために、とか、民間大使として、とか、そういう陳腐なものではなかった。

「僕よりも、はるかに教養のある、年齢も高い人々も沢山来ているし、そういう人たちが僕の시작《シージャク》！（はじめ！）の声で、雀の学校の生徒みたいにパクパク口をあけてつい

てきてくれるのがうれしいんですよ。それにハングルを教えるということを除いたら僕にはあと、ほんと何も残りませんからね。四十人ぐらいの人が僕一人を待って、この教室に集まっていてくれるということが、僕を元気づけるし、何が何でも来なくちゃとなるんです」

という、きわめて人間的な納得のゆく答だった。しかしこの答には先生の含羞もあって、ちょっとポイントをはずされたという気もした。ほんとうは教えることに純粋な喜びを感じ、生徒の中にある可能性の芽を明るい方へ明るい方へひっぱり出そうとする力、その芽がわずかにふくらむことを、また無上の喜びとする、教師としての抜群の資格を持っていらっしゃるように見えるのだ。私の質問はすでに答を含んでいたのかもしれない。

かねがね感じてきたことだが、良い先生には二つのタイプがある。一つは金《キム》先生のように、教えることが純粋な喜びであり、生徒の可能性をひっぱり出し輝かせることを無上の喜びと感じるタイプ。もう一つは、教えかたは下手でなってないが、自分自身なんらかの研究テーマを持ち、その真摯さや生きかたの部厚さが、言わず語らず生徒の畏敬を集めるというタイプ。この二つを対極として、中間につまらない教師がいっぱいいるということだろう。

教師になる基準が、成績の良さだけで計られるやりきれなさ。人間も成績もでこぼこだが、すばらしい教師になれる人材が、掬《すく》いあげられていない現状。教育の世界がなぜかさむざむと感じられるのは、教師の魅力、教師の情熱の不足もかなり大きいような気がする。

授業中、たえずそんな思いがちらちらした。

「勉強するについて、僕を十分に利用して下さい。利用するのはあなたがたです」

これもふつうではなかなか言えない台詞《せりふ》である。

分きざみのお忙しさで、帰宅は深夜が多かったらしいが、山手線の某駅から自宅までは自転車で、途中大きな橋があり、月の冴えている夜などは、橋の中ほどでふと自転車をとめ、夜空を見上げながら、

「ああ、一体、自分は何をしているのだろう」

と、なんとも言えない空しさがひろがるとも話された。

燃焼と空しさとは、たぶん背中合わせであるだろう。この話もなんだか心に沁みた。

手とり足とり言葉の手ほどきをして下さるほかに、ハングルの歴史、風俗習慣、物の感じかた、考えかたの違いなど、金《キム》先生の話を通して知ったことが多く、一枚一枚、目の鱗が落ちてゆくようだった。今まで如何に観念的にしか理解していなかったか。

半年間はまたたく間に過ぎて、辞書をひきひき新聞を読める程度が一応の目標の、初級クラスが終っても、まだまだ五里霧中のありさまだった。

当時、朝日カルチャーセンターには、中級・上級クラスはまだ無くて、あと行きどころがなくなった。ただ、金先生を講師として招いている大小さまざまの自主講座があり、そういうところを紹介して頂いて、以後、転々として十年の歳月が流れた。

現在は友人数人と翻訳会を作り、主に小説を訳しつつあるが、これも先生の指導を受けている。

「へぇえ、まだやってるの?」

ほかのひとに呆れられるほど続いたのも、金先生との出逢いがあったからで、そうでなかったら脆くも挫折となっていただろう。語学コンプレックスは深く根を張っていたし、勤勉なたちでもない。

皆無とおもっていた語学能力が、耕かされかた、耕かしかた次第では活性化して動き出すということを知った。この年になって脳のなかで眠っていた我が休耕田に気づかされたのである。

今までの人生をふりかえってみて、この十年間ほど一心不乱に勉強した歳月はなかった。自分のことを掛値なしに怠けものと規定しているのだが、特に若い時はでれでれして、ほかごとばかり考えて、まともに勉強したことがなかった。

小学校以来、たくさんの先生にいろんなことを教えて頂いてきたわけだが、それは知識の授受でしかなく、すべて一過性で、こちらの心に大きな影響を与える先生には出会えなかった。

さみしいことである。

そしてどうも、これは私一人の経験ではなさそうである。

気持のなかで、ひそかに師と目した人は、すべて学校教育とは無縁の、別の場所に存在していた。

朝日カルチャーセンターは生涯教育ということを掲げているし、特殊ではあるが教育機関ではあるだろう。そういう場所で、先生というよりは師と呼びたい方に出会えたのは、初めての経験である。

それが日本人ではなく、金裕鴻《キムユーホン》先生という韓国の方であったことに、すくなからぬ驚きを覚えるし、日本の学校教育との対比の上で痛烈な皮肉を感じないではいられない。

いっしょにハングルを学んでいた医大生の今井さんが、渋谷駅でフランス人に声をかけられた。渋谷駅はまったく複雑怪奇、外人ならずとも、地方から初めて来たひとなどは迷うにちがいない。

そのフランス人は行先のプラットフォームがわからなかったらしく、フランス語でぺらぺら。今井さんはとっさに韓国語で答えてしまっていたのだが、なんと今度は反射的にフランス人が韓国語でしゃべりはじめ、双方たがいにアレ?　とばかりに打ち驚く。

フランス人は、ついさきごろまで釜山《プサン》で暮していた商社マンだったのだ。この話を聞いた時は笑ってしまった。千万分の一くらいの確率だろう。しばし談笑して別れたという。

今井さんは英語もよくできる人なのだが、目下熱中しているハングルが頭いっぱいを占領していて、それがとっさに飛び出したというのはよくわかる。医師国家試験を間近に控えながら、こんなに熱中していていいのかと思うほどの猛勉で、その学力はみんなの中でもずば抜けていた。

やがてりっぱな医師になり、病院勤務となったが、救急車で運ばれてくる韓国人（旅行中）の訴えを聞きとることのできない時、「それ！　今井先生」となる。旅先で苦しい症状を間違いなく聞きとってくれる医師がいることは、地獄で仏のおもいだったに違いない。

勉強の動機は、子供の頃からの切手蒐集で、各国とのペンフレンドの中に、韓国の友人もできたことからだという。医師としての経験もかなり積んだ上で、一九八五年、ソウルの延世大学予防医学教室に研修生として留学してしまった。医師のコースとしてはかなり異色である。

隣の国の言葉を習うのは、ほんとうは当たりまえすぎて話にならない筈なのに、実態はあまりにも少数派で、あえてその少数派を選んだ人々は日本人の中でも相当個性の強い人が多い。

一九八四（昭和五十九）年NHKの語学講座で「안녕《アンニョン》 하십니까《ハシムニカ》（こんにちは）——ハングル講座——」が発足し、今は飛躍的に学ぶ人々の層が増えた。NHKに講座をという署名運動が長く続いて、いろんな人に署名を頼んでまわったりしていた頃のことが

嘘のようだ。

これも朝鮮語講座にするか韓国語講座にするか、NHK、在日朝鮮人・韓国人、三つ巴《どもえ》で大もめにもめ、埒があかず、「안녕 하십니까《アンニョンハシムニカ》——ハングル講座——」という、変則的な名で出発したが、ともあれすべり出したことはよかった。

テレビ、ラジオともによくできていて、たのしい。テキストの마당《マダン》（ひろば）という投書欄をみると、全国各地でやっている人の様子がわかるし、日本の中学生が「やりはじめたら、そのおもしろさに魅せられて」なんて便りを寄せている。

십년이면《シムニョニミョン》　산천도《サンチョンド》　변하다《ビョンハダ》（十年たてば山河も変わる）

という諺があるが、私が習いはじめてからのこの十年間は、この諺がぴったりの変わりようだった。ビクともしない巌《いわお》のようなものがズルッと動きはじめたのだ。

一九七六（昭和五十一）年頃、いっしょに習っていた経済学部の助教授だった人が、推計学的推理によってか、当時東京で隣国語を習っている人は、約百人程度と数字をはじき出したことがある。そんなに少ないのだろうかと驚いたことがあるが、友人のなかにはあちこちの講座を武者修行のように渡り歩く人もいて、どこへ行っても見知った顔にぶつかると言っていたから、おそるべき少数派であったことには間違いない。

あと十年、二十年たてば、この頃の有様はおかしな昔話となるのかもしれない。そうあってほしい。昔話となるよすがにその頃触れあった人々のことも書いておこう。

夜学に現れる人々の職種は実に多岐にわたっていた。小学校・高等学校教師。大学教授。大学院生。学校事務関係。会社員。自営業。編集者。俳優。画家。判事。弁護士。医師。薬剤師。病院事務関係。主婦。アナウンサー。在日韓国人。朝鮮人。あと公務員と言えば多種多様の職業が含まれる。都会のことゆえ農業と漁業がないくらいかなと思ったものである。

高橋さんという中年の男性がいた。

中学生時代まで朝鮮で育った人で、世の中がだいぶ落ちついてから、中学校のクラス会を韓国でやるから来るようにという通知が届いた。子供の頃無邪気に遊んだ仲間に会いたかったが、戦後次々あらわになった植民地時代のこと、何の意識もなく日本語で暮していた少年時代のことを思うと、「おウ！」とこだわりなく行けないうしろめたさが心を領し、とつおいつの気持でともかく金浦《キムポ》空港に降りたった。

出迎えにきていたかつての中学時代の友人は、彼を見つけるや、

「おお、タ・カ・ハ・シ！」

と叫んで両手を大きくひろげ、ひしと抱擁した。その時のうれしさが、高橋さんをして新たに隣国語を本気で勉強しようと決心せしめたものであるという。

なんでも天井に、大きく書いたハングルを貼りつけ、就寝前のひとときそれを睨みつつ覚え、やがてまぶたがシパシパ、眠りに入ってゆくということだった。

多久さんという女性も幼時、朝鮮で育った人で、小高いところに家があり、馬車が見えたりかくれたりしながら、ぐるりと廻って麓に降りてゆくのを見た僅かな記憶があるという。それも夢幻のようにおぼろな記憶。父君が小学校の先生で、朝鮮の子供たちに教えるかたわら、自分はハングルをすっかり学びとり、歩きぶり話しかたまですべて彼の地ふうになった。或る朝鮮人と意気投合、ビールを飲みつつ談論風発、二時間ののちに別れたが、あとで誰かが「あの人は日本人だ」と言っても、全然信じなかったという。

一九一九（大正八）年、万歳《マーンセ》事件という民族独立運動が全土に波及、烈しいデモが起ったが、多久先生が校長をしている部落には動員をかけなかったというエピソード。教え子が回想して書いた文章を照れながら見せてくれたことがあるが、戦前にも人知れず、ひっそりと、こういう日本人もいたのだった。

敗戦で日本へ帰国後、引き揚げ関係の仕事に尽力し、難かしい漁業関係の通訳としても活躍、またハングルを教える日本人教師としても、もっとも早い草分け的存在となった。

亡くなられたあと、多くの資料が残り、娘の多久さんとしては、それらを整理する必要上、習いはじめたわけである。

「お父様が生きていらっしゃるうち習ったら、もっと喜ばれたでしょうね」と思わず言ってしまったが、始めて以後の努力はあれよあれよで、最近もらう한글《ハングル》편지《ピョンジ》（手紙）は、さまざまな用例を駆使した見事なものになってきた。こちらの出す手紙は、まだ中学生なみに思われて、劣等感におそわれる。

在日二世、三世の人々も生徒として多かった。金《キム》さんという青年がいた。笑顔のきれいな人で、彼の黙礼を受けるといつも一輪の花を受けとったような気分になった。下町育ちで、家はスクラップ業ということだったが、江戸方言とも言うべき「ひ」と「し」のとっちがえ――氷川《ひかわ》神社がシカワ神社となる癖が染みついていて、金《キム》青年の口から「しどい話だね」などと言われると呆気にとられポカンとした。田舎そだちの私は、「ひ」と「し」の入れ替わる江戸訛《なまり》が、なんとはなしに粋に思われて、「日《し》が暮れたねぇ」などとわざと呟いたりするのだ。つくづく言語というものは、血よりも育った環境との密着度のほうがはるかに大きいのだと改めて合点がいった。中国残留孤児と言われるひとたちの流暢な中国語を聞く時もおなじ思いに捉われる。

在日一世の人たちは、異郷で生きるのに懸命で日本語を使う頻度のほうが断然多く、二世、三世の人たちは家でも母国語にさほど馴染んではいないらしい。子守唄か遠い潮騒のようにわずかに耳底に残っている程度で。だから習う段になると私たちとまったく同じなのだった。

誰かが「背中がかゆい」とつぶやいた時、金青年は「어디《オディ》　어디《オディ》?（どこ　どこ?）」と言った。こちらは馬鹿の一つおぼえで、어디《オディ》（何処）は方向を指すものとしか思わなかったから、背中のかゆい地点を探すときも어디《オディ》　어디《オディ》か……と、ひどく新鮮に感じた。とっさに出るこうした使いかたはやはり生得のものだろう。

　大学助教授であった平先生は、ハングルを習っている最中、男の子が生まれた。で、名前をムオとつけた。무엇《ムオッ》はハングルで「なに?」という疑問詞である。漢字では矛生《ムオ》と書く。生誕は「さて、これから大いなる矛盾を生きるか」ということでもあるからして、なんともユニークな命名である。

　この話を韓国の人にすると、たいてい、

「재미《チェミ》　있다《イッター》!　（おもしろい!）」

と叫ぶ。

　ムオちゃんはそれはかわいい赤ちゃんだったが、今頃は小学生になっているだろう。許《ホ》夫人は、夫ともども日本で生まれた在日二世で、夫が建築家として日本で成功し、二人の子供も立派に育てあげ、五十代に至ってようやく時間もとれるようになり、改めて母国語を熱心に習いにきていた人だ。

　この夫妻の夢は、母国語を自由自在に発して、本国の人々と思うさま語りあいたいというものだった。何年間か私たちと共に学び、そしてつい最近、夫妻いっしょにソウル留学へとふみ切った。若く身軽な時ならいざ知らず、世のしがらみ蜘蛛の糸のごとき中年期のもろもろを断ち切って、旅立ってゆく姿に、世にはこういう夢もあるのだと感じ入り、その夢の実現成るようにと、祈らずにはいられなかった。

井出さんという小学校の先生がいた。彼女は古代史への興味から入ってきた人で、小学校の授業を終えて、埼玉県からかけつけてきて、われらが夜学の最前列へ、タッタッタッと進んで坐る。最前列は指される頻度も多く、なんとなく皆が敬遠する席で、ちょっと遅れてくる彼女としてはそこしか坐る場所がなかったということもあるが、そこで大きな目を輝かせて、先生変じて生徒となり授業に聞き入っていた。

或るおじさまの生徒が、

「ああでなくちゃいけませんよ」

と感服しきりだったが、彼は後方の席に坐って一向にうまくならないのだった。

独身の気楽さで、夏休みに韓国を訪れたりしているうち、知人の紹介で崔《チェ》青年と知り合い恋におちた。おちたと言っても最初好きになったのは崔青年の方らしく、好きになったら、押して押して押しまくる迫力というものは、どうも日本青年の比ではないようなのだ。無責任な野次馬の話では、押され押されて井出さんは断崖絶壁にまで追いつめられ、もう「参った！」となって、遂にプロポーズをＯＫしたのではないかと言う。

もちろん井出さんもこの人ならと好きになって、恋のさなか誰の目にもはっきりわかるくらいに、めきめきと美しくなって、まわりの者を呆然たらしめ、皆に祝福されて結婚した。国際結婚を危ぶむ声もあったが、日韓の目にはみえない部厚い壁に風穴をあけるのは、がむしゃらな恋以外にはないのかもしれないと、二人を見ながら私は思っていた。若い力である。

これからいろいろと難問に逢着するかもしれないが、この国際結婚は成功してほしいと思わせる、さわやかなカップルなのだ。

夫婦になったら、井出さんの韓国語もどんなにかうまくなるだろうと思っていたが、恋愛時代は懇切にハングルを教えていた崔《チェ》青年も、結婚したらめんどうくさがって教えてくれなくなったという。これぞ夫婦のリアリズムかもしれない。井出さんは小学校の先生を続け、子供を育てながら、焦らずたゆまず、一人こつこつと勉強を続けている。夏休みを利用して、年に一度、夫の実家のある韓国へ里帰りし、시어머님《シオモニム》（姑）や시누이《シヌイ》（夫の姉妹）たちとの交歓をなによりの楽しみとしている。

立原さんは丸の内のいい会社に務めていたOLだったが、韓国人の友人がいたのが習いはじめのきっかけだった。隣国語がだんだんにおもしろくなり、遂に会社を辞めて、延世大学・語学堂に留学した。ハングルはすべての人をではないが、或る種の人々を引きずり込むような魅力というか魔力というかがあるような気がする。すてきにうまくなって帰国したが、日本ではまだ学んだハングルを十分に活用する道がひらけてはいない。幾つかの私塾で日本人にハングルを教えたり、韓国からの旅行団のガイドをしたり、翻訳をしたり、アルバイトにつぐアルバイトである。韓国の孤児院の、里親を引き受けている日本人もたくさんいて、いわば足長おじさんの役割を果たしているのだが、孤児たちの手紙を日本文に訳し、日本の里親の手紙をハングルに訳す仕事も延々と続けている。こちらは半ばボランティア活動。

ふつうに考えれば、待遇、報酬ともに恵まれていたOL生活を振って、人生の舵を百八十度転換、なぜそんな困難な生活へ突き進んだか？　と思われそうだが、微温的なOL生活にピリオドを打ち、ヒリヒリするような緊張の連続である生の実感を得たことに、なんの悔いもないと言う。はたから見ているとそれらの仕事はすべて、パイオニアの苦労にみえる。

「잘《チャル》 하시네요《ハシネヨ》（うまいですね）なんて言われているうちは、まだまだ駄目なんですねぇ。こんなこともわからないのか、と率直に言われるぐらいでないと……」

なにげなく呟いた立原さんの言葉が、実感がこもっていただけに、一層こたえた。잘하시네《チャラシネー》（お上手ねぇ）なんて、感に堪えたように言われると、私などエヘヘと単純に喜ぶ段階だから。

入口あたりではやさしそうだが、中に進むにつれ、森の大きさ、深さ、暗さに踏みまよい、とんだところに入りこんでしまったと、愕然とするのは何国語であれ同じだろう。

ほんとうに外国語の森は鬱蒼としている。そして言葉の奥行が深くなればなるほど、その国の人たちとのかかわりも深くなり、やがて、愛憎こもごもとなってゆくようだ。愛憎こもごももまた、突っ切って行かねばならない場所なのだろう。愛にとって憎は、欠くことのできないスパイスなのだろうか? コクある味たらしめるための。私にはまだ憎の感情はきざしていないが、たとえこれからきざすとしても、願わくば、その量の少なからんことを。

乱反射

ある焼肉屋で、煙にむせながら、数人が習いたての韓国語をあやつり、ワァワァやっていた時、隣の席で食べていた在日韓国人の女性の一人が、

「ちょっと、あんたたち、日本人なんでしょう！　日本語で喋ったらどうなの！　なにさ」

と食ってかかったそうである。その場に居合せなかったので、またぎきだが、その話を聞いた時、うっ！　ときた。稚気満々にあえて水をぶっかけなくてもいいのに。

日本語を学んでいる韓国人に、

「ありがとうゴジャイます」

と大声で言われたりすると、

「감사합니다《カムサハムニダ》のほうがいいのに……」

と心の中で思ったりすることもあるのだから、その女性も下手な韓国語が疳にさわったというのがわからなくはないけれど。

在日二世、三世の人で、母国語をよく喋れない苛立ちがある場合、日本人が流暢に喋ったりすると、なんとも腹にすえかねるということもある。

言語における近親憎悪、とかく隣どうしのつきあいは難かしい。

かと思うと、全然逆のこともある。

習いはじめて一年半目ぐらいだったろうか、初めて韓国に行ったとき、飛行機からおりてすぐ、まだ古い金浦《キムポ》空港のトイレに入った。

中から出てきた大柄なおばあさんが、チマをたくしあげるようにして私に何かを尋ねる。

「私は日本人だから、よくわからない」

と言うと、びっくりした顔で、

「우리말《ウリマル》（自分たちの言葉）をしゃべるじゃないか、日本人？　へえ、えらいものだね、あたしゃ우리말《ウリマル》だけでせいいっぱいさ。外国語なんて。まあまあ우리말《ウリマル》を習ってくれて、ありがとさんね」

きれぎれにわかった単語をつなげると、ざっとまあこういう意味のことを言って、手も洗わないで大握手。陽気なおばあさんだった。

初めて踏んだ韓国の土、開口一番の台詞《せりふ》だったから印象に深い。「私たちの言葉を習ってくれて、ありがとう」という言葉は、それ以後二、三回は聞いている。「日本語を習ってくれて、ありがとう」という発想は私たちにはない。せいぜい、「へんな外人」というぐらいがオチ。

韓国での日本語熱はかなり高く、第二外国語として選ぶ若者が年々増えてきている。強制ではなく、外国語として自発的に習おうとしている若者に、「日本語を習ってくれてありがとう」と言いたいが、まだ言ったことはない。

隣国のひとびとが日本語をマスターする速度は、私たちがハングルを習得する速度より断然早い。どうしてかしら？　といつも話題になるほどだ。

日本語を話せる中年以上の韓国人で、しかし日本語は絶対に使うまい、と心に期している人たちもいる。こちらの思わず飛び出す日本語にも知らんふり。ただ人間の聴覚はごまかせないから、「あ、この人はわかってるな」と、表情で察知できたりすることがある。

時にヒヤリとするような酷薄な表情に出くわすことがあるが、これは中国でも東南アジアでもフィリピンでも経験せざるを得ないところだろう。ヒヤリの時は、日本人が嫌いなのか私が厭なのか本人が酷薄無情なのか、判定にくるしむことがある。

たどたどしい韓国語で一生懸命話していると、途中から相手がパッと日本語に切り替えることがある。おまえの努力を嘉《よみ》して……という感じ。

日本人で朝鮮語を使えた人は、犯罪者を取り調べる警察関係者のみという不幸な歴史が、戦後に至るまでずっと長く続いた。それへの警戒や嫌悪もあるのだろう。幸いなことに女はその埒外である。

アッハハハと笑われてしまうのは、こちらの物言いが丁寧すぎて、おもわず失笑となるらしいのだ。けれど반말《パンマル》（語尾をつけないぞんざいな語）や、生かじりのスラングで笑われるよりはましで、ていねい語を崩そうとは思わない。

ある小さな町で、宿を紹介してもらおうと、観光案内所に行った時、一人きりの中年の所員は、こちらの韓国語のたどたどしさにたまりかねたように叫んだ。

「日本語で話しなさい、日本語で！」

ダァー。その人の日本語は非常にうまかったが、敬語の「お」ひとつが抜け落ちているために、「行きなさい」「渡りなさい」となって、本人は敬語を使っているつもりが、すべて命令調にきこえてきて、いささかこちらの気持がざらついた。しかし親切な人で、おかげでソウルでもないのに「ソウル旅館《ヨグワン》」という韓式宿に泊ることができた。

日本語を絶対に使うものか、という人々がいる反面、久しぶりに日本語が使えるうれしさを隠さない人もいる。扶余《プヨ》で、人なつっこいおじさんに摑まって、だいぶお相手をさせられたことがあった。

戦時中、日本海軍に召集され、シンガポールまで行った話を日本語でたのしそうに綿々と語る。ずいぶんつらい日々だったろうに、時すぎてみれば厭なことは風化し、軍艦に乗ってシンガポールまで行ったことが、我が青春のハイライトとして残ってしまったのだろうか。それ以後はさしておもしろいこともなかったらしい아저씨《アジョシ》（おじさん）の話を聞いていたら、なんだか切なくなってしまった。

言葉だけに限ってみても、なんともはやの乱反射。おたがいにチカチカと落ちつかないことおびただしい。

Ⅱ　日本語とハングルの間

文字

「ハングルって、まるで編物記号みたいな文字ね」

女の友人がつぶやいた。編物記号とはおもしろいことを言う。そう言われてみれば、かけ目、伏せ目、ねじり目などの記号と似ていなくもない。

영양이《ヨンヤンイ》 있습니다《イッスムニダ》（栄養があります）

棒が一つか二つか、右を向いているか左を向いているか、上へつき出るか下へつき出るか、それで発音も意味もまるっきり違ってきてしまう。

私ぐらいの年齢だと、辞書をひくのにも拡大鏡なしではこころもとない。そして、つくづく見事に創られた文字だと感じ入ってしまう。

この文字を初めて目にしたのは何時だったか？　と思い出してみると、戦後まもなく、埼玉県入間郡の高麗《こま》神社に行った時だった。

七世紀頃、朝鮮半島に勢力をふるった高句麗《コグリョ》が滅亡し、王族をはじめとする高句麗人たちが日本に亡命してきた。奈良時代、あちこちに散在していたこれらの人々を武蔵国に集め、高麗《こま》郡を置いたところである。武蔵野という尨大な原野を切りひらいた、入植第一号とも言うべき人々で、高い文化を持ち、開拓、養蚕、窯業などに与えた感化力も大きかったらしい。

高麗村
栗の花のふさふさ垂れる道
むかしの高句麗の王が亡命して住んだ村
瓦を焼き野をひらき
ついにふるさとに帰れなかったひと
今も屋根のそりにふるさとの名残りをとどめる子孫

むかしこんな詩を書いたりしたこともあったが、高麗神社は、そのリーダーの若光《じゃっこう》王を祀《まつ》ったところである。
桑畑が続き、高麗《こま》川の清流がきれいで、野山のたたずまいも柔和で、思いなしか風物すべてが大陸的に見える。

たまたま高麗神社で見せてもらった来訪者名簿には、太宰治の達筆もあったりしたが、それらの間を縫うように、墨痕あざやかにハングルが踊っていたのである。あれが初見だった。

意味はわからなかったが、日本植民地からの解放、大っぴらにハングルを使える喜びに湧き、만세《マーンセ》! 만세《マーンセ》!（ばんざい! ばんざい!）と叫んでいるように見えた。

その時、実に不思議な文字もあるものだと思ったのである。

ハングルは今から約五百年前、李朝の世宗大王《セジョンデーワン》が、学者たちに命じ、創らせたのだそうである。

朝鮮半島の歴史は五千年と言い、はなし言葉はすでに溌剌と連綿と生きつづけてきたわけだが、書き言葉は漢文しかなかった。

今でも、有識한《ユーシッカン》 사람《サラム》（知識人）、無識한《ムシッカン》 사람《サラム》（無知蒙昧な人）という言いかたが残っているが、知識人、教養人とは漢文の出来る人の意味であったろう。大多数の無識한《ムシッカン》 사람《サラム》は、しゃべれても、読み書きの出来なかったことは、昔の日本も同じだった。

世宗大王はそれを哀れんで、みずからの心情を誰しもがたやすく書けるように、たやすく読めるように、きわめて人工的な文字を創らしめたのである。

ソウルに道幅のひろびろと大きい「世宗路《セジョンノ》」という通りがある。南北を貫く気持のいい大通り。北の突きあたりは光化門《クアンファムン》である。世宗《セジョン》ホテルというところにも泊ったことがあるが、このホテルの一階の喫茶室はお見合の名所だそうで、何組かのカップルが初々しく坐っていたのも、ほほえましく思い出される。

ともかく偉い王様だ。

この王様とブレーンの学者たちは、言葉をすっかり音素に分解して、まったく新しい音標文字を創ったのである。

舌とか、のどとか、口腔とか、歯、唇、その動きを暗示した記号――つまり独特の発音記号を発明し、その組み合わせがそのまま文字化されたと言えばいいか。だから文字を読むときも、舌を上あごにくっつける、後方に引く、中間でキッ！　と留める、唇をきゅっと結ぶ――とか一目でわかる。

こういう分析的で複雑な作業は、脳の弱い私など気の遠くなる思いだが、世宗大王《セジョンデーワン》は先頭に立って事に当たり、昼夜わかたず精進したために、眼病を患ったというエピソードなど読むと、その辛苦のさまが偲ばれる。

その頃、英語のアルファベットは知られていたのか、いなかったのか。

約五百年前と言えば、日本では足利時代で、世阿弥が佐渡へ流されたり、各地で土一揆が起ったりしている。

勝手な想像だが、ハングルもアルファベットとは無縁に、まったく独創的に創られたものではないだろうか。

たとえば달《タル》は月で、닭《タック》は鶏だが、「ㄱ」ひとつを加えることで、意味も音も違ってくる。アルファベットでは、上下、左右に音素が添加されることはないわけだから。一四四六年にこの新しい文字が公布された頃は、今よりずっと複雑であったらしいが、少しづつ修正され、現在では十の母音と、十四の子音の組み合わせで成立している。ハングルが、十の母音と十四の子音の合成と聞くと、たいていの日本人はおよそ単純な言葉と思い込むらしいが、大辞典の厚味は十二センチもあり、広辞苑よりはるかにものものしい。頁をくれば殆んど呆然とする。簡単な数字の組み合わせだけで成り立っている電話帳の厚さに、時として脅威を覚えたりするのとも似ている。

ハングル（한글）——とは、偉大な文字という意味を含んでいるからハングル語というのは間違いである。最初は언문《オーンムン》（諺文）と呼ばれた。日本でも年輩の人はいまだにオンモンと言う。

学問すなわち漢学の時代に、オーンムンはかなり軽蔑されたらしい。日本のかな文字が女手《おんなで》、女文字と軽んじられたように。その蔑称的な垢を嫌い、一九一〇年以降、ハングルが通称となった。最初から今のように整備されたものではなく、長い時間をかけて、その時々に不備を補いつつ今日に至っている。

友人たちと『朝鮮日報　名社説五百選』（一九二〇—一九七〇）の戦前編を読んでみようとなった時、最初に出て来たのが、「教育用　日本語について」（一九二〇年五月十

九日付）という社説だった。一九二〇年といえば、私の生まれる六年前のことである。아버지《アボジ》をオトウサン、어머니《オモニ》をオカアサン、밥《パプ》をメシ、물《ムル》をミズ、などと幼児期より強制的に教えこまれる具体例を挙げているので、記者の痛憤がそのまま伝ってくるようだった。「押」とあるので押収原稿として陽の目をみなかったものだろう。

朝鮮語抹殺政策を徹底させながら、遂に叩きつぶせなかったことは、日本が敗退してすぐ、ハングルが息を吹きかえし芽ぶいてきたことでもわかる。見えないところで脈々と地下水のように流れていたのだ。

音

「朝鮮語は――ダァ、――ダァときこえますね」

「朝鮮語は――ムダ、――ムダばっかりですね」

これが日本人の耳にきこえる隣国語の特徴らしい。

深夜放送をぐるぐる廻していると、ふっと耳に入ってくる音が「――ダァ」「――ムダ」だという。

また「おそろしく単調な音ですね」とも言われる。たいていは否定的なニュアンスを帯び、「あんまりきれいな響きじゃない」と言いたげである。

ニュース放送を聞いての感想らしいが、どこの国でもニュース放送はおおかた単調な棒読みである。そして있습《イッスム》니다《ニダ》（あります）などの語尾が――ダァ、――ムダと捉えられる。

ひいきするわけではないが、私は綺麗な響きだと思っているし、単調ということでは日本語のほうがずっと単調に感じられる。

自分が習っている言語は、理想どおり発音できない焦れったさゆえに、それを本国の人が正確に自由自在に発音しているのを聞くと、思わず茫然とし、例えようもなく美しく感じてしまうということはあるだろう。その証拠に、明治・大正時代にヨーロッパに留学した人々は、ドイツ、イギリス、フランス、それぞれの留学先の言語を最高と思い込み、終生変らなかったようなのだ。なんだかいじらしいような気がしていたが、私もまた同じなのかもしれない。

韓国の田舎のバス停留所に降りたったりすると、遊んでいた子供たちがわらわら集まってきて、

「あッ！　일본사람《イルボンサラム》！（日本人）일본사람《イルボンサラム》！（日本人）」

と指さして叫ぶ。

「はァ、私はイルボンサラムというものであるか」

という感慨に打たれるが、ジャパニーズよりイルボンサラムの方が音としてずっといいと思ったりする。

「倭奴《ウェノム》」は、倭《わ》の奴《やっこ》で、いわばジャップだが、まだこれを実際に浴びせかけられたことはない。

「世界中で一番美しいひびきを持った言葉は、フランス語と韓国語なのです」

胸を張って断乎言われると、そうまでおっしゃらなくても、という気もする。

音や響きの何が美しく感じられるかは、まったくその人その人の好みによる。競技のように順位はつけられないものだろう。

ハングルの音のひびきの美しさを捉えた、こんな詩がある。

荒川　　崔華国《チェファグク》

丈なす葦をかきわけ岸辺におりる
西瓜の匂いを含んだたそがれの川風は
姉《ヌナ》の裳《チマ》のようにやさしかった
葛飾の低い空もやさしかった
朽ちた伝馬船に寝っころがって目をとじよ
風が運んでくる
母と姉の囁きに耳をかたむけよう

サララ　　生きるのだ
サララ　　生きるのだ

チャララ　　　育つのだ
チャル　チャララ　立派に育つのだ
サワラ　　　闘うのだ
サワサワ　　がんばれ　がんばれ

チャラ　　　おやすみ
チャル　チャラ　安らかにおやすみ

在日韓国人、崔華国《チェファグク》詩集『驢馬の鼻唄』所収のものだが、ラ音を基調にした響きの美しさは、まるで川のせせらぎのようだ。

下部は、上のハングルの日本語訳になっている。

実際に「잘《チャル》 자라《チャラ》（安らかにおやすみ）」と、歌うような抑揚をつけて孫に呼びかけていた祖母のやさしい声を聞いたことがあるが、子供ならずとも「さて、ゆっくり寝るか」と思わせられるような、慈愛と安心感を与えてくれるひびきだった。

活字では現すすべもないけれど、この詩を読むと実際の音が立ってくるのを感じる。

崔華国氏は六十二歳で処女詩集『輪廻《ユンフェ》의《エ》江《ガン》』を出版したが、これは全篇ハングルで書かれている。六十二歳で処女詩集というのも異色だったが、七十歳で出版した『猫談義』

（日本語）は一九八五年のH氏賞という新人賞を受賞して話題になった。

長い在日期間中、祖国の母や姉を偲んで書いたこの「荒川」という詩は、まだ若かった青年期、一九四五年以前の苦渋に満ちた時代のものだったろう。

日本の青年が韓国を旅して、触れあった女性たちの言葉のひびきに魅せられ「お友達にナリタイ！」の一心で、ハングル学習にふみ切った例は私の周囲でも二、三にとどまらない。

こんな契機で入ってゆくのも自然でいいナと思う。

お友達になれたか、恋人になれたかははっきりしないけれど、或る郵便局の本局に勤務していた青年は、こんなきっかけでハングルを物にし、今、職場で貴重な存在となっている。

逆に私が女であるせいか、魅せられるのは、かの地の男性たちの声と発音である。深夜放送では北からも南からも入ってくる。しばしば絶叫調になるのが北だとわかるくらいで、音のひびきは殆んど同じにきこえる。南北を問わずアナウンサーがインタビューをしている声音なぞ、ぞっとするほどすばらしい時がある。「きわめてセクシイ」と言ったらば、一緒に学んでいる日本男性諸氏は、ジェラシイをあらわにし一様に厭な顔をした。

声だけを聞いていると大変な美男子に想像されるのだが、実際に会ったらがっかりするのかもしれない。

昔、マダムキラーという言葉が流行したが、まさに声と発音だけで異性を参らせるアナウンサーがごろごろしているようだ。

声質、発音ともに良い人がアナウンサーに採用され鍛えられるのだから悪かろう筈はないが、日本のアナウンサーでこういう驚きを与えてくれる人がいないのは何故だろう、と時々考える。考えるけれどわからない。日本語というものには日々空気のように慣れ親しんでいるせいだろうか。

日本人にとって、なんとも難かしいハングルの発音は激音《げきおん》と濃音《のうおん》である。

激音——唾が飛ぶほど激しく前に出す音。

濃音——舌を後に引いて、音をのどの奥にこもらせるような発音。

とりわけ難かしいのは後のほうの、甲高く粘りつくような濃音だろう。こちらは까치《ッカーチー》（かささぎ）とか땀《ッタム》（汗）とか言っているつもりがさっぱり通じないのであった。

ソウル駅の改札口で、改札係と乗客とが口角泡を飛ばして論戦しているのを見たことがある。まさに唾がパッパッと飛び散り、激音を激音として正確に発するとこうなるのかと納得のいく光景だった。ただし内容のほうはさっぱりわからなかった。

何語であっても、痴話喧嘩や夫婦喧嘩の内容が聞きとれたら、ほぼ習得と思っていい

のだそうだが、私など、「아직《アジク》 멀었어요《モロッソヨ》（いまだ、遠かったでした。つまり、まだまだです）」。

音としての助詞も日本人には難かしい。

家は　家が　家に　家を

と日本語なら「家」という音は動かないのに、ハングルでは집《チップ》（家）につく助詞次第で、

집은《チブン》（家は）　집이《チビイ》（家が）　집에《チベ》（家に）　집을《チブル》（家を）

と変化する。子音と母音がぶつかりあって化学変化を起こしてしまうのだ。助詞だけに限らず、いろんなリエーゾン（連音）がつらなってゆく。それを捉えようとしていると話はどんどん先に進んでいて、つまるところの大意は摑めない。　천천히《チョーンチョニ》　말씀하세요《マルスムハセヨ》（ゆっくり話して下さい）ばかり連発してしまう。

日本語もハングルも、ウラル・アルタイ語の一種で、語順が同じだから覚えやすいと

言われ、たしかにそういう一面はあるが、発音に関しては厳然として外国語である。

外来語の捉えかたも一種独特である。

サラリーマン――샐《セル》러《ロ》리《リー》맨《メン》
ジュニア――주《ジュ》우《ウ》니《ニ》어《オ》
スーパーマーケット――슈《シュー》퍼《ポ》마《マ》아《ア》켓《ケッ》
マッカーサー――맥《メ》아《ガ》더《ド》

同じ英語を音で表記するのに、こんなに違ってきてしまっている。マッカーサーがメガド？　だがハングルの方がはるかに英語に近い音だとアメリカ人が言うそうである。よほど聴覚の発達した民族で、唄のうまい人がめっぽう多いのもこのことと無縁ではないだろう。

関係という漢字はクヮンゲーと読む。日本語でも昔はクヮンケイだったろうし、三木元首相などさかんに連発していた。しかし今は一般にカンケイと言うし、音の構造がどんどん単純化されてきている。昔の日本語はもっとずっと音素が多彩に区別されていた。漢字にしろ外来語にしろ、音として表記したり発したりするのに、ハングルは日本語のひらがなカタカナよりはるかに立ちまさっていると思う。

ただこの精密なハングルにも泣きどころはある。それはサ行（サシスセソ）の濁音を表記できる文字がないことで、これは不思議でたまらない。

銀座——긴자——キンジャ
軽井沢——가루이자와——カルイジャワ

としか書けないし読めない。

また、語頭に濁音がくることも絶無である。

コルプ（골프）——ゴルフ
ピール（비이루）——ビール
パナナ（바나나）——バナナ

となる。大根はタイゴンであり、大悟《だいご》さんはタイゴさんとしか言えない。

カ行やタ行など語頭ではなく語中にあれば、おおむね濁音化される（例外もあり）。

例えば私の名前も이바라기《イバラキ》とはならず、ごく自然にイバラギと発音される。不思議だけれど、これがハングルの特徴であり、癖である。

フランス語でも、ハヒフヘホはうまく発音できず、「服部さん」はアットリさんになり、「ホメロス」はオメールになるというではありませんか。

どの民族にも発声器官の癖があるというだけのこと。

関東大震災の折、朝鮮語のこうした特徴を逆手にとって、不審なものを呼びとめて「五十五銭と言ってみろ」とやった。「コジューゴセン」と答えた者をひっとらえ、虐殺したことは消すに消せない忌まわしい記憶である。

ハングルを習ってみて、日本人が発音しにくい音がいっぱいあることを知った。反対にハングルを正確に発せられないために殺されるという場合をチラとでも想像できる日本人がいるだろうか。

金浦《キムポ》空港の売店で、ペンダントを一つ買ったことがある。こちらは習いたての言葉を使いたくてたまらないから、

「귀여워요《キヨオヨ》（かわいいわ）」

と言った。売店の女の子はすかさず、

「クィヨウォヨ！」

と叫び、売り子からたちまちにこわい語学教師に変じたかのごとくである。私は何度も反復し、ようやく、

「좋아요《チョアヨ》（結構）」

と放免された。

お客に対して失礼な！　とは少しも思わなかった。むしろ母国語に誇りを持つ若い娘が、覚えるなら正確に覚えて！　と言わんばかりのムキなところに好感を持ったのだった。

漢字

以前、野上弥生子さんが疑問を提出されていたことがあった。

「日本の漢字読みは独特で、中国音とは似て非なるものになっているけれど、いつ頃、どうして、こういうものとして定着したのか、誰に聞いてもこの疑問は解消されない」

という意味のことを。

私も気持がくさくさする時、現代詩の混濁に押し流されそうになる時、不意に『唐詩選』を読みたくなり本棚から抜きとっていたりする。余分なものを削ぎ落した漢詩の明晰さと余韻とに、心が洗いそそがれる思い。

しかし、意味はともかく、音のとりかたは勝手な日本流であってみれば、調べとしての詩の半分かたは取り落していることになるのだろう。杜甫の詩を中国音で朗読したのを聞いたことがあるが、カラッとしていて詩吟の悲壮感や音とはまるで違うものだった。

野上さんの疑問はもっともに思われる。

まあ翻訳と思えばいいわけだが、漢字が日本語の母胎をなしているのでなんだか変に落ちつかなくなるというわけである。

古代、漢字を輸入し、借用し、自国語を創りあげていったということでは日本語も朝鮮語も同じであった。

漢字だけの構成では表現しきれないものがあって万葉がなが創られたのだろうが、これは日本人の発明、新機軸とばかり思っていたけれど、そうでもないらしいのだ。新羅《シルラ》時代の民衆の詩歌集、「郷歌《ヒャンガ》」に吏読《イドゥ》（이두）というものがあって、漢字を使って民族語を表記する方法が考え出され、七世紀頃には既に確立していたという。万葉がなと対応する方法である。吏読《イドゥ》の発明の方が先なのだと韓国の人たちは言う。『万葉集』が五世紀前半～八世紀末までにわたるアンソロジイだとしても、編纂されたのはその後だろうし、当時の文化度の差から言えば吏読《イドゥ》からヒントを頂いたということは十分ありうる。

そしてまた、同じく漢字をとり入れながら、隣国と日本の漢字読みの違いにも呆然となる。

希望《ヒマン》（희망）、歓喜《ファーンヒ》（환희）、後悔《フーフェ》（후회）、少年《ソーニョン》（소년）、壮年《チャーンニョン》（장년）、老婆《ノーバ》（노

과）

これらは一例にすぎず、同一漢字と思えない読みが山なしているのだ。ごく稀に、要因《ヨウイン》、余裕《ヨユウ》、盗難《トウナン》、難民《ナンミン》、器具《キグ》、階段《ケエダン》など、同一音の漢字に出会うとほっとし、やはり姉妹語の面もあるのだと、息がつける。

私の友人に中国語に堪能で、辞書の編纂にも参加し、かつ、ハングルも物にしてしまった青年がいるが、こういう日本の若者を見ることは大きな喜びである。

彼が北京に一年留学し、帰ってきた時、いろいろ話を聞いて楽しかった。彼によると、朝鮮半島の漢字読みは、中国の南北朝時代の音が多く入っているという説や、明末までのいろんな時代の音が入っているという説などさまざまであるらしい。

日本は呉音《おん》を採ったとよく言われる。

隣国は漢字を音で読み、日本は訓《くん》で読むとも言われる。

柳宗悦の弟子で、美術史家の水尾比呂志《みずおひろし》さんが、韓国に招かれ講演をした時、「水尾比呂志先生様《スウミビリョジソンセンニム》（수미비려지선생님）」

と紹介され、我が名ながらなんとも異様に感じたと話されたのも、漢字を音《おん》で読んだためである。

隣国の人々が自分たちの名を、日本語読みではなく、きちんと我々の発音通りに読んでくれと希望し、新聞やテレビでも少しづつそうなってはきている。正当な要求だと思うが、漢字の読みの違いによって、たいていの日本人にとってはひどく難かしい注文だろう。

私は一生懸命、姓名をあちら式に発音しようと努力する。それはまた、「茨木《チャモック》のり子」ではなく「いばらぎのりこ」と呼んで下さいということでもある。

ああ、なんてややこしいのだろう。

長い歳月に錯綜して、漢字は三者三様、「ギョエテとは、俺のことかとゲーテ言い」みたいになったようである。

日本の若者がハングルを学ぼうとする場合、一番悩まされるのは漢字《ハンチャ》かもしれない。日本ふう漢字読みがろくにできない上に、隣国式漢字読みを更に学ばねばならないのだから。

ただおもしろいのは、隣国では漢字の読みは一種類しかないということである（もちろん多少の例外はあるが）。たとえば「生」という漢字を読むのに、日本では十何種類かに読み分ける。

生《なま》ビール、生活《せい》、生一本《き》、今生《こんじょう》、生涯《しょう》、生《う》む、生《あ》れましし

くらいしか私には思い浮かべられないけれど、外国人にとっては、生一本《なま》か、生一本《せい》か、生一本《き》か、朦朧となってくるにちがいない。

ハングルでは「生」は「생《セン》」としか読まない。どういう単語であれ、この字が出てくればセンとしか読まないから覚えてしまえば楽である。漢字を使わなければ「防」と「放」は共に방《パン》という読みなので、防火《パンファ》と放火《パンファ》は방화で、漢字で書いても音で聞いても同一であるのは、思いがけないユーモアである。

「韓国の新聞には漢字が多いし、ハングルはつまりは日本のテニヲハなんでしょう?」

という日本人は多いし、文法らしい文法はないのだと思っている人もいて呆れる。

「字は同じでも読みはまったく違います。ハングルもテニヲハだけではなく、固有語、動詞、形容詞、不規則変化、副詞、感投詞、接続詞、擬態語、擬声語、大過去、すべて入っていますよ」

ヨーロッパ語だったら、どんな犠牲を払ってでも克服しようとする山々峰々が、ハングルにも凝然と聳えていることを伝えたくなってしまう。

「政府의　基本政策입니다」

とあれば、日本人にはすぐ了解できるが、

「チョンブエキボンチョンチェギムニダ」

と、アナウンサーが言う時、会話のなかに希望《ヒマン》や絶望《チョルマン》がポンポン踊る時、どうしようもなくなる。

私はよく電車のなかで、広告を見ながら、漢字のハングル読みの練習をしていることがある。ソウルの看板で「외과의원《ウエクワウイウォン》」から外科医院に、「휴게실《ヒュゲーシル》」から休憩室に辿りつくのはかなり時間がかかるし、なにやら判じものめいてもいる。

反対に、中国人や隣国人も日本の漢字読みにはなにやら判じもの、という感じを持つに違いない。

朝鮮民主主義人民共和国の新聞は、漢字をまったく使っていない。全部ハングルで満たされている。もっとも北ではハングルという言いかたを採らず조선어《チョソノ》（朝鮮語）だが。中国とは仲が良い筈なのに、こと言語に関しては断然我が道を行く強烈なナショナリズムだ。

べた一面ハングルというのは正直いって、きわめて読みづらい。わかち書きのひらがなの絵本を延々読んでゆくつらさに似ている。こちらの語学力未だしのせいかも知れないが、漢字がないために読みとるのに倍以上の時間がかかる。

혁명《ヒョンミョン》、혁명《ヒョンミョン》、ええと革命か。합의《ハビ》……ううん、合意、合意に達したか……。

そして、大韓民国においても漢字をもっと減らそうとか、全廃しようとか、その都度論議されゆれ動いているらしい。詩や小説も殆んどハングルだけで書かれ、やむを得ない場合だけ漢字が僅かに嵌めこまれている。

韓国で大学生と話していた時、こちらの言葉がなかなか通じなくて筆談になったことがあった。だが簡単な漢字が読めないらしく何度も首をかしげる。一人二人の例で言うのは危険だが、その時、漢字教育はさほど重視されていないらしいという実感を持ってしまったのである。

日本でも若者の漢字能力低下が言われて久しいけれど、「職業」という漢字を読めない大学生はちょっと考えられない。かの青年は「職業」がわからなかったらしく、직업《チゴップ》というハングル読みを書いて、やっと頷いてくれたのである。

中年以上の世代は、日本の同年代以上に漢文に対する深い造詣を秘めている人々がざらである。年代別による断層、亀裂を垣間みずにはいられない。

都市ではあまり見られないが、地方では白のパジ・チョゴリを着た老人が、갓《カッ》という馬の毛で編んだ黒の帽子をかぶり、悠然と煙管《きせる》をふかしたり散歩したりする姿をよく見かける。この老人たちの胸のうちには、さぞや漢字、漢文に冷淡な若者への腹立ちが燃えさかっていることだろうと、そんな思いで南画の点景人物のような姿を眺めたりしたことがある。

本家本元の中国でも、漢字の極端な略字化が進み、それを見るたび、これではもう自分の国の古典ですらまともに読めなくなるのでは？　と心もとなくなってくる。中国、朝鮮ともに科挙制度に長く痛めつけられ、漢字がふるふる厭になってしまったのだろうか。近代化に遅れた原因が煩瑣な漢字習得によると思い込んでしまったのだろうか。漢字を頂きながら、科挙制度は採用しなかった日本は、アレルギー反応微弱ということだろうか。

見なれ聞きなれた漢字を、改めて新鮮な思いで眺めてしまう。

或るイギリス人が言っていたが、「漢字に慣れると、英字新聞を読むよりずっと早い速度で、日本の新聞の内容をキャッチできることに気づいた。象形文字（漢字）と表音文字（かな）との巧みな組み合わせがそれを可能にする」と。

これも一つの驚きだった。考えもしないことだったから。

古典万般にくわしい友人の一人が「将来、漢字、漢文を研究するには日本に留学という事態になるかもしれないよ、東洋各国からだって」と、冗談とも本気ともつかない口調で呟いた。

なるほど言葉に関しても日本は東洋の吹きだまり。吹きだまりは吹きだまりらしく、よりよく濃縮しなければ。

日本の国語いじりもへまは多いのだ。旧かなから新かなへの移行にも大きな問題を残している。
どこの国の言葉もゆれにゆれている。

敬語

バスが忠清南道《チュンチョンナムドー》の田舎道を走っている時だった。

ポプラ並木が風にそよぐ初秋。ときたますれ違うのは牛車ばかり。おだやかな田園風景だった。

とある小さな村にさしかかる頃、バスの行手の道のまんなかに、おばあさん達が円陣を組むように、四、五人しゃがみこみ、ゆったりと話しこんでいる。ふつうならバスや自動車が近づけば、さっと散るだろうに、白いチマ・チョゴリのグループはいっかな動こうとせず、デンと居据わって井戸端会議を継続中。嫁の悪口で夢中だったのかしら。前の座席にいた私は、一時停車した運転手がさぞかし怒鳴るだろうと思っていると、三十歳位の運転手は窓から顔を出し、大声で、けれどやさしく言ったのだった。

「일어나세요《イロナセヨ》 일어나세요《イロナセヨ》 할머니들《ハルモニドウル》（お立ち下さい、お立ち下さい、おばあさまが

た）」

ややの間があって、それからおばあさんたちはゆっくり立ちあがり、ナンダという顔つきで道の端に移動した。バスはやっと動き出す。

白昼夢のような光景で、私はやっと我に返り、それからほとほと感じ入ってしまった。罵倒どころかこんな場合にも年上の人には、ちゃんと敬語を使ったこと、そしてまた相手は老人を轢くなんてことは天地ひっくり返ってもあり得ないと信じきっている堂々の姿。

儒教とり入れて五百年、長幼の序、実に厳然たる国である。一歳年上でも、敬語を使わなくてはいけないし、それを怠れば世間は黙ってはいず社会的制裁あり、というふうである。だから初対面で一番気になるのは、まずもって年齢差なのかもしれない。

年下の者に敬語を使うのはこれまたおかしなことであるらしい。言葉の成りたちそのものが、対上形、対等形、対下形と分かれる。子供には犬猫なみに、

「밥《パプ》 먹어라《モゴラ》！（めし食え！）」

年上の人には、

「진지《チーンジ》 드세요《トゥセヨ》（お食事召し上がって下さいませ）」

単語まで違ってくる。日本ふうに子供にまで「さあ、召し上がれ」などというのは言

語道断、実にはっきりと分割される。道ばたで遊んでいる子に「안녕하세요《アンニョンハセヨ》(今日は)」と言ったら怪訝な顔をされたことがある。後でわかったが、子供には안녕《アンニョン》! または「잘《チャル》 있어《イッソ》?(良く居るか?——すなわち今日は)」でいいのだった。

日本では新入社員教育で、外部の人に対しては、会社の人間に敬語をつけてはならないと教えられる。

「今、課長の鈴木は席をはずしております」

などと訓練される。韓国では、

「今、課長様は御不在でございます」

となる。両親はもとより夫に関してもそうで、

「只今、主人は床屋におでかけになりました」

と言う。

それで思い出すのだが私が小学校の頃、国語や作文の時間に、両親のことを書いたり話したりする時は、必ず敬語を使えと仕込まれた時期があったことだった。「お父様がこうおっしゃいました」と書いたり話したりするのは奇妙な気分だった。ふだん「お父さんがこう言ったヨ」とぞんざいなのに、他者に対して突如よそゆきに改まるのは、しらじらしく落ちつかなかった。

そして現在は文章でも会話でも、身内の者には敬語をつけないのが普通になり、はた

ちを過ぎて「うちのお母さんがそうおっしゃるの」などと言えば、ひそかに嘲笑される。日本では敬語が短時日の間に、ずいぶん揺れ動いてきたのに、隣国では徹頭徹尾、長幼の序で貫かれてきたわけで、日常の隅々にまで行きわたっているから、不意に出た運転手の敬語も決して不自然ではなく、むしろ美しく忘れがたいものとして記憶に残ったのだ。

そして運転手という言いかたも、どんどんエスカレートして今や、運転技師様《ウンジョンキサニム》と言わなければ返事もしない人が増えてきているらしい。

日本語も敬語は実に多彩である。そして誰もが「これでいいのかな?」と自分の使う敬語に漠然とした不安感を持っている。使いこなせていない感じ。中国語に堪能な友人に聞いたところでは、中国語の敬語はさほど多くないという。日本語とハングルがもっとも敬語の豊富な言語であるのかもしれない。

日本語の敬語の特徴は、

「やらせて頂きます」など、自分を低めて相手を立てる謙譲語が多いことだろう。こういう謙譲敬語はハングルにはなく、これはそのまま訳せない。あくまでも、

「하겠습니다《ハゲッスムニダ》(いたします)」

という意志形で、いっそ小気味よい。在るのは純粋敬語というか絶対敬語というかの一点ばりだし、動詞のどこかに「시《シ》」と「세요《セヨ》」が入っていればいいのである。外国人

が習うには有難い敬語で、日本語の敬語のややこしさに四苦八苦する外国人にはまったく同情を禁じ得ない。

ただハングルにおける敬語は、年齢、身分の上下という縦の関係でしかよりよく機能していないのではないか、と思われるふしがある。たとえば、三十歳を過ぎた私の友人がソウルに留学した時、

「일본에서《イルボネソ》　온《オン》　老処女《ノーチョニョ》、松本嬢입니다《マツモトヤンイムニダ》」

と他人に紹介されたそうだ。

「日本から来た老処女、松本嬢です」

は、あんまりではないかと思うが、相手は礼を失しているとは思ってもみない様子で、あっけらかんと二、三度同じ調子で紹介したという。親しさのあまりの冗談としてもいただけない。

名詞くらべ

「日本語は、名詞が実に豊かですね。鯨は고래《コレ》で、われわれはそれ一つですましていますが、日本だと鯨にしても、まっこうくじら、ながすくじら、ざとうくじら、せみくじら、なんて、こまかく一つ一つ名前がついて分類される。海老も韓国ではすべてひっくるめて새우《セウー》だけ。日本語では、伊勢えび、車えび、さくらえび、なんて、ね」

評価しつつも、ある韓国人がちょっとおかしそうに話した。

「あら、そう言えば……」

と、初めて気づかされたことである。

魚は물고기《ムルコギ》――、直訳すれば〈水中の肉〉か、生鮮《センソン》（鮮魚）で、おおかた通じてしまう。もちろん、오징어《オジンオ》（いか）とか、도미《トーミ》（たい）とか、名はあるが、日本のように、いかの種類別、たいの種類別で更に細分化された名前はない。

寿司屋の壁にはってあったりする、
鰆、鰊、鰯、鮑、鰤、魦、鰺、鰈、魴、鮃、鮹、鯖、鰰、鱘、鱒、鱚、鰍、鯒、鱧
……

数かぎりない魚偏が、にわかに目の前をチリチリ泳ぎだす。

年輩のひとは、どれくらい読めるか？　とおもしろがったりするのだが、漢字に不案内の若者は、見たくもないという顔をする。当て字や和製漢字も多そうだ。

日本語の「雨」の表現も多彩きわまる。

春雨、きのめおこし、春しぐれ、さみだれ、梅雨、長雨、驟雨、夕立、むらさめ、狐のよめいり、しぐれ、秋雨、氷雨、霖雨、淫雨。

歳時記などみていると、ふぅと溜息が出てくる。

ハングルでは、雨は비《ピー》で、詩にしろ小説にしろ、비《ピー》の表現はいたってすくない。

子供の頃、隣国で育ったという年輩の人で、

「ことばは皆忘れてしまったけれど、비가《ピーガ》 온다《オンダ》（雨がふる）だけは、覚えている」

と語ってくれた人が、二、三人いた。

我を忘れて遊びほうけていて、突然のにわか雨、

「비가《ピーガ》 온다《オンダ》！（雨だ！）」

誰かの叫びに、クモの子を散らすように、遊びを中断された残念な記憶が、言語中枢

にインプットされてしまったのかもしれない。

日本語の名詞の豊饒さが、俳句や和歌の発達を促したのかもしれないし、形が決れば、今度は俳句や和歌のほうが名詞の多岐多彩を欲したとも言えるだろう。

隣どうしでありながら、同じものを意味する名詞でも、語感はずいぶん違う。

外国語を学ぶことは、それまで気づかなかった母国語の特徴を、はっきり意識させられることであるのだろう。ちょうどそれまで未分化で、べったりだった親子関係が、或る日、或る時、子が親を客観的に見据えられるようになることと、似ている。

名詞だけとってても、日本語のほうがいいと思われるものもあるし、ハングルのほうがすてきと思われるものもあり、実にさまざまである。

音だけをとって、名詞くらべをしてみよう。

さくら　　ポッコッ
もも　　ポクスンア
あんず　　サルグ
かぜ　　パラム
はと　　ピドゥルギ
ちょう　　ナビ

ひと　サラム
あい（愛）　サラン
むね　カスム
こころ　マウム
みず　ムル
いずみ　セーム
はんかち　ソンスゴン
なつ　ヨルム
むぎ　ポリ
いね　ピョ
かえる　ケグリ
ねぎ　パァ
すいか　スゥバク
にんにく　マヌル
ぼうし　モジャ
たなばた　チルソク
てがみ　ピョンジ

いなか　シゴル
ふるさと　コヒャン
どじょう　ミクラジ
むし　ポルレ
たびびと　ナグネ
あき　カウル
そら　ハヌル
しそう（思想）　サーサン
そうぞう（想像）　サーンサン
いす　ウィジャ
ひきだし　ソラップ
みかん　キュル
けっこん　キョロン
ふうふ　プブー
りこん　イホン
なみだ　ヌンムル
ほうりつ（法律）　ポムニュル

ふゆ　キョウル
こおり　オルム
ふぶき　ヌーンボラ
ふとん　イブル
なぞなぞ　ススケキ
わらい　ウスム
さけ（酒）　スル
ねこ　コヤンイ
なむあみだぶつ　ナムアミタブル

擬声語・擬態語

名詞の豊富さは日本語のほうがまさっているが、擬声語・擬態語、今はオノマトペと言ったほうがわかりいいのだろうか、そちらの豊饒さは隣国語のほうである。音感のおもしろいものが多いし、微に入り細にわたり分類され区別されている。見たことはないが『擬声語辞典』という大辞典もあるらしい。

깔《ツカル》 깔《ツカル》　웃는다《ウンヌンダ》（明るく笑う）
껄《ツコル》 껄《ツコル》　웃는다《ウンヌンダ》（心おきなく笑う）
까르르《ツカルル》　웃는다《ウンヌンダ》（大勢が一緒に楽しく笑う）
방글《パングル》 방글《パングル》　웃는다《ウンヌンダ》（子供が天真爛漫に笑う）
벙글《ボングル》 벙글《ボングル》　웃는다《ウンヌンダ》（なごやかに笑う）

벙긋《ポングッ》 웃는다《ウンヌンダ》（急に満足して笑う）
싱긋《シングッ》 웃는다《ウンヌンダ》（急に喜びを現して笑う）
생글《セングル》 생글《セングル》 웃는다《ウンヌンダ》（子供の悪戯っぽい笑い）
방실《パンシル》 방실《パンシル》 웃는다《ウンヌンダ》（こらえきれず笑う）
히죽《ヒチュック》 히죽《ヒチュック》 웃는다《ウンヌンダ》（笑いたくもない味気ない笑い）
하하하《ハハハ》、허허허《ホホホ》、히히히《ヒヒヒ》、이히히《イヒヒ》、후후후《フフフ》、까까까《ツカツカツカ》
もあるし、笑いに限っても覚えきれないほど多彩だ。

개골《ケゴル》 개골《ケゴル》（蛙の鳴き声）
야옹《ヤウン》（猫の鳴き声）
매암《メーアム》 매암《メーアム》（蟬の鳴き声）
꼬꾸댁《ツコックーデック》 꼬 꾜《ツコーツキョー》（鶏が卵を生む時の音）
꿀 꿀《ツクルツクル》（豚の鳴き声）
멍《モン》 멍《モン》（犬の鳴き声、こればかりはいぶかしい）
반 짝《パンチャック》 반 짝《パンチャック》（ぴかぴか、星など）
찰 싹《チャルサック》 찰 싹《チャルサック》（波の音、これは擬音の傑作）
뽀드득《ツポドウドウク》 뽀드득《ツポドウドウク》（雪ふみしめる音、これも傑作）

펄《ボル》 펄《ボル》（雪の多く降るさま）
질컥《チルコック》 질컥《チルコック》（びちゃびちゃ、ぬかるみ）
껌벅《ツコンポック》 껌벅《ツコンポック》（象・ライオンのまたたき）
꾸벅《ツクーボク》 꾸벅《ツクーボク》（こっくり、こっくり）
꿀떡《ツクルットオク》 꿀떡《ツクルットオク》（ごくごく飲むさま）
똑딱《ツトクッタク》 똑딱《ツトクッタク》（時計の音）

きりがない……。

日本方言との対比

「ハイ」という返事は、
「네《ネー》」である。
「えっ？」と聞きかえす時は、
「네《ネ》？」と短く言い、
心に深くうなずく時は、
「네《ネエー》」と長くひっぱり、
「네《ネー》、네《ネー》」と二つ返事の時もある。

初めてこれを習ったときは、たまげてしまった。
なぜなら、それは私の母の田舎——山形県庄内地方の返答のしかたとまったく同一だったからである。

　子供の頃から何度となく母の郷里に帰っていて、幼時耳にした誰彼の「ネェー」「ネ?・」が突如よみがえった。顔つきやしぐさまで伴って。他家の戸口に立つ時も、大声で「ネェー（ハァーイ）」と声をかけた。それは「こんにちわァ」でもあった。子供の頃にはひどく田舎くさい「イエス」だなと思ったのだが、これが由緒正しいソウル弁と同じであったとは……。

　隣国では「네《ネー》」のほかに「예《イエー》」という返答のしかたもある。しいて言えば「네《ネー》」が話しことば的、「예《イエー》」が書きことば的であるらしいのだが、お年よりに対して若者が返事をする時、「예《イエー》」のほうが多いようにも感じる。「예《イエー》」のほうが敬語格、やや高いのかもしれない。「예《イエー》」もどこかで聞いたような気もするが、みちのくの庄内地方ではなく、どこか他地方だったかしら、はっきりしない。

　今のヤングの流行語に「イエー」というのがある。「ごきげん、ヤッタゼ！」を現す合図のようだが、発音が隣国語の返答と瓜二つなので聞くたびにおかしくなる。

　こんな話を、生涯雪国に埋もれて過ごした祖母に聞かせたら、

「ンだがや（そうなの）」

　と面白がってくれたかもしれないが、その祖母も今はない。

「네《ネー》」に打ち驚いてからは、習う過程で、「あ、おんなじ！」「類似語では?・」と感じる

たびに一冊のノートにメモしてゆく癖がついた。それを少し抜き出してみると、

ハングル	意味	庄内弁	意味	使用例
아가《アガ》	赤ちゃん	あが	赤ちゃん	秋田地方、沖縄でも言う
아빠《アッパ》	父ちゃん（幼児語）	あっパ	父ちゃん	自家＝俺家《おらえ》のあね
아내《アネ》	女房	あね	女房	他家＝あねさま、あねはン
가까이《カカイ》	近くに（副詞）	かか	女房	ごく近くに居るものから転じたのでは？　これはちょっとあやしい
있다가《イッタガ》	居たが　あるが	いったが	居たが	さっきまで居《い》ったが
어부바《オブバ》（原形업다）	おんぶしてやるよ	おぶさけ	おんぶしてやるから	命令形では、おべ
시《シー》	不満を現す感嘆詞	しいィー	不満、呆れを現す感嘆詞	

먹《モッ》겠《ケ》습《スム》니《ニ》다《ダ》	ごちそうになります	もっけだこと	恐縮です ありがとう	最初はごちそうになりますの意だったかもしれない。古語の物怪の幸も「食べられる幸」から転じたのでは？

次に語尾の対応をみると、

ハングル語尾	意味	庄内弁語尾	意味	使用例
―니《ニ》까《カ》？	―ですか？	―ねか？	―ですか？	んでねか？（じゃないですか？）
―냐《ニャ》？	対等形の疑問	―にゃ？	―だろ？	そうだんにゃ？（そうかい？）
―지《ジ》	意味を強める終結語尾	―じ	―だよ	んだじ（そうだよ）

更にもっと奥深い類似は、庄内地方（秋田あたりも含めて）の方言は、カ行、タ行が語中にくる時、濁音になる癖があり、これはハングルの特徴とそっくりである。

たとえば、

柿《カギ》、雪《ユギ》、秋田《アギダ》、私《ワダス》、見だ、行ぐ、

隣国のひとびとも、

大根《タイゴン》、韓国《カンゴグ》、北《キダ》

となり、「韓国から来ました」が「看獄から来ました」と聞えたりする。
またハングルには複母音があって、日常語の中でも大活躍、これが使いこなせないと会話もよく通じない。사과《サグワ》（りんご）もついサガと言ってしまうし、日本人にとっては厄介な発音である。

今となっては厄介なこの発音も、昔の日本人は縦横に使いこなしていたのだ。『源氏物語』を当時の発音に能うかぎり忠実に再現した、関弘子さんの朗読を聞いたことがあるが、

「初《ファジ》めより、たぐふィなき、春《ファル》すぎて」

などの複母音の乱舞でおもしろかった。

鎌倉時代にも、土《トゥティ》とか足跡《アシアトゥ》、狭《ファサ》み、と言っていたらしいし、室町時代にも人《フィト》などの発音があったらしい。

そういうのがどんどん脱落していって現代語になっているわけだが、子供の頃から聞きなれた庄内弁には、この複母音が色濃くいまだに残っている。

花《ファナ》　歯《ファ》　屁《フェ》

土地の人は、ハナ、ハ、へ、と言っているつもりがこう聞える。

古代語が残ったとも言えるが、古代語そのものが隣国語と姉妹語だったとも言える。

いつ頃、分離したかというのはいろんな説があって、縄文時代とも弥生時代とも言うが、いまのところはっきりとはわからないらしい。ただ庄内地方とは限らず、出雲、北陸、越後、出羽、秋田、津軽と日本海沿いの地方は、私たちが思っている以上に隣国と深い縁《えにし》があるようだ。

言葉は烈しく流動し変貌する反面、意外な保守性も残していて、とりわけ方言にはいい意味での保守性、古型を強く感じさせられる。

東北の庄内弁を離れて、次にもっと別の地方との対比をひろい出せば、

ハングル	意味	日本方言	意味	使用地域
―줘《チョ》（原形주다）	―くれ	やってチョ	やってくれ	名古屋弁
벌다《ボルタ》	儲ける	ぼる ぼったなァ	同意	各地
달리다《タルリダ》	だるい、気力がない	たりい ふだるい	だるい つまらない	長野・岐阜・愛知
마려워《マリョウォ》（原形마렵다）	もよおす	シィコまる シィコまりたい	おしっこしたい	愛知・静岡・島根・大分・長崎・熊本・岩手
안기다《アンギダ》	抱かれる 巣ごもる	あんきだ	安らかだ、気楽だ	三河地方
총각《チョンガク》	独身の若者	ちょんがー	独身の若者	髪型の〈総角〉の読み。方言というより共通語かもしれない

ハングル語尾	意味	方言語尾	意味	使用地域
바보《パボ》	ばか	あほ	ばか	各地

次に語尾の対比をみると、

ハングル語尾	意味	方言語尾	意味	使用地域
―니《ニィ》	―だから	そうやにィ	そうだから そうだよ	神戸
―데요《デヨ》	―ですよ	そうだでよ		各地
자《ジャ》(하《ハ》)	やろう	行《い》じゃ	行こう	三河地方
―나요《ナヨ》	―ですよ	そうだなよ そうだなアや		各地
―겠네《ケンネ》	―でしょうね	そうだけんね	そうだからね	各地

―（리《リ》） 라《ラ》―	―だろう	そうずら 雨ずら	そうだろう 雨だろう	静岡・長野・神奈川
―요《ヨ》	終結語尾	そうよ		方言というより共通語の会話体でもひんぱん
―다《ダ》	終結語尾	雨だ		同右

言語学の厳密な音韻の法則に照らし合わせると、日本語と隣国語の対応は、ほぼ二百ぐらいしか無いと言われ、その少なさに驚くが、しかし日本各地の方言を含めての対比なら、もっともっとはるかに多いだろうと推測されるのだ。

九州弁や関西弁からも多くを拾い出せるのではないかと思っているが、耳に馴染んでいるものではないので、どうも私のアンテナにはひっかかってこず、私の育った三河地方、母方の郷里の東北弁ばかりがピ、ピ、ピと反応してきた。かなりが偶然の一致や、私の思いこみもあるかもしれないが、動かぬ同根と思われるものもある。

素人の放談を恐れげもなく書いたのは、私の心のどこかに、言葉とはつまりは皆の共有物で、言語学者だけが扱う資格ありとは思わない――もっと野放図にしゃべったり論じたりしていいものである、という考えが潜伏しているためだろう。

隣国語にも사투리《サートゥリ》（方言）があり、辞書にも載っていないそれらを含めて考えると、まだ発掘されていないエメラルドの鉱脈をおぼろげに察知したようなときめきを覚える。

妹《いも》

이모《イモ》（姨母）――母の姉妹。

この言葉を初めて知った時、反射的に頭に浮かんだのが『万葉集』にひんぴんと現れる「妹《いも》」がことだった。

古語（日本語）の妹《いも》は男から見ての恋人、妻を指していることが多い。

ひなぐもり碓日《うすひ》の坂を越えしだに妹《いも》が恋《こひ》しく忘らえぬかも　他田部子磐前《をさだべのこいはさき》

防人《さきもり》として東国から徴発され、碓氷峠《うすい》を越えてゆく時の歌。この場合の「妹《いも》」は妻を指していると思う。信越線、横川駅で釜めしを買うと、この歌が印刷された小さな紙がたたまれていて、このあたりの峠で防人たちが持参の釜でめしを炊き、望郷のおもいにかられたのにちなみ、釜めしを創ったと書いてある。

灯《ともしび》のかげに耀《かがよ》ふうつせみの妹《いも》が咲《ゑま》ひしおもかげに見ゆ　　作者不詳

闇のなか、灯火のまたたきを受けて、ちかちかそこだけ輝いているような現身《うつせみ》の妹《いも》のほほえみ、花咲くような美しさが、まなかいに浮んできてどうしようもない。この妹《いも》は恋人らしいと想像する。まだ手もとっていない段階の。

鈴《すず》が音《ね》の早馬《はゆまうまや》駅の堤《つつみ》井《ゐ》の水をたまへな妹《いも》が直手《ただて》よ　　東歌

鈴の音ひびく早馬を準備してある駅、そのほとりの泉、滾々《こんこん》と溢れる水を、かわいいあなたの手で直接すくって飲ませて下さい。この妹《いも》は特定の人ではなく、行きずりの若い娘を指しているようだ。

妹《いも》の対象は広範囲にわたっている。

『万葉集』の中では「妹《いも》」という言いかたと、「妻」という言いかたが混在している。

妹《いも》のもともとの原義は、隣国語と同じく、母の姉妹――特に叔母を指していたのではなかったか？

こどもたちは母系制社会で、母かたの大家族のなかで育ち、成長して、最初に意識させられる異性は大きな家に共に住む、年若く美しい叔母たちであったのでは……。母ほどこわくはなく、かわいがってもくれ、甘美さを伴った慕わしいもの、なつかしいものとしての対象。

実際、『古事記』や『日本書紀』を読めば、古代、甥と伯母・叔母との恋愛などざらであり、近親結婚のはちゃめちゃぶりにはびっくりさせられる。

이모《イモ》（姨母）　이모《イモ》（姨母）

と呼びかけていた母かたの伯母・叔母から転じて、恋人、妻、いとしきものへ――と意味が移っていったような気がしてならない。

妹という字を当てたため、後世ひどくまぎらわしい。古代より兄《せ》に対する妹《いもうと》の意味ももちろん含んでいたのだから。

妹《いも》は、隣国語の이모《イモ》（姨母）に語源を持つ――という私の考えは或いは妄想のたぐいかもしれないが、どうにも捨てかねている。新羅《シルラ》時代までは朝鮮も母系制であったと聞いたことがある。

日本では妹《いも》はもう死語にひとしくなってしまった。短歌や俳句の世界ではまだ使われることもあるけれど。

韓国では、まだいきいきと使われている。

母かたの姉妹――이모《イモ》（姨母）

父かたの姉妹――고모《コモ》（姑母）

ソウルの或る家で、小さな男の子が、

「고모《コモ》！　고모《コモ》！」

と叔母に呼びかけているのを実際に聞いて、その発音のかわいらしかったのが印象に残っている。

이모《イモ》はまだ実際に聞いたことはないが、やはり、

「이모《イモ》！　이모님《イモニム》！」

と、ふんだんに使うそうである。

日本では、父かた母かた、他家ひっくるめて、オバサンですませてしまい、あえて厳密に分けないが、韓国では親族関係の名称が、イトコハトコに至るまで整然と言い分けられている。

意味の転化、拡散も起こらず、終始一貫、이모《イモ》も고모《コモ》も原義どおりであり、古語であると同時に現代語なのだった。

金思燁《キムサヨプ》著『古代朝鮮語と日本語』（講談社）という本からは、教えられること実に多かったが、音韻対応の規則にのっとると、「妹《いも》」に対応する古代朝鮮語は「암《アム》」で、そっく

りそのままではない。이모《イモ》はどのくらいの時代まで遡れるのだろう。

この本の中でもっとも唸ってしまったのは「新羅・百済・高句麗の三ヶ国の人と日本人が、両国間を頻繁に往来して、軍事、政治、文化上の交流や交渉を持ちながらも、彼らの間において言語上の障害を問題視した記録が、七世紀後半までは史書に見当らない」と書いているところである。

これは日本の歴史学者や言語学者から一度も聞かされたことのない視点である。「雄略紀」や「天智紀」にみえる訳語《をさ》は通訳ではなく、外交上などの文書係であったことを考察し、七世紀後半以降、ようやく「言語不レ通」の状態に立ち至り、通訳が必要になるさまを、日本の記録を通して記述しているが、納得のゆく論旨であった。

古代朝鮮語と古代日本語との対応表（一二七〇語）もあるが、音韻対応の規則なるものが私にはよくわからず、似て非なる不思議な対応をするものよ、と思うばかりである。ただ、ほぼ同じ、そして今に至るまで共通の音を持っているものだけを、少し拾い出してみよう。

古代日本語	古代朝鮮語
おすひ（襲・衣裾）	옷《オッ》（現在も衣は옷《オッ》）
おも（於母）	어머《オモ》（現在어머니《オモニ》）

おり（檻）
かさ（笠）
かま（竈・釜）
き（城）
きぬ（絹）
きみ（君・公）
くつ（履・沓）
くま（熊）
くりや（厨）
こと（事）
ころも（衣・服）
さと（里・郷）
し・しい（尿）
たけ（竹）
たば（束）
とも（友）
な（菜）

어《オ》리《リ》
갇《カッ》（現在갓《カッ》）
가《カ》마《マ》
기《キ》
깁《キップ》
기《キ》미《ミ》（神・王）
구《ク》두《ドゥ》
곰《コム》
구《ク》리《リ》
걷《コッ》（現在것《コッ》）
고《コ》롬《ロム》
살《サル》터《ト》
쇼《ショウ》마《マ》
대《テー》
다《タ》발《バル》
동《トン》모《モ》（現在동무《トンムー》）
나《ナ》물《ムル》

なら（奈良）　나《ナ》라《ラ》（国）

ぬま（沼）　늪《ヌップ》

むし（苧）　모《モ》시《シ》

むれ（山）　모《モ》로《ロ》

むろ（室）　마《マ》로《ロ》

ゆすら（山桜桃）　이《イ》스《ス》랏《ラッ》

われ（吾）　우《ウ》리《リ》

あなた

あなた、

と言おうとしてハタと困る。

「당신《タンシン》（当身）」が「あなた」だが、ふつうの会話では使えない。당신《タンシン》は夫婦間でのみ使っていい二人称らしい。

考えてみると日本語の「あなた」も夫婦間での頻度が一番高い。しかも妻が夫に語りかける時、一番多く使われる。

友人間でも対等ならいいが、年上の人には「あなた」と言うと何だか失礼だという感覚がある。対等もしくは年下の人にしか私など使えない。どこから来るものかよくわからないのだが、若い人に「あなたのでしょう?」なんて言われると、ム、ム、ム、とくる。けれど姓名がわからないかぎり、こういうしかないわけだ。

日本語の「あなた」も、どうもふらふらと腰が定まらない。YOUに匹敵するものが無い。

一番無難なのは「——さん」と、さんづけで呼ぶことだが、隣国にはこの——さんに当たるものがない。強いて言えば님《ニム》だが、課長님《クワジャンニム》、先生님《ソンセンニム》、など役職名につくことが多いし、하느님《ハヌニム》（神様）、아드님《アドゥニム》（お坊ちゃま）とも言うが、かなり奉った言いかたで、氏名の後にはつかない。流行歌で그리운님《クリウンニム》と言えば「なつかしいあなた」だが、님《ニム》は氏名の後にはつかない。

氏名の後につくのは씨《シ》で、씨《シ》は「氏」である。音も字も日本語とまったく同じ。ただこれも「許竜一씨《ホヨンイルシ》」フルネームの下につければ可なのだが、許씨《ホシ》と姓にだけくっつけて呼べば、かなり失礼なことになるらしい。「許《ホ》のオッチャン」とでも呼びかけたような。そのことを知らない時、社長級の人に「申씨《シンシ》！」と呼びかけて、同席の韓国人にあわててたしなめられた。

「申先生님《シンソンセンニム》ですよ、씨《シ》はいけません」

それかあらぬか、かの地ではやたらに先生が飛び交う。先生だらけである。こちらももう先生の連発である。

中国でもまた、やたらに先生がくっつく。

「先に生まれた」とも読めるから、まあ、よろしいんじゃありません？　とも言えるが。

若い時から私はこの先生という言いかたにかなり注意を払ってきたつもりだ。自分なりの考えで、教師を仕事としている人、医師、それから実際に自分の何かの習いごとの師、この三者以外は先生をつけまいと。それで押し通してきてしまったが、ここへきてだいぶ軟化してきた。

若い人たちの間では、ミスター金《キム》とか、ミス林《イム》とか英語ふうに言うこともあるし、蔡《チェ》君《グン》、裵孃《ベエヤン》とも言う。

ただ会話のなかで、

「あなたはどう思われます?」

と聞きたい時、氏名がおぼつかないと、ぐっとつまってしまう。顔をきっかりそちらに向けて、

「どう思われます?」

と言うしかない。これは日本語で話す場合も実にしばしばやっている事で、二人称はすっ飛ぶのだ。

二人称がうまく定まらないという点で、なにか親近感を感じることがある。同じアルタイ語族の共通性か……と。

Ⅲ

台所で匙を受けとった

俗談《ソクタム》（諺）

諺《ことわざ》という言葉はなくて、俗談《ソクタム》である。

かなり部厚い『俗談辞典』というのをめくっていると、なかなかおもしろくて、表現のユーモアにすっかりいかれてしまう。日常会話にもポンポン出てくるから、知っていると便利である。

멋《モッ》というのは、粋とか味わいとか飄逸味とか訳されるのだが、日本語でずばり対応できる言いかたはない。いろんな形で現れるマグマのごとき「멋《モッ》」については、後でまた触れたいが、言語生活すべてをひっくるめて、言葉における멋《モッ》は、俗談《ソクタム》に一番いきいきと、面目躍如として在る。

もちろん教訓的なものも多く、日本の諺と重なりあうものも多いが、そういうものではなしに、暮しのなかから思わず立ちのぼった呟き——民衆の表現の卓抜さ、私の大好きなものを少し並べてみよう。

はじまりが半分だ（시작이《シージャギ》 반이다《パニダ》）

始めようと意志した時は、既に半分がたは達成したようなものだ。こういう大らかさは、気持をずいぶん楽にしてくれる。ノイローゼにはならないだろう。九割がた出来ても完成したと思うなという完璧主義とはだいぶ違う。この諺を初めて知ったときは、前途茫々あてどなしが救われるような気分だった。ギリシャ語をやっている友人が教えてくれたが、ギリシャにも同じ言いかたがあって、アルケー　ヘーミスュと言うそうだ。

化けものと　つきあったな（도깨비를《トッケビルル》 사귀었나《サグィオンナ》）

わけもわからず俄かに財をなしたのをはたから見て言う。

良い話もいつも聞くと嫌だ（좋은《チョーウン》 이야기도《イヤギド》 늘《ヌル》 들으면《トゥルミョン》 싫다《シルター》）

いかにも。

風の吹くまま波打つままに（바람《パラム》 부는《プーヌン》 대로《デロ》 물결《ムルキョル》 치는《チヌン》 대로《デロ》）

日本では、「風の吹くまま気のむくまま」だが、波打つままもいい。

水は深いほど音をたてぬ（물이《ムリ》 깊을수록《キップルスウロック》 소리가《ソリガ》 없다《オップター》）

深い人間ほど静かである。

人の宴に柿載せろ梨載せろと言う（남의《ナメ》 잔치에《チャンチエ》 감《カーム》 놓아라《ノアラ》 배《ペエ》 놓아라《ノアラ》 한다《ハンダー》）

自分には関係ないのに、うるさく干渉する人を言う。多いのですね、こういうのがどこの国でも。

旧官が名官だ（구관이《クーグワニ》 명관이다《ミョングァニダ》）

現職より前職者の方がすばらしかったと感じる、人間共通の過去をなつかしがる心理。

近くの巫女《みこ》より遠くの巫女《みこ》が霊験あらたか（가까운《カカウン》 무당보다《ムーダンボダー》 먼《モーン》 데《デ》 무당이《ムーダンイ》 용하다《ヨンハダ》）

これも人間に共通の心理。主治医よりはるか遠くのどこかに、自分の病気を治してくれる名医がいるような思いを誰しもが持っている。

人と山は遠くで見るにかぎる（사람과《サラムグワ》 산은《サヌン》 멀리서《モルリソ》 보는게《ボヌンゲ》 낫다《ナッター》）

近づけば、共に、欠点が見えすぎるから。

後家の事情は後家のみぞ知る（과부《クワーブ》 사정은《サージョンウン》 과부가《クワーブガ》 안다《アンダ》）

その身どうしでなければわからないことがある。

乾柿でも柿だ（건시나《コンシナ》 감이다《カーミダー》）

大同小異。おばあさんも女だ、かもしれない。

針鼠も我が仔はしっとりしているという（고슴도치도《コスムドチド》 제《チェ》 새끼는《セキヌン》 함함하다고《ハムハムハダゴー》 한다《ハンダ》）

親馬鹿へのひやかし。「針鼠」と「しっとり」との対比が妙。

行く歳月　来る白髪（가는《カヌン》 세월《セウォル》 오는《オヌン》 백발《ペクパル》）

簡潔だが、しみじみ言い当てている。

北斗七星がねじくれた（북《プク》두《トゥ》칠《チル》성《ソン》이《イ》　앵《エン》돌《ド》아《ラ》졌《ジョッ》다《ター》）

整然であるべき筈の北斗七星の柄杓がねじくれた——つまり事が成らずすべてパァになったということだが、表現が斬新で、狂いが生じたことへの狼狽感がユーモラスでさえある。

へそに老松が生えたら（배《ペ》꼽《コ》에《ベ》　노《ノー》송《ソン》나《ナ》무《ムウ》　나《ナ》거《ゴ》든《ドゥン》）

自分が死んで埋められ、そのへそに老松が生えたら——つまり約束はできないという意味。

稲妻に豆を炒って食べる（번《ポン》갯《ゲッ》불《プ》에《レ》　콩《コオン》　볶《ポッ》아《カ》　먹《モッ》겠《ケッ》다《ター》）

一瞬の稲光りの間に事を成してしまう、行動が敏捷ですばしこい人のたとえ。なんだかおかしい。

炒った豆花咲くや（볶《ポ》은《クン》　콩《コオン》이《イ》　꽃《コッ》이《チー》　피《ピー》랴《リヤ》）

使いものにならなくなった人間に。

鳩のからだは木にあっても心は豆畑にある（비둘기가《ピドゥルギガ》 몸은《モムン》 나무에《ナムエ》 있어도《イッソド》 마음은《マウムン》 콩《コン》 밭에《パッテ》 있다《イッター》）

うわのそら。心ここに在らず。鳩と豆畑のたとえが、ふっくらしている。

妻を殴った日に丈母《チャンモ》（妻の母）が来る（계집《ケージップ》 때린《テエリン》 날《ナル》 장모《チャンモ》 온다《オンダー》）

間の悪さ最高のときに。これはまったく아이고《アイゴー》であるだろう。

まゆげが喧嘩する（눈썹《ヌンソップ》 싸움을《サウムル》 한다《ハンダー》）

眠くてたまらない。

大寒が小寒の家に行き凍りついて死ぬ（대한이《テーハニ》 소한《ソーハン》 집에《チベ》 가《カ》 얼어《オロ》 죽는다《チュンヌンダー》）

小寒の頃の方が大寒より寒いという実感。

言葉は増えて餅は減る（말은《マールン》 보태고《ポテゴー》 떡은《トグン》 뗀다《テンダー》）

ひとびとの間を廻るうち言葉は尾ひれがついて増え続け、餅は廻る間になくなってゆく。

足のない言葉が千里を行く（발《パル》 없는《オムヌン》 말이《マーリ》 천리《チョルリ》 간다《カンダー》）

風聞の伝わる迅さ、恐ろしさ。말《マル》は馬、말《マール》（長母音）は言葉。同音で意味の異なる二つにひっかけて千里の迅さを言う。

行く言葉が美しくてこそ返る言葉も美しい（가는《カヌン》 말이《マーリ》 고와야《コウワヤ》 오는《オヌン》 말이《マーリ》 곱다《コプター》）

〈売りことばに買いことば〉の反対。中学生以上は皆知っている諺だそうだ。

言葉一つで千両の借りを返す（말《マール》 한마디에《ハンマディエ》 천 냥《チョンニャン》 빚《ピッ》 갚는다《カンヌンダー》）

能弁であれば千両の借金も言葉一つで返せるもの。金は天下の廻りもの、出世払いの感覚は日本人よりはるかに強いようだ。

言わなければ鬼神もわからぬ（말《マール》 안하면《アナミョン》 귀신도《クイシンド》 모른다《モルンダー》）

口角泡を飛ばし激論を交している人々を見ると、この諺が浮かんでくる。

高麗時代の寝言（고려적《コリョチョク》 잠꼬대《チャムコデエ》）

あまりにも現実ばなれのした、ばかばかしく古くさい話。

土の匂いが香ばしい（땅《タン》 내가《ネガ》 고소하다《コソーハダ》）

遠からず死んで埋められるだろう。喧嘩の時の罵倒語にも使う。

泥鰌汁くって竜のげっぷをする（미꾸라지《ミクラジ》 국《クク》 먹고《モッコー》 용트림《ヨントゥリム》 한다《ハンダ》）

見栄っぱりへのひやかし。

夜もすがら泣いていて、はて誰が死んだのかと（밤《パム》 새도록《セードロック》 울다가《ウルタガー》 누가《ヌガ》 죽었느냐고《チュゴンヌニャゴー》）

どんななりゆきかもしらず、そのことに参与しているまぬけを言う。

台所で匙を受けとった（부엌에서《プオッケソ》 숟가락을《スッカラグル》 얻었다《オードッタ》）

あたりまえ。大したことでもないのに自分の成功を自慢する人を笑う。

風の吹く日に粉売りに行くよう（바람《パラム》 부는《プーヌン》 날《ナル》 가루《カルウ》 팔러《パルロ》 가듯《カドゥッ》）

事のタイミングを計れないひと。

雪をたべていた兎　氷を食べていた兎　みんなそれぞれ（눈《ヌーン》 먹던《モクトン》 토끼《トッキ》 얼음《オルム》 먹던《モクトン》 토끼《トッキ》 다《ター》 각각《カクカク》）

　過去の環境によって、考えも能力もそれぞれにみんな違う。

父母が運命の半分（부모가《プモガ》 반《パーン》 팔자《パルチャ》）

　どんな両親の下に生まれたかが、その人の運命の半分を支配する。

遠くの甘いぺんぺん草より近くの苦いぺんぺん草（먼《モーン》 데《デ》 단《タン》 냉이보다《ネンイボダ》 가까운《カカウン》 데《デ》 쓴《スン》 냉이《ネンイ》）

「遠くの親戚より近くの他人」だが、ぺんぺん草のたとえがポエチカル。

晩学の泥棒　夜の明けゆくを知らず（늦게《ヌッケ》 시작한《シージャッカン》 도둑이《トドゥギー》 새벽《セビョク》 다《ター》 가는《カヌン》 줄《チュル》 모른다《モルンダー》）

　年をとって始めたことは、若い時より没頭しやすい。夜がしらみはじめるのも知らずごそごそ錠前などいじくっている図は少々滑稽でもあり、今の私の姿に重なってしまう。

肛門で南瓜の種を剝く（똥구멍으로《トンクモンウロ》 호박씨《ホーバクシ》 깐다《カンダー》）

はためには愚鈍に見えるが、意外に腹黒くこすい人。なんとも奇抜な罵倒語である。욕《ヨック》（辱）という悪態語は豊富で、それが会話をいきいきさせているようにもみえる。訳せば辛辣だが、それが意外と親愛感のあらわれであったりする。

虎に噛まれ連れ去られても　気を確かに（호랑이에게《ホーランイエゲ》 물려가도《ムルリョカド》 정신만《チョンシンマン》 차려라《チャリョラ》）

虎の習性は獲物をいったん投げあげてぐったりのびれば直ちに食い、ねじくれたり坐ったりすれば食わないと言い伝えている。だから危機一髪、あわやの時も精神さえしっかり持っていれば、生きるチャンスも見つけられる。これほど隣国の粘り強い民族性を現している諺もない。そして、どこか言いしれぬおかしみも湛えている。

暮しのなかの面白い表現

工夫《コオンブ》（공부　勉強）

勉強という漢字語はなく、それに当たるものが「工夫」。この言葉に初めて出会った時、実に新鮮だった。何を学ぶにも自分なりの工夫をこらさなければ我がものにならないではないか。勉強という言葉は――強《し》いて勉《つと》める、強《し》いられるとも取れ、楽しさが乏しい。学ぶことは自分なりに工夫することだという能動性には味があり、いたく気に入ってしまった。発音を間違えると昆布になる。Kong-buと鼻に抜ける。

공부벌레《コオンブボルレ》（工夫の虫）

つまり、ガリ勉。

딸기코《タールギコォ》（いちご鼻）

　呑んべいの鼻。

구멍가게《クモンカーゲ》（穴の店）

　ちっぽけな、ちっぽけな店。

들창《トゥルチャン》（野窓）

　農家などの野づらに面した明かりとりの小窓。この言葉にぶつかり「ああ、忘れていた！　なつかしい」と溜息をついた在日韓国人が居た。私は実際に見たことはないが、見えるような気がする。

땅군《タングン》（土君）

　まむしとり。

발이《パリ》 넓다《ノルタ》（足が広い）

　顔が広いということ。

한턱《ハントック》 낸다《ネンダー》（ひとあご出すよ）

おごるぜ。女のひとは使えない。

바람쟁이《パラムジェンイ》（風野郎）

浮気者。

바람《パラム》 맞았다《マジャッター》（風をくらった）

すっぽかされた。

치마《チマ》 바람《パラム》（裳《も》の風）

치마《チマ》はロングスカートだが、その裾をひるがえし、風立つほどに動きまわる——から転じて教育ママのこと。

바람이《パラミー》 났다《ナッター》（風が起こった）

風立ちぬ、いざ生きめやも、と思いたいが、実際は浮気ごころの萌《きざし》うごく……の時に使われるらしい。日々の暮しの言葉に、風がきわめて有効にふんだんに使われている。

사랑니《サランニ》（直訳すれば、愛の歯）

「親知らず」のことだが、「恋知りそめる頃の歯」と名づけたのは風趣がある。中年になって生えてくる人もいるけれど。

잘《チャル》 생겼다《センギョッター》（よく生まれた→いい顔している）

美男子、美丈夫を指す。女性にはあまり使わないらしい。

엎드러지면《オプトゥロジミョン》 코닿을《コオダウル》 데예요《テエヨ》（つまずけば鼻とどくところよ）

すぐ、そこですよ。

사람《サラム》 살려《サルリョ》!（人を生かしめて！）

「助けて！」「ＳＯＳ」。韓国のホテルの火事で、この言葉を叫んだために救い出されて助かった日本人がいるそうだ。ワァワァ叫んでいる人よりも、はっきり「人を生かしめて！」と言ってる方からまず先に、と思うのがやはり人情かもしれない。

바가지《パガジ》 긁는다《クンヌンダー》（ひょうたんを掻く）

ごちゃごちゃ言うこと。

정신《チョンシン》 없다《オップター》（精神なし）

どうしていいかわからない。頭にくる。

간장이《カンジャンイ》 녹는다《ノンヌンダー》（肝臓がとろける）

最高にうれしい時の表現。

마음에《マウメ》 들어요《ドゥロヨ》（心に入る）

気に入る、心にかなう。

마음을《マウムル》 먹었다《モゴッタ》（心を食べた）

決心した。

ハングルの日

毎年、十月九日は한글날《ハングルラル》（ハングルの日）という祝日で、お休みになる。数日の予定でソウルに来て、今日は金浦《キムポ》空港を発つという日の朝、

「あ、今日は十月九日だわ」

と、初めて気がついた。

その時、コリアナホテルに泊っていて、ちょっと歩けば徳寿宮《トクスグン》で、その中に世宗大王《セジョンデーワン》の銅像があるから「拝みにゆきましょう」ということになった。

銅像を拝むというのも変だが、「ハングルの日」だから、世宗大王に敬意を表して発たなければ、ということになった。

友人の立原さんは、それまでの会社勤めを退職し、延世大学・語学堂に一年間留学して勉強した女性である。

留学してすぐ、世宗大王の銅像の前に来て、

「どうぞ韓国語《ハングンマル》が上手になりますように」

と手を合わせて拝んだという可憐な話を初めて聞かせてくれた。そのせいか、몹시《モプシ》（ひどく）うまくなって、今はなめらかこの上もない。年齢も、勉強を開始した時期も私よりずっと後輩なのに、今は先輩として仰ぎみている人だ。

「じゃ、御礼まいりも兼ねて……」

行くみちみち、きりっと立つような朝の秋気である。

二分も歩かないうちに徳寿宮《トクスグン》につき、銅像が見えた。

日本の方角に向かってぐっと睨みをきかす世宗路《セジョンノ》の李舜臣《イースンシン》将軍の銅像は、武官らしく猛々しく大きくいまだに「秀吉《スーギル》め！」だが、この世宗大王は文官ふうの装束でゆったりと腰をかけ、思索的である。

銅像の前で、大学生たちの一団が整列し、声明文を読みあげている。どうも五大学（ソウル大、高麗大、延世大、梨花女子大など）の語学研究会の集会らしい。

代表が出ていって次々声明文を読みあげる。

しばらくかたわらに立って、じっと聞いていると、どの代表からも日帝時代《イルチェシデエ》という言葉が飛び出してくる。

日帝時代の弾圧にもかかわらず、ハングルは滅びず健在であるという確認らしい。学

生たちの何人かがチラチラッと私たちを見る。「わかってンのか」と言いたげでもあり、単なる好奇心のまなざしのようでもあり、複雑である。

同じ肌色、同じ黒髪なのに、どうもすぐに日本人と見破られてしまう。

次々に花束が捧げられ、世宗大王《セジョンデーワン》の足下は花で埋まる。仰ぎみると子孫らの敬虔さにいたく満足しているようにみえた。

苛烈な歴史のなかで今日まで、自分たちの言葉を守り抜いたというのはなんといってもすばらしい。誇っていいことであろう。たとえば満州族はいまや無いに等しいが、それは満州語が消えてしまったからである。清をつくった満州族は、漢文化、漢語を積極的に採り入れ同化し、満州語もすっかりその中に吸収されて消えた。

戦後すぐ日本も「日本語をやめてフランス語にしよう」と言った作家がいたし、「漢字かなをやめてローマ字にしよう」とか、今思えば馬鹿馬鹿しいが当時は大まじめに論じられたりした。島国だったからさほどの苦労もなく純粋度を保ってこられたのだが、これがもし、隣国のように紀元前から大国にもろに大襲撃を受ける立場だったら、はたして日本語は今日まで命脈を保ちえただろうか？　といつも思う。苦労しなかっただけ、母国語への憶いは日本のほうがずっとヤワかもしれない。

溶解せざる硬い結晶のような人たち——と何かにつけて感じさせられるが、母国語への憶いはいわばその中心の核を成しているようなのだ。

学生たちの誓詞を聞き、いろとりどりのチマ・チョゴリで休日を楽しむ娘たちを見ながらへんに感動していた。

秋冷の一日「言葉の祝祭日」とは、なんて粋なんだろう。

この地球のどこかに「母国語の日」をつくって祝っている国が、ほかにもあるのだろうか。

Ⅳ 旅の記憶

韓君

釜山《プサン》から大田《テジョン》へ行く高速バスの中だった。

走り去る風景を記憶にとどめたくて、小さな手帖に、農家の屋根の形やら道ばたに真赤に燃えている葉鶏頭やら心おぼえにスケッチしていた。

葉鶏頭の赤は大好きで、いかにも夏の終わり、秋の到来を思わせる色だ。

以前、ある家で立派な書を見たが、その漢詩のなかに「老少年」という文字があり、思わず呟くと、「老少年って、葉鶏頭のことよ」と教えてくれた素敵な夫人を思い出し、今さらながら老少年とはつけもつけたりだなァと、点々と咲く葉鶏頭を追っていると、

「ここへ坐ってもいいですか?」

と韓国語がきこえる。

ふっと見ると、一人の青年が隣の空いた席を指している。青年というより、少年といっ

ていいほどの、ひょろっと背の高い子である。

さっきから何となく右手から誰かに見られているような気配があったが、その時やっと気がついた。彼だったか。

話しかけるきっかけを探していたらしい。

「英語を話せますか？」

と言う。

「NO！」

である。

英語を話したがる若者は多く、何度この質問を受けたかわからない。ホテルでも話がもつれてくると双方から飛び出してくるのは英語である。日本人と韓国人が、意志の疎通をはかるのに、共通語は英語でというのも奇妙な光景だった。英国の威勢衰えて、而して英語とシェイクスピアは世界を席捲するか、といつも思わせられるのだ。

「さっき、スケッチしていましたね」

彼は今度はしきりに韓国語で話しかけてくる。なんとも人なつっこい。こちらも片言で応じないわけにはいかない。

彼は釜山《プサン》に家があり、そこで夏休みを過ごし、新学期のため、これから大田《テジョン》の大学に戻るところだという。とても大学生にはみえない。

私のことを夫人《プイン》、夫人《プイン》という。ジーパンにサファリを着ていても夫人にみえるのだろうか。韓国では、しばしば아주머니《アジュモニ》（オバサン）とか、아줌마《アジュンマー》（オバハン）とか呼びかけられる。それはそうではあろうけれど、そのつどどうも妙な気分になる。

その点、彼は礼儀正しいと言わねばならない。名前は韓《ハン》君とわかった。

「このへんの人々の人情《インジョン》はとてもいいですよ、いつかこのあたりも歩いて下さい」

あたりにひらける農村地帯を見ながら韓《ハン》君は言う。インジョンが人情とわかるまでには、かなりの時間を要した。

韓《ハン》君の将来の希望は小学校の先生になることだという。

日本から持ってきたキャンディをすすめると「ありがとう」はなくて、「うン」というように口にほうりこみ、

「とてもおいしい、日本の菓子《クワジャ》?」

と珍しそうである。

「御両親は御健在?」

とこちらが聞くと、

「감사합니다《カムサハムニダ》（ありがとうございます）、元気です」

と初めて「ありがとう」が返ってきた。

ううムである。どうも日本人は「ありがとう」を言いすぎるそうで、隣国においてはよほどのことがないかぎり、やたらに「ありがとう」は使わないと常々聞いていたが、なるほど彼もここ一発というところで使ったわけだ。両親の安否を問われることは最重要事なのだろう。

いろいろ話ははずんで、と書くと格好がいいが、ひんぴんと筆談に及び、話すことに夢中で、窓外の景色は見られなくなった。

韓《ハン》君は質問する。

「日本婦人の帯は、大変に美しいものではあるが、あれはそも如何なる機能を有するや？」

これも聞きとるまでには、だいぶもたついた。띠《ツティ》、띠《ツティ》（腰紐）と何度も言うから、ようやく帯へと推理は飛躍し、「オビ？」と言っても勿論通じない。仕方がないから手帖に女の着物の後姿に、お太鼓を背負わせて描き、

「이것《イゴッ》？（これ？）」

と聞くと、

「그렇습니다《クロッスムニダ》（そうです）」

と頷く。

だが、帯の機能ってほんとうに何だろう？　ええい、ままよ、思いつくまま、

「あれはねぇ、つまりアクセサリーです」

と断言した。

「アクセサリー？」

韓《ハン》君は腑に落ちないらしく、怪訝な顔をした。たしかにアクセサリーにしては仰々しい。

日本の女のヒップは下りぎみで、昔の女たちは一層ひどく、帯を締め、お太鼓をお尻の上に置くと、それでようやく姿が落ちつく。ちょっとさびしいところにアクセントをつけるのがアクセサリーなのだから当っていなくもない。いわば欠点かくしのやけに発達したのが帯です。昔は腰紐のような細帯一本で着物を着ていた時代もありました。

これらを韓国語で説明するのはしんどい。また、出来ない。ひたすらアクセサリーで押し通してしまった。

背は高いけれど頸の細い、高校生くらいにしか見えない韓《ハン》君に、だんだんいとおしいものを感じてきた。人間どうし、好感を持ち合う瞬間は殆んど同時、という説があるがほんとうかもしれない。

私のそんな感情が隣席の韓《ハン》君に電波のように伝わり、それがピッピッと同じ分量で返ってくるのを感じた。

人間にはまだ動物的なすばやさやカンが残っているのだ、特に異国人どうしの間では。

それにしても、と思う。日本の若者が、バスで乗り合わせた外国の、それも東洋の旅行者に、こんなに自然に話しかけ、しばしの会話をたのしむという姿を想像できるだろうか？

自分自身のことを考えても答は否である。

この違いは何だろう？

話していたおかげで二時間あまりがアッという間に過ぎ、大田《テジョン》に着いた。

韓《ハン》君はポケットから自分の写真を取り出し、「さしあげます」と言って私にくれた。

これにも面喰ったがともあれ、有難く頂いた。バスを降りると、

「これからのいい旅を祈ります」

と硬く握手を求め、それからさっさと大田《テジョン》の町に消えて行った。

で、我が家のアルバムには韓《ハン》君の写真が貼ってある。免許証に貼るみたいな真正面向きの、キッとした顔である。

大田《テジョン》から扶余《プヨ》まで行こうとし、バスに乗りかえた。ちょうど下校時で中学生や高校生がいっぱい乗っていた。切符を買おうと車掌に、

「扶余《プヨ》까지《カジ》（扶余まで）」

と言うと、若さではちきれんばかりの彼らは、待ちかまえていたように、どっと笑っ

た。

あとで考えると東京のバスに乗っていて、「静岡まで」と言ったに等しかったのだ。

「このバスは扶余《ブヨ》へは行かない」

と言われ、愕然、おろおろとなったとき、帽子をきちんとかぶった中学生の男の子が、

「このまま乗っていていいのです。終点がバスターミナルで、そこで市外バスに乗りかえるのです。僕が扶余方面に乗るから案内してあげます」

という意味のことを言ってくれ、ほっとした。一歩前へ出る、この国の若者の積極性がこの時ほどありがたく感じられたことはない。

そして言葉どおりに切符売り場に連れていってくれ、このバスだと教えてくれた。

そのバスは混んでいて通路に坐っての延々の行路だったが、席は離れてしまい、降りる時に、もう一度ゆっくり御礼を言いたいと思ったのに、やっと扶余《ブヨ》に着いた時、その中学生の姿はもうどこにもなかった。

こどもたち

半島のずっと南、もう少しで海というところに楽安《ナガン》という村があった。木曽の妻籠《つまご》のように、昔ながらの家々をそのままに残そうという行政地区だった。こういう地区が七つほどあるという。

セマウル運動（新しい村づくり）の方針のせいか、農家もどんどん改良され近代的な家になってきている。

この楽安《ナガン》という村は、藁ぶきの屋根、石積みの垣根、女たちの共同洗濯場、それらを昔ながらに保存修復しつつ暮してゆこうという農村である。何軒かの家は見学もできるようになっていて、縁側にポツンと요강《ヨガン》（シビン）が置かれているのが見えたりした。昔の家は便所《ピョンソ》が別棟になっているから、冬の夜などの欠くべからざる必要品である。

シビンと言っても陶器で、直径三十センチくらいの丸い花瓶型。てっぺんに直径七センチくらいの穴あり。素朴な絵づけもしてある。この古いものを骨董屋で掘り出し物の花瓶と心得、買ってゆく日本人もいるらしい。

或る家の井戸ばたには、洗ったらしい요강《ヨガン》ひとつ、その上にざるが置かれ青菜の水切り、いとも無雑作に。トホホ。

若嫁さんが井戸ばたで雑多な洗いものをしていたから、彼女の所業だろうが、こんなことぐらいでは姑から叱責こうむることもないらしい。

あひるのひよこが中庭で遊び、庭の一隅には唐がらしの苗が青々と出揃っていた。熟れた麦畑、淡い紫いろの桐の花が点々と連なるなだらかな山々、楽安《ナガン》という地名にふさわしいのどけさ。

およそ日本人など来たこともないという村を歩いていると、五歳くらいの男の子がトコトコ寄ってきて、

「미국에서《ミグゲソ》　왔어요《ワッソヨ》？（アメリカから来たの？）」

と聞く。見ればまっぴるまだというのに、パジャマ姿だ。

「아니《アニ》　일본에서《イルボネソ》　왔어요《ワッソヨ》（いいえ日本から来たの）」

その子はやっと疑問が解けたというように満足げに、

「엄마《オンマア》！　엄마《オンマア》！　일본에서《イルボネソ》　왔대요《ワッテヨ》（母ちゃん！　母ちゃん！　日本から来たって）」

と走り去った。なんともかわいい。抱きしめたいくらい。

かぼそく澄んだ声で「アメリカから来たの？」と、歌うように聞いた彼の質問をキャッチできた時、聴耳頭巾ではないが、なにかの拍子に一瞬、小鳥のさえずりの意味がわかったかのような錯覚すら覚えた。この子の言葉がわかっただけで、学んできた甲斐があった、と思えるくらい。

アメリカのことをこの国では「美国《ミグク》」と言うが、さて、そんなに美しい国かしら。外国人とはすなわちアメリカ人、と結びついているのもおかしかったし、五歳くらいですぐ일본《イルボン》（日本）に反応したのにも、へえ……とおもった。

見知らぬ外国人に、たった一人で、自分の国の言葉で話しかけるというのは、子供といえどかなり勇気のいることだろうに、あっぱれな。

全州《チョンジュ》に行って、全州川のほとりを歩いたことがある。堤には柳が植えられ、しだれ柳は地すれすれぐらいまでに伸びて、風が吹くたび柳並木ぜんたいが、ゆったり一定の方向になびくさまは、落ちついた古都全州を象徴するような風情があった。

百済《ペクチェ》が滅亡した時、その人口のほぼ三分の一は日本に亡命、三分の一は新羅《シルラ》に吸収され、三分の一は後百済《フーペクチェ》を創って全州を都にしたと聞いたことがある。

そしてまた李王朝第一代の王が全州の出身だったので、この国の人たちが格別の思いを持っている街のようで、心なしか京都にも似ている。大学も多く、学者、芸術家の輩出する土地柄だとも聞いた。

堤の下の河川敷では、老人たちが何人も集まって、のんびり将棋をさしていた。

柳並木の下を風に吹かれながら歩いてゆくと、堤の斜面をのぼったり下りたりしながら子供たちがキャッキャッと遊んでいる。

はじけ豆のように元気がいい。十歳くらいの男の子が犬を抱きつつ飛びはねている。

「개《ケー》 이름《イルム》 뭐예요《ムオエヨ》?(犬の名前はなんてぇの?)」

こちらもごく自然に声をかけた。

「포피예요《ポピィエヨ》(ポピィです)」

大きな声で答える。ははァ、やっぱり洋風の名前をつけるのね、と思った時にはもう彼らの一団は走り去っていた。

この子もよかった。質問されたから答えたまで、それ以上でも以下でもない。その自然さがたまらなくいい。

犬はポピィという顔でもなかったが、生まれた時から唐がらしまぶしのキムチやおかず、ごはんで育ち、唐がらしなしでは食べた気もしないという一匹であるのだろう。犬もまた風土の仔である。

「떨어져《トロジョ》 가운데《カウンデ》 와《ワ》!(落ちるよ、まんなかにおいで!)」

「응《ウン》（うン）」

という声に振りむくと、りんごを満載した大きな籠を頭にのっけて、腰で調子をとりながら歩いてくる母親を、後になり先になりしてくっついている女の子だった。花柄のモンペを穿いたあどけない子。ほっぺたがピカピカ光って、籠から落ちた林檎のひとつのようだった。

私も幼い頃、京都に住んでいて、母と二人鴨川の堤を散歩した記憶がかすかにある。

「落ちるよ、まんなかにおいで」

「うン」

こんな会話を交したことがあったような気がして、ひどくなつかしいものを見るように二人の姿を見送った。

テキストで覚えようとしても、なかなか覚えきれないのに、或る風景のなかで聴いた会話は、ピシャリ焼きついてしまう。

「떨어져《トロジョ》　가운데《カウンデ》　와《ワ》！」

このなんでもない会話が、忘れようにも忘れられない。

慶州《キョンジュ》の佛国寺《ブルククサ》に行ったとき、修学旅行の小学生たちに出会った。こちらもはじけ豆の一団。はつらつ無類。

佛国寺《ブルククサ》の境内には다람쥐《タラムチュイ》（りす）がちょろちょろ遊んでいる。휴지통《ヒュージトン》と書かれたごみ箱の中にするりと入った一匹は、キャラメルの一粒を持ってまたするりと現れ、包み紙を器用にはがしてポンと口へ——。少しも人を恐れないしぐさに見とれていると、例によって、

「일본사람《イルボンサラム》（日本人）」

の声々。

「학교는《ハッキョーヌン》 어디《オディ》？（学校はどこ？）」

と尋ねると、

「大邱《テグ》小学校《ソーハッキョウ》　五学年《オーハンニョン》！　四学年《サーハンニョン》！」

口々に答える。ハキハキしたものだ。そのうち一人の子が、

「지금《チグム》 몇시예요《メッシエヨ》？（今、何時ですか？）」

と聞く。

瞬間、私は試されたのだと思った。この日本人は片言ぐらいの우리말《ウリマル》（我々の言葉）を話すけれど、時計の数字は言えまい……と。実際、時計の数字はややこしい。日本語でも、「一、二、三」「ひい、ふう、みい」の二種類の言いかたがあるように、ハングルでも「一《イル》、二《イー》、三《サム》」「하나《ハナ》、둘《トウル》、셋《セ》」の二種類があって、時計の時間を言うとき、時《ジ》は固有語、分《フン》は漢用数字を使う。この合成語は外国人には難かしい。

困るではないか、ええと、ええと、今ねえ、私は必死で時計を睨み、

「지금《チグム》、지금《チグム》　四時《ネーシ》十五分《シボーブン》（今、今、四時十五分）」

と答えた。

間違ったような気もし、あわてて하나《ハナ》、둘《トゥル》、셋《セ》、네《ネ》と数え、いいんだ四時は네시《ネーシ》で……。とたんに何度も何度も教えて下さった金裕鴻《キムユーホン》先生の「맞어요《マジョヨ》（合ってます）」とおっしゃる時の笑顔が浮かんだ。

子供たちはなんと、

「四時《ネーシ》十五分《シボーブン》、四時《ネーシ》十五分《シボーブン》」

と歌うように順々に前へ前へと申し送ってゆくではないか。ただ単純に時間を知りたかっただけなのだ。家へ帰りつく時間を計りたかったのかもしれない。子らに試されたと思ったこちらの心が恥かしくなった。

私のうしろから一人の女の子がついてくる。何か物言いたげである。こちらから話しかけたいが、何を話したらいいだろう、仕方がない、またしても名前を聞いてみる。

「イースニ」

と答えたようだが、はっきりとは聞きとれない。名刺でも見ないかぎり、音だけでは姓名を捉えがたいのは大人も同じである。

「그래《クレ》（そう）」

では愛想がなさすぎる。

「참《チャム》 아름다운《アルムダウン》 이름이구나《イルミグナ》（ほんと、きれいな名前ね）」

顔を覗きこむと、女の子はパッと頬を染めてばたばた走って列の中に入ってしまった。

桜が咲く頃には、今でもよく「四時十五分」を思い出す。まさに佛国寺《ブルククサ》の春だった。

韓国の日没は、日本より一時間ほど遅く、夜の七時でもほのあかるい。彼らはまだ明るいうちに大邱《テグ》に帰りつけただろう。

新羅《シルラ》建築の粋を集めた、佛国寺《ブルククサ》の本殿、石段、石塔よりも、大邱《テグ》小学校の子供たちの印象のほうがより鮮烈で、私の旅の思い出は、土地土地の子供たちの記憶と、分かちがたく結びついてしまっている。

人なつっこいが媚《こび》がなく、いじけてもいず、後ずさりもなく、疑心なく、のびのびしている。誘拐犯人などいないのかもしれない。

「知らない人と喋ったりしちゃいけませんよ」

という、こせこせした躾《しつけ》もないらしい。

ごくふつうの自然体のこどもたちである。子供とは、もともとこういうものだったと改めて思わせられる。

そして「アメリカから来たの?」と尋ねた楽安《ナガン》の村の子がそうだったように、男の子たちは幼にして、すでに一箇の男子の面目をほのみせているのだった。

科挙

ソウルの秘苑《ピウォン》を訪れた時のこと、ここの案内は、韓国語、日本語、英語、三コースに分かれていた。時間の関係もあり、ヒアリングの練習にもなろうから、と私と友人の笠井さんはためらわず韓国語コースの切符を買った。

秘苑《ピウォン》は、李朝時代の王族の別荘地というか遊び場というか、広大な敷地に造園の妙を漂わせ、緑したたる中に、楼閣や、曲水の宴に使われた鮑《あわび》型のくねくねの溝があらわれたりする。

説明は、はたして三分の一ぐらいしかわからなかった。

ガイド嬢は——嬢といっても四十歳くらいの女性で、紺の制服に身を包み、白い小型のカンカン帽をかぶり、すらりと小粋な人だったが、なんだか冷たく、人を人とも思わないような態度で、なじめなかった。

子供たちのすばらしさにはいつも感動するが、その良さはほぼ青春前期ぐらいまで、まっすぐに続く。それが中年になると、ガラリさま変わりする。

「フン！」

といったふうな高慢さや横柄さに辟易《へきえき》させられることが多い。

十五、六歳ぐらいの少女に道を尋ねて、

「잘《チャール》 몰라요《モルラヨ》（よくわかりません）」

と答えて、みるみる顔を赤らめる初々しさは、ほんとうにいとおしいものだったが、この少女たちが四十代くらいになり、苛烈な現実をくぐり抜けてゆく間に、こんなふうに変貌するのか——がっくりさせられることがある。

同じ中年でも優雅きわまりないひともいるし、市場で活気にあふれ商いをしたり、頭に大きな籠をのせて悠々と歩いたりする、

「아줌마《アジュンマア》！（おばさん！）」

と呼びかけたいような女性は、どっしりと暖かく、大好きなのだが、なにしろ中途半端なインテリふうが一番よろしくない。

わがガイド嬢は、その一番かなわないタイプだったので、なるべく離れて、二十人ほどの見物客のうしろからついて行った。

地方から来て初めて秘苑《ピウォン》見物をするらしいおとしよりも多かった。

この李朝時代の庭園と離宮は、一廻りするだけでたっぷり一時間以上はかかりそうだった。満々と水を湛えた池があらわれ、そのかたわらに小さなお堂がある。ガイド嬢の説明によると、昔ここで科挙《かきょ》の試験が行われたという。お堂の中に試験官が鎮座し、受験生たちはこの広場に坐って、ということだった。まさか土の上に、じかに坐らせられたわけではないだろうし、どんな敷物、机だったのかしら？

以前、中国の科挙についての本を読んだことがあるが、受験生は監獄の独房のようなところへ入れられて、外界と完全にシャットアウト、そこで論文など書かねばならない。女をだまくらかして死なせてしまった受験生は、深夜、その霊にとり憑かれて、にわかにその場で頓死、などという怪談が幾つもあって、陰々滅々。

こんな青天のもとでの試験なら気持よかったであろうけれど、胸どきどきの受験生たちには、美しい風景もまるで眼に入らなかったに違いない。

それにしても科挙制度というのは、愚劣な試験に思われてしかたがない。役人になるために、詩文の教養を第一に試されるというのは。詩文の教養など、何ほどのことがあろうか。何度挑戦しても駄目で、老書生となり、それでも諦めきれず朽ちはてるまでがんばった話や、七十歳を越してやっと合格した人の話など、なんとも哀れが深い。

かつて私が、

「日本が科挙制度を採り入れなかったのは賢明でしたよ」

と言った時、知人は「そうとも言いきれない」と反論した。

「中国の科挙は身分、年齢の別なく、すべての人に役人への門戸を解放したと言えるでしょう。日本でも平安朝時代まで、進士試験という役人への登竜門があったけれど、やがてだんだんに門閥政治になってゆき、一般の人が役人になれる道は閉されていったわけだから」

なるほどそうも言えると思ったが、私がおかしく感じるのは、詩文の出題が主だったことである。いずれいくつかの罠がしかけられた問題だったろうし、また題を出されて韻をふんで上手に漢詩を作らねばならない、それをパスした者だけが有能な役人になれると思ったことが、どだい変だ。

人が人を試す試験というものは、今に至るまで、なんともしれないいかがわしさがつきまとう。

私の詩が、入試に使われたことが何度かあり、試験が終わってから入試問題が送られてきて、キャッ！と叫ぶことがある。試験問題だからすべて事後承諾で、否も応もない。自分の詩でありながら、設問になんら答えられず、0点間違いなし。これに答えなければならない受験生たちに、まったく同情する。

あれを思い、これを思い、ぶらぶらしていると、お堂の側《そば》に一本の立札があるのが目にとまった。

科挙は中国では、隋の時代に始まり、朝鮮では三百年ほど遅れて高麗時代に始まったというぐらいの記憶しかなくて、隣国における科挙《クワゴ》の歴史はまるで知らない。いつも空の下で試験をしたとも思われず、けれどいまだに白日場《ペギルジャン》という言葉が生きていて、詩のコンクールのことを白日場《ペギルジャン》と言うらしい。書道のコンクールも白日場《ペギルジャン》。青天白日のもとに晒されるのを理想としたのだろうか。

立札は科挙《クワゴ》の説明らしかったから、近づいて、及ばずながらハングルの説明文を目で追いはじめた時、

「읽으세요《イルグセヨ》（読んでごらんなさい）」

ふりむくと、かのガイド嬢である。

「목소리《モクソリ》 내서《ネソ》！（声を出して！）」

甲高い声で命令調。

気配を察知したらしい、照れやの笠井さんはさっさと逃げて、かなり遠くでそしらぬ顔。一行もぞろぞろ歩き、かなり前の方へ進んでいる。

ええい、仕方がない。読めというなら読みましょう。私はかなり大きな声で読んでいった。

読むというのは、同時に意味も捉えることだが、そんなゆとりはない。ハングルという記号文字をなるべく正確に、声に出してゆくということで、せいいっぱい。特に年号

はむずかしく、たとえば一八二六年は、チョンパㇽベㇰイーシムニュンニョンと読まねばならない。

内容のほうはすっとんで、今思いかえしても何が書かれていたか、はっきりしない。汗たらたら、なんのことはない、私自身、科挙の試験を受けさせられたかのごとくである。

終わると、ガイド嬢は、

「ふム」

と言ったきり、すたすた行ってしまった。

まったく失敬な試験官である。こちらはかなりの年上だというのに。

だが、彼女の態度はそれからだいぶ軟化してきたようだった。片言はしゃべるけれど、文字まで読めるとは思っていなかったらしい。

李朝時代の建物の縁で小休止の時、私たちを指して、

「あの二人は日本人だが、東京でわれわれの言葉を習っている人たちです」

と、かなり好意的に説明した。

みんながいっせいにこちらを見る。

今はそうでもないだろうが、七年くらい前までは日本人でハングルを習う人が居るということが、一般には信じられないことだったのだ。まして女で、なにゆえに？　とい

う視線。

気恥かしかった。

一行の中に、二十歳を少し出たかと思われる若い禅僧二人がいた。その二人が肩から下げているバッグが、頭陀袋というにはあまりにもしゃれている。灰色の僧衣と同色のウールで、半月型の大きなショルダーバッグ。どういう具合になっているのだろう？　さっきから気になってならなかったが、出口近くで解散という時、私は急にそれを間近で見せてもらいたくなった。友人に、

「ねえ、袋はなんだったかしら？」

「봉지《ポンジ》じゃなくて……ううん、주머니《チュモニ》かな？」

「そう、そう、주머니《チュモニ》、큰주머니《クンチュモニ》（大巾着）か」

というわけで、僧二人に近づいて、

「실례지만《シルレエジマン》、그《ク》 큰주머니《クンチュモニ》 참《チャム》 멋있는데요《モシインヌンデヨ》（失礼ですが、その袋、すてきですねぇ）、좀《チョム》 보여《ポヨ》 주세요《チュセヨ》（ちょっと見せて下さい）」

と言った。

おつむの剃りあとも青々の若い僧が、はにかみながら無言で、グレーの袋を見せてくれた。形は単純だが、ファスナーのつけかたが難かしそうで、とても手作りは出来そうにもない。

厚く礼を言って、別れの挨拶をすると、僧二人はかすかにほほえみ、大きく手を振って颯颯《さつさつ》と歩み去った。

「勇気がありますねぇ、見も知らないお坊様に、袋をみせてくれなんて」

友人の笠井さんが呆れたように言った。自分では何気ない行為だったが、年若い笠井さんから見ると、中年特有の厚かましさに見えたのかもしれない。まったく人のことは言えない。

「豈《あに》ガイド嬢のみならんや」

である。豈《あに》という古語は、朝鮮語の否定語아니《アニ》から来ていると、古語辞典にもあったっけ。

それから二、三年後に、日本のタニザワという鞄屋で、まったくそっくりの形のビニールのショルダーバッグをみかけた。禅僧二人の姿がよみがえり、ためらわずに買った。使いいい。

まったくファッションの風は、どんなふうに地球を吹き抜けているのかな。

粧刀

友人の洪《ホン》さんと、ソウルの骨董屋街を歩いている時だった。

洪さんは一振《ひとふり》の女ものの小刀を買われた。粧刀《チャンドォ》と呼ばれるものだそうだ。ずいぶん前から心がけ探していたのが、やっと今日、心にかなうものにめぐりあえたらしく即座に買われた。

黒檀で出来た二十センチくらいのもので、まんなかの飾りの銀細工もよく、全体に瀟洒ながらきりっと引きしまっている。鞘を抜くと小刀というよりナイフに近い細身の刃が閃く。

帰るみちみち聞かせてくれたこの女ものの粧刀にまつわる話は物凄《ものすさま》じかった。

昔、娘が嫁ぐとき、その家の両親はこの粧刀を与えて、

「婚家先で苦しく耐えがたい時には、これで自分のももを突き刺せ」

と言って送り出したものだという。

　こんな美しい小刀を嫁入道具の一つにするくらいだから上流階級であったろうと思うけれど、昔はだいたいが嫁を貰うことは牛一匹せしめたくらいに心得て、きわめて苛酷に奴隷のようにこき使ったものだという。姑の嫁いびりも相当のものだったらしい。更に昔は、幼い花婿に年上の花嫁という組み合わせもふつうで、やがて夫が壮年になるにしたがい若い愛人を作るようになる。耐えぬけば女主人としての地位は確固として定まるものの、愛情面での空しさ。嫉妬の情のどうしようもなく荒れ狂うとき自分のももをぶすぶす突き刺して、その痛みや噴き出す血によってなんとかバランスを取ったのだろうか。

　ももというのがまた変になまなましい。

　日本でもかつての武士階級では、娘が嫁ぐとき懐剣を与えられ、

「恥辱を受けた時には、これで死ね」

　と送り出され、帯の間に常時たばさんでいた。

「死ね」というのは放棄だろうし、「ももを突いて耐えろ」というのは生き抜くことへの鼓舞だろう。懐剣と粧刀は、はしなくも文化の質の違いを象徴しているように感じられた。粘りに粘って生き抜く粧刀型のほうがはるかに強く烈しいと思う。

　もっとも皆が皆ももを突き刺したわけでもなかったろうし、心の中こそ流血の惨！

父母がくれた粧刀ぐっと握りしめ、我が팔자《パルチャ》（運命）を耐え抜いた例のほうが多かったのかもしれない。

「そういうことがわかっていながら、娘を嫁にやったんですものねぇ」

物静かな洪《ホン》さんは、更にひっそりと言った。

「むかしの女人をしのぶために、一つ手もとに置きたかった……」

むかしの女人のなかに母上のこともだぶらせているようだった。洪さんの母上もこの粧刀を持って嫁し、ずいぶん苦労なさったらしい。そして朝鮮動乱の折、大きな船で逃げようとして、縄ばしごを登る時、アッ！　という間に粧刀を入れた包みを取り落とし、それは海底深くに沈んでしまった。ひどく残念がられたのだろう。

その母上のおもいを偲ぶよすがにと、買われた粧刀。

偶然そこに居合わせたおかげで、隣国の女性たちの心理の襞《ひだ》に深く触れ得たような気がする。

帰り道のソウルの秋の夕焼けがやけにきれいだった。

そして洪《ホン》さんの手にある黒檀と銀細工による一振の粧刀は、私の眼底に焼きついてしまった。

それはもう、この国でも骨董品の部に入ってしまった。けれど考えてみると、どこの国の女性たちもいまだに見えざる一振の粧刀をふところ深くに隠し持っているような気がしないでもない。

舟あそび

悠々の白馬江《ベンマガン》の流れ。

流れているのか、いないのか、わからないほどのゆるやかさ。高麗青磁をやや濁らせたような水のいろ。つくづくと大陸の河だと思う。

白馬江《ベンマガン》はやがて錦江《クムガン》と河の名を変えて黄海に注ぎ込む。

川上からゆらゆらと何やら大きな花籠が流れてくると見えたのは、女たちを満載した一艘の舟だった。色とりどりのチマ・チョゴリを着て、歌ったり踊ったりしている。

みんな陽やけして色が黒い。

三十代の農家の主婦たちが、みんなでお金を積み立てて、一年に一度の春の舟あそびに繰り出したものとみえる。

近づいてみると、今日のために新調したらしい鮮やかなピンク、黄色、だいだい色などの春着が匂わんばかりなのに、彼女たちは一升瓶をラッパ呑み、かつ、廻し飲み、なんともはやの豪快無比。両手を高々とあげてひらひらさせながら、無我の境地で踊っている人もある。

誰はばからぬ唄声。

河の流れは苦笑しているようでもあり、やさしく舟を運んでいるようでもあり、年に一度の彼女たちのストレスの発散を音もなく吸いとっているようでもある。

こちらもストレスは溜まる一方だが、こんなふうに見事に発散する術を心得てはいないなァ、だから顔も歪むのかな？　彼女たちのカラッとしたどんちゃん騒ぎ、やけのやんぱち風の自己放出はすばらしかった。見とれてしまった。

私たちの船とすれ違うとき、

「㸃叫《チョッター》！（ブラボー）」

と声をかけたかったが、しらふではそれもままならず、代わりに大きく手を振った。

年よりは老けてみえ皺も多い農家の花たちも、大きく手を振った。

たちまちに舟はふたたび一箇の花籠と化して遠ざかって行き、民謡らしい鄙《ひな》びた唄声だけがまだ流れてくる。

ちょうど桜の頃で、日本の桜よりこころなしか色が淡いように思われ、梨の花のようにもみえるのだが、お花見の風情もいろいろだった。

公州《コオンジュ》の博物館わきの、一本の大きな桜の木の下で、円陣になって坐り、老女たちが手拍子で歌っているのも見た。

おおかたは白のチマ・チョゴリで、うすいうすい水色の人もまじり、手を打ちながら低い声でもの静かに歌っている姿、花びら散りかかり、これはもう清雅としか言いようのない一幅の絵だった。

さっきのがフォルテなら、こちらはピアニシモ。

いずれにしても遊ぶときには年代別、性別に分かれているようにみえる。男女入り乱れてというのはソウルのディスコにでも行かなければ見られない風景なのかもしれない。

「男女七歳にして席を同じうせず」

がまだ暮しの隅々で息づいていて、男は男どち、女は女どちであるらしい。

金芝河《キムジハ》の一つの詩がふっと浮かんできた。

兄貴　　　金芝河

白い雨あし　糸めく雨の
さんさんと豆の青葉を濡らす時
そんな時には　どうぞお越しを
女房《おに》のいぬ間の命の洗濯

雨漏り受けの真鍮だらい
そのかたわらで　ひと騒ぎ
立てた誓いもなんのその
はちゃめちゃ踊りでも踊りましょうや
世帯やつれのこの小皺　まがりなりにも伸ばしてさ兄貴
うつつ抜かして金持だけが遊興三昧の法はない
ひとはみなとどのつまりは同じじゃないか
トオ　ドンドン　タンドン
勝手にしやがれ　汚ない浮世　騒ぎましょうや
生まれながらの貧乏人どうし
なんともはやの貧乏人どうし

（茨木訳）

愛すべき小品。
雨の日には女房は女房で別の仕事か集まりでもあるのだろうか。ここでも男どうしである。題の형님《ヒョンニム》は兄上だけれど、先輩！　という意味もあるから、少しくだけて兄貴にした。

立てた誓いは、どうも禁酒の誓いのようである。

「마누라《マヌラ》 몰래《モルレ》 한바탕《ハンバタン》」を「女房《おに》のいぬ間の命の洗濯」と訳したが、直訳すれば「女房にこっそりひとさわぎ」で、韓国の夫たちは男どうし乾盃する時、

「마누라《マヌラ》 몰래《モルレ》!(女房にこっそり)」

と盃やグラスを合わせたりするそうだ。

この詩句からきているのか、こういう俗語を詩に取り入れたのかはわからないが、乾盃の挨拶としてはウィットがあり、音もきれい。

しかし、いずこの国の男性も女房には、はばかること多いものとみえる。

各自負担

街のはずれでようやくのことタクシーをつかまえて、ソウル市内に入ろうとしていた。やれやれ、タクシーをつかまえるのも容易ではない。ほっとした途端、それまでに一緒の友人が、こまごまと支払ってくれていたことを思い出し、

「忘れるといけないから、今、ちょっと精算させて」

と、ウォンを入れた財布をひっぱり出すと、

「今でなくても……」

と言うのに、私が無理にああだ、こうだと言い、やっと友人もその気になってやり出したのだが、彼女が不意に、

「何がおかしいのですか？」

と運転手に質問した。

「えっ？」

と思い私も運転手を見た。

二十五歳くらいかと思われる若者が、確かにニヤニヤ笑っている。さもおかしそうに、笑いをこらえきれないというふうに。友人は詰問調ではなく、やさしく、すんなり問うたのだが、彼は答えない。そして相変わらず、声こそ出さね笑っている。

「ワリカンがおかしいんですよ、きっと」

彼女は日本語で言い、「ああ、そうか」とやっと私も気づいた。

笑われたのは私である。財布を出してガタガタ言ってたのはこちらだから。嘲笑だろうが、なぜか腹が立たない。彼の顔が陽性のせいかしら。かなりの美男《ミナム》である。こう笑われては気がそがれ、精算は後ということにして、しばらく黙った。黙りながら、いろんなことを考える。

言葉を習う前にはまったく知らなかったことだが、隣国の人たちはワリカンをひどく嫌うのだった。韓国の人が日本に来て、大の男たちが十円に至るまできっちり勘定して割るのを見て、彼らは仰天するらしい。

なんてミミっちい、せこい、いやったらしい、見てらんない、という反応である。一緒に飲んだり食べたりする時は、誘った人、あるいはその場の年長者が支払うと決まっていて、何人いようがどんと来い！　なのだ。けれど年長者すなわち富者《プージャ》とばかりも限らないし、貧しく失意の年長者も居る筈だからそういう人には酷だし、第一ふつうのつきあいも出来なくなるわけで、むしろ悪しき風潮ではないかしらと聞くと、

「いや、それはうまくなっているのです」

と言うが、どううまくいっているのか実態はよくわからない。

ワリカンを私はおかしいこととも ミミっちいこととも思えない。自分の分は自分が支払うのはむしろ当然で、一番すっきりしていると思う。もちろん時と場合ではあるけれど。

ダッチ・アカウントという言いかたもあって、これはオランダ式勘定法という英語だそうだ。ワリカンのことだが、オランダに行った友人がこの言葉を口にしたら、オランダ人はキョトンとしていたという。トルコ風呂と同じようなひろまりかたなのかもしれない。

日本人がおおむねワリカン主義になったのも、そう遠い日のことではなさそうだ。

若い頃、或る会合の後で、女三人と男一人で食事をする機会があった。男性は美校を出た画家だったが、食事の後、レジで自分の分だけきっかり支払い、さっさと外に出た。私を除き二人は大変な美女だったので、その画家はどんな無理をしても御馳走せざるを得ないシーンだったが、よほど勇気がなければできない見事な行為だった。呆気にもとられたし気持よくもあった。よほど強い印象だったとみえ、その画家とも知りあいの男

の友人に話したことがある。

「そんなに感心するほどのことじゃありませんよ、それは単に美校の伝統なんだから」と一笑に付された。みんな貧しい時代だったので、もともとすっからかんだったのかもしれない。

その画家は今、アメリカ在住で、大層偉くなってしまった。今も美校時代の伝統を脈々と伝えているのだろうか、いないのだろうか。

こういう場面を見たら、韓国の男性たちは呆れはててしまうに違いない。

二年ほど前、韓国から派遣されてきた或る新聞記者と一緒に飲む機会があった。彼と若い日本人数人と。その折、日本人たちは皆きっちりワリカンにした。つまり、

「각자《カクチャ》 부담으로《プタムロ》 하자《ハジャ》！（各自負担にしよう）」

だったのである。御馳走してくれるつもりだったらしいその新聞記者は途端に御機嫌ななめになり、実に情けない、やりきれない、不愉快な顔をした。かえって大変失礼なことをしてしまったようで、私たちはあとあとまで悩んだ。

こういうこともお互いの異文化ショックの一つである。

「ごちそうしますよ」と言われたら、何も考えずについて行けばいい、「遊びにいらっしゃい」と言われたら遊びに行けばいいのである。そういう気持のない時は、決して心にもないことを言わないのだから、と韓国の人は言う。つまり言葉は矢のようにまっすぐだ

ということである。

反対に韓国から日本へやってくる人は、落語の「京の茶漬」のようなことを、しこたま仕込まれてくる気配がある。

「遊びに来いとか、ごちそうすると言われてもそのまま信用してはいけないんですってね、本心と言葉がまるで違うんでしょう？」

などと何度聞かされたことか。

たしかにそういう傾向はあって、移転通知などに「近くにいらしたら、どうぞお立寄り下さい」と刷られていても、それを額面どおりに受けとる日本人はいない。ただの決まり文句にすぎないが、中には人なつこい人もいて文字通り尋ねてきてくれたらうれしいナと本心から書いている人も無くはないだろう。

日本人のすべてが一色に「京の茶漬風」と思われるのも困るし、日々うらはらな心と言葉で暮していると思われるのもちょっとどうも……。

招待されて韓国の結婚式に列席した友人が驚いていたが、披露宴にはどこからともなく人々が現れて盛大に飲みかつ食べ、祝い、和気藹々。宴はてる頃にはまたいずこへともなく掻き消えていたという。

日常の食卓が大体バイキング形式だし、人数の増減などどうとでもなるし、慶事にはワッと集まって祝ってくれることのほうを喜ぶのだろう。

招待客の人選に頭を痛め、席順にこだわり、ぎりぎりのところで線を引き、他者はシャットアウトする日本の結婚式とはあまりにも違う。

ワリカンを心底おぞましく思うのも、こういう文化と無縁ではないのかもしれない。どちらがいい悪いを言うつもりもないが、ワリカンはミミっちくはあるが、ともかく独立独歩を志向する。韓国式は大らかで、あたたかくはあるが、それはまた反面、たかりの構造を醸成しないだろうか？

あれを思いこれを思いしていると、隣席の友人がまた笑いながら、

「おひるに何を食べましたか？」

と運転手に聞いた。

見ると若い運転手はハンドルを握りながら、片手でマッチの軸を折っては爪楊枝がわりにして、歯にはさまったものを引っぱり出そうと懸命である。そして大きな声で事もなげに、

「参鶏湯《サムゲタン》！」

と答えた。

昼食に参鶏湯とは優雅である。私もいつか明洞《ミヨンドン》の店で食べたことを思い出した。筒型の土鍋がシュウシュウ沸騰したまま運ばれて来、中には小さな雛鶏一羽がまるごと入っている。おなかに人参、棗《なつめ》、餅米などを詰め、とろけるように柔らかく煮てあり、

餅米のとろみでスープもうすく葛をひいたようである。味が淡すぎる時はちょっと塩を振るだけ。上品で洗練された味で、フランス料理のポ・ト・フにも似ていた。昔は王侯貴族のたべものだったという説明が壁にはってあった。

鶏の骨は床に捨てる。店に入ったとき驚いたのは、床に散乱した骨で、歩けば靴の下でみしみし音をたてた。こういう食べ屑のちらばっている店は、繁盛している店という誇示なのだろう。

今、運転手を悩ませているのは、骨から引き離した際の鶏肉の繊維であるらしい。この若さで歯に物がはさまるのは、歯列によほどの難あり、ね。

ときどきペッと窓外に口中のものを吐き出す。彼も笑ったり、歯の掃除をしたり、運転したりで、なかなかに忙しいのだった。

私たちの目的地に着くまで、彼の夾雑物との格闘は遂に終わらなかった。

食事風景

たべる姿にもお国ぶりがある。

おなじく箸を使いながら。

隣国のひとたちは食事の時、右手だけで箸やスプーンを扱い、左手は使わず遊ばせておく。膝の上とか床に手を置いて。

左手で皿や碗を持ち、口もとまで持ってきて食べるのは「乞食食い」として卑しめられる。乞食が、門前で恵んでもらったものを、立ったままガツガツかき込む姿を連想するのだろうか。

左ききの人もいる筈だろうに、左手を使って右手を遊ばせている人はまだ見たことがない。

숟가락《スッカラク》（スプーン）が大活躍するのも、こういう食べかたと関係があるのだろう。和

食の場合、スプーンは要らない。汁碗は口もとまで持ってきてすするのだから。国밥《クッパブ》（汁かけめし）という料理があって、大きなステンレスボールに張られた熱い肉汁のなかに、肉や具と一緒に、ごはん粒がさらさら泳いでいるといったふう。お酒のあとに注文する男性が多いが、これもスプーンなしでは食べられない。もちろん御飯もスプーンで食べる。

日本の「汁かけめし」はごはんの上にザバッと味噌汁などぶっかけて食べることで、そのせわしなさはまさに乞食食い、品のない食べかたとして嫌われる。しかし、「汁かけめし」の好きな男性は意外と多いような気がしている。

お茶漬も考えてみれば、「お茶かけめし」で同じわけだが、こちらは市民権を得て「お茶漬さらさら」なんて涼しい顔をしている。あちらからみれば乞食食いである。

また、女のひとは坐る時、立て膝が正式なのだから、片方の足を立てて食べる。치마《チマ》（裳）の下にはズボン状の下着をつけているし、치마《チマ》はふわりと拡がるからなんらさしつかえないわけだが、ジーパンを穿いていても片膝立ての姿勢をとって食べる。ロングスカートを穿いている女性が多いが、これもふだんの食事様式と無縁ではないのかもしれない。치마《チマ》とロングスカートは同じようなものである。タイトスカートだったらなんとしても困る。

ひるがえって、われらが食事様式を思い浮かべてみれば食べる時、姿勢が膳や低いテーブルの方に傾き寄ってゆくのは「犬食い」として卑しめられるが、左手を使わず、右手だけで食べ、からだのほうがたべものの方へ寄ってしまうかの地の食べかたは、こちらから見ると「犬食い」にみえる。

女のひとが片膝立てで食べていたりすればわが国では必ずや誰かの叱声が飛ぶだろう、「行儀悪い！」

おもしろいものである。長い間の習慣や、美意識の違い。

家庭でお客をもてなす時、奥さんは客席に侍りお酌をするということがない。待接《テージョプ》（もてなし）は、もっぱら主人の仕事である。

遊び女《め》と一線を画すということらしい。挨拶をしたり、席で少し話す程度が主婦のたしなみ。裏方で一心不乱に御馳走を作っているかと思えば、そうでもなく、ちょっとした家には必ず食母《シンモ》（お手伝い）がいて、料理万般を取りしきっている。主婦はちょっと指図する程度。ここ十何年、料理なんかしたことがないという主婦が結構多いのだった。

男性が相手にお酒をつぐ時、必ず左手を右手の肘あたりに添えるしぐさも独特のもので、これがなかなかきれいに見える。昔、服の袖がじゃまで左手を添えた名残りと聞いたことがあるが、今に残る両班《ヤンバン》（上流階級）風俗なのだろう。日本でも着物を着てお酌をするときは自然にこの形になる。背広やワイシャツ姿の男性がしてもさまになっているのがいい。若い娘でお釣りをさし出すとき、このしぐさをした人がいて、これも美しいと印象に残った。

人に対する動作では、片手だけより両手を使ったほうが礼儀にかなっているし、しかも両手を揃えてではなく、左手をちょっと右肘に添えるそのアンバランスな線が美しいと感じてからは、私もこのマナーをときどき真似したりする。

招かれて、お酒もほどよく廻り、地酒の法酒《ポプチュー》は上等のワインのようだなどと談笑盛りあがってくる頃、

「자《チャー》　노래《ノレ》　하세요《ハセヨ》（さあ　歌って下さい）」

と、たいてい主人側から催促される。

「노래《ノレ》？　용서하십시오《ヨンソハシプシオ》、音痴《ウムチ》니까《ニカ》（うた？　かんべんして下さい、音痴だから）」

と言っても、謙遜と取られてゆるしてもらえない。日本の歌でいいと言われても、持ち歌と言えるものはなし、ほとほと弱ってしまう。

自分ではさほど下手とも思わないのだが、父から「お前は何をやってもいいが、歌だけはよせ。いつも半音ぐらい下って、まるで大正時代の女学生の歌みたいだ」と言われ続けた。大正時代の女学生にもうまい人はいただろうから、こういうたとえは申訳ないみたいだが、一人で歌うことはあっても人前では控えましょう、が習い性になっている。

知人も或る家庭に招待されて、歌を懇望され困っていると、

「ヒバリでいいわ」

と言われ、はじめわからなかったがやっと美空ひばりの歌、と気づいたという。あまり固辞するのも白けさせてしまうことだし、困ったなァと思っていると、御主人が歌い、いつのまにか来ていた奥さんが歌い、お嬢さんたちが歌い、民謡あり、流行歌あり、童謡あり、いずれも音程のしっかりした美声で、嫋々たる情感が流れ出していた。まだ夜間通行禁止のあった頃で、十二時迄には宿に帰りつかなければならない。それを理由になんとか歌うことから救われたのだった。

狂言の台詞に、

「酒の肴に　いざ舞い候《そうら》へ　歌い候《そうら》へ」

「かしこまって候《そうろう》」

というのが沢山あったような気がするが、隣国のもっとも良き酒の肴は、歌なのではないか？　と思うときがある。歌がなければ夜も日もあけぬほどの歌ずきで、一人一人がすばらしくうまい。


食堂などで隣り合わせた数人のグループ、それが若者どうしだったり、中年どうしだったりすれば、もう豪快無比、まったく人目を気にせず人目はばからず談笑し、젓가락《チョッカラク》（箸）もて卓を叩き、飲みかつ歌い、욕《ヨック》（悪態語）飛び交い、というふうである。まるで八木

節をうたいながら、食べているようで、

「시끄러워《シクロウォ》！（うるさい）」

とも言えず、

「어머머《オモモ》 졌다《チョッタ》（や、や、や、負けた）」

で、ついついおもしろく見てしまう。

ふだん、内々での皆集まっての食事風景は、見る機会がないのだが、父や祖父をおもんばかって、かなり静粛に食べているのではないだろうか。息子が煙草を吸うのを知らない父親、弟が吸うのを中年に至るまで知らなかった兄貴、そんな人たちが結構多いらしく、なにしろ長幼の序、厳然の国である。

仲間どうし、外での食事の時は、いわば解放地区、なにかが爆発するのかもしれない。彼らが台風のごとく去ったあとの食卓は、箸、スプーン、散乱し、いかにも「食ったぞォ」の跡、歴然。

あちらから見れば、日本人はおチョボ口して、すまして食べて「何がうまいんだか」かもしれない。

이태리사람《イテリーサラム》（イタリー人）ならずとも、懐石料理なぞ全部終わっても、前菜コースのおしまい、さあこれから——と胃腸勇躍する異国人《とっくにびと》は多く、完全におしまいとわかって、ひどくすかされた気分になるらしいのだ。

最高の懐石料理は、味といい、器といい、世界に冠たるもの、と私は思っている。「食事を美術する」ところまで行っていて、そのせいかやたらに高いのが玉に瑕。ただこんなふうに思うのも、私が日本人であるだけのこと、ただのお国自慢かもしれない。懐石料理のチマチマぶりをせせら笑った隣国人には何人も会った。

今まであまり意識してこなかったのだが、食べる形でも私たちは小笠原流みたいなものにかなり支配されてきたと気づかされる。食べたあとも見苦しくないよう心を配り、女のひとは箸袋をきれいに結んで、そこに箸をさし込んで帰ったりする。洗練とみるか、人目ばかりを気にするおためごかしとみるか、どうともとれる。

ふだん使う食器は、皿にしろ、茶碗にしろ、その殆んどがステンレス製である。국밥《クッパプ》(汁かけめし)にしろ、こちらの癖で、つい左手を器に添えて、アチチと飛びあがる羽目になる。ステンレスは熱の伝わりかたが直接的だ。

「へんねぇ、ここは陶器の国じゃなかった?」

食卓で怪訝なおもいを抱く日本人は多く、こういう呟きがあちこちで洩れる。隣国の事情にまったくうとくても、陶器の先進国であるという認識は深く浸透しているのだ。今、新しく製産されている高麗青磁など欲しくて訪れる人も多いのだし。私も不思議に思って、韓国から来た留学生に尋ねてみたことがある。彼は理路整然と説明した。

「陶器の食器を使えるというのは平和の証拠です。我が国は貧しくて、その上、戦乱につぐ戦乱で逃げまどうことのほうが多かったのです。そんな時、陶器はかついで逃げられないが、金物なら可能です。はじめ真鍮だったのがステンレスに変わり定着したのもそのせいだったでしょう。冬は真鍮、夏は陶器と使い分けていた時代もあったのですが。それに、壬辰倭乱《イムジンウェラン》（文禄・慶長の役）の時、清正《チョンジョン》をはじめ倭軍が我が国の陶工を根こそぎ攫《さら》っていったではありませんか。今、日本が世界有数の陶器製産国になったのもそのせいで、反対に我が国の窯業が衰えたのも無理からぬことです。けれど今、やっと落ちつき、暮しのなかでだんだんに陶器や磁器を使おうという動きが出始めています。レストランや食堂ではステンレスが多いが、一般の家庭ではかなり陶器の食器が使われはじめています」

論旨は明快だが、日本語はかなりよろよろの彼の説明――やわらかい陶器が、ひそかに水を吸うように、それらは私の心に沁み、しみじみと腑に落ちた。改めて我が家の食器棚を眺めてみる。安物ばかりだが、じぶんの好みに合ったもの、すでに三十年、四十年を共にしてきたやきものたち。陶器に食物を盛って暮してこられたのは、とにもかくにも平和であった証だったのか……。

味

味の特徴はなんといっても、にんにく、唐がらし、胡麻油。

白馬江《ペンマガン》のほとり、河に張り出した鄙《ひな》びた川魚料理屋で、鰻のかばやきを食べたことがあった。天然ものらしく、味も調理法も同じだったが、かばやきの上に生にんにくをスライスしたものが、薬味のようにこんもりふりかけてあって、いささかギョッ！　だったが、食べてみると風味、意外によく合っておいしかった。

隣国に足をふみ入れたとたん、ふわんというか、むあんというか、体内を通って発散されるこの마늘《マヌル》（にんにく）の匂いが鼻を打つ。けれど何日か滞在して、にんにくふんだんの食事をしているうちに、まったくそれが気にならなくなってくる。

にんにくはなんと、この国の建国神話にも既に姿をあらわしているのだった。

五千年前とも七千年前とも言われる昔、天帝が下界を見おろしていると、三方を海に囲まれた美しい半島が目にとまった。この天帝の命を受けて、息子の桓雄《ハンウン》は従者をあまた従え白頭山《ペクトゥサン》に天下り、この半島を治めることになった。着々と成果はあがり、活気あふれる村々ができたが、それを見ていた虎と熊が「なんとか自分たちも人間になりたい」と桓雄《ハンウン》に願い出た。その切実さに負けて、

「よろしい、虎は男に、熊は女にしてやろう。ただし今日から百日の間、洞窟の暗闇にこもってひたすら祈りを捧げねばならぬ」

と命じた。

気の短い虎は十日も我慢できず飛び出して逃亡、辛抱強い熊はひたすら마늘《マヌル》（にんにく）だけを食べておこもりし、満願の百日目にはみめうるわしい乙女に変身、熊女《コムニョ》と名づけられた。桓雄《ハンウン》はいつしかこの熊女《コムニョ》を愛するようになり、一人の男の子が生まれた。この子は聡明、父をしのぐほどの青年になったので、桓雄《ハンウン》は安んじて天界に戻り、熊女《コムニョ》を母とする息子は栴檀《せんだん》の木の下で生まれたので、その一字を取って檀君《タングン》と号し、初めて朝鮮《チョソン》という国号を定めて国王となったというのである。

建国神話の頃から食べつづけ、人々を養いつづけてきたにんにくには敬意を払わなければ。においなんかに驚いてはいられない。

焼肉がよく知られているので、肉料理が主かと思われがちだが、日常のメニューは野菜料理が主体で、いろいろに工夫がこらされている。

キムチは漬物だが、にんにく、唐がらし、アミの塩辛、ひしこいわしの塩辛、生がき、梨、大根の線切り、栗、なつめなど、白菜の葉と葉の間にしこたま詰めて、自然の発酵作用を促し、各種ビタミン、乳酸菌が合成されるしくみ。浅漬やぬか漬とはまた違った複雑な味のハーモニィである。

それぞれの家の味があるらしいのだが、食べてみてその特徴や違いを判別することが私にはできない。唐がらしのパンチ力に気をとられてしまうせいか……。

母親が漬けたものこそキムチ、他はキムチまがいと豪語する男性も多いのだった。

雑穀の活躍もめざましい。

栗、黍《きび》、稗《ひえ》、麦、大豆、小豆——たきこみ御飯、お粥、餅、菓子などにふんだんに使われる。代用食の雑穀といった貶《おと》しめた考えかたではなく、それぞれの味を尊重した、むしろ五穀という扱いかた。ひたすらなる米信仰ではなく、五穀まんべんなく取り入れた食生活には深い智慧を感じる。

ソウルには東大門市場《トンデムンシジャン》、南大門市場《ナムデムンシジャン》という大きな市場があり、ここの活気は圧倒的で目がまわるようだ。

五穀をはじめ、魚介類、干物類、肉類、豚の頭、野菜類、雑貨、衣類、暮しに必要なものはすべて揃っていて、全体がワーンという喧騒に満ちている。

言い値どおりに買うのは馬鹿だそうで、

「깎아《カッカ》 주세요《ジュセヨ》（削って下さい→まけて下さい）」

のやりとりのはての売買成立。

見ていると「そんなに高いのなら買わないわ」のそぶりで客が立ち去りかけると、店の女あるじはあわてて呼びとめ丁々発止、そのかけひきは見もので、双方かなりたのしんでいるように見える。自動販売機でガチャンの味気なさとは違い、売り手と買い手のラグビーのようなぶつかりあい、活気横溢、湯気が出る。

私もためしに一度この「まけて」をやってみて失敗した。荷車に載せてあきなっていた瀬戸物屋のおじさんをカンカンに怒らせてしまったのである。ジャム入れによさそうな蓋つき小壺だったが、元もとれないような安値を口走って「まけて」と言ったらしい。やはりおのずからなる呼吸、気合、算数が必要らしく、私にはどだい無理だった。ゆったりと、

「좀《チョム》 비싼데요《ピサンデヨ》（ちょっと高いわね）」

というぐらいが無難である。すると少しづつ値段を下げてくれる。

店々には男性もいるが、リーダーシップを握っているのは断然아줌마《アジュンマ》たち（おばさんたち）である。市場には女のバイタリティが溢れかえっている。

ソウルの有名な二大市場ばかりではなく、地方都市――全州《チョンジュ》や順天《スンチョン》で見た市も壮観

だった。こちらは野天で、川に添って延々だったり、道ばたや路次にまで入りこんで歩行者天国さながらだった。

딸기《タルギ》（いちご）の季節、苺はリヤカーの戸板の上にこんもり小山なして、辻々で売られていた。苺とはパック入りという固定観念をぶち破られる壮快な眺めだった。

사과《サグヮ》（りんご）や배《ベエ》（梨）や복숭아《ボクスンア》（桃）など買った時の、おばさんたちのいきいきした表情、あたたかさは、日本の北陸や東北地方の朝市で感じさせられるおばさんたちの雰囲気とそっくりなのだった。


道ばたで商っているおばさんたちが四、五人集まって車座になって昼食をとっていたりするのを見ると、実によく미역《ミヨック》スープ（わかめスープ）を飲んでいる。

海藻をふんだんに食べるのも、味覚の特徴の一つだろう。

厚手の昆布を四センチぐらいの正方形に切り、油で揚げた튀각《トゥイガク》もよく食べるが、これを見たときはうれしくなった。日本でもこの食べかたをする地方があり、親戚でこれが大好物だった人の顔が浮かんできたから。パリパリしておいしい。普茶料理のメニューにもあったような気がするけれど。

海苔は一面に胡麻油を塗って焼き、かるく塩をふり、三、四センチの正方形に切って出す。これはお酒のつまみにもいい。

海苔と言えば海苔巻きもあり、具も沢山入れて豪華だが、いかんせんお寿司の味がしない。酢の味があまりにも乏しくて、ただの海苔巻きごはんに感じられる。江戸前ふう握りもあるが、鮮度抜群なのにこれもお寿司の感じがしない。お寿司は초밥《チョウバブ》（酢ごはん）だが、名称をかなり裏切っている。

そういえば料理のなかに「酢のもの」的な味がないことに気がついた。あっても、ほんの僅かで、なんだかこわごわ使っているようで、酸味というのがよほど嫌いなのかと思っていた。

料理の本を読んでいたら、酢は昔、自家製で、酒から作り、酢の種を他家にゆずればその家は滅びてしまうというぐらいの貴重品であったことを知り、やっと腑に落ちた。長い間の習慣で、味覚がそれを必要としなくなったのだろう。

常備菜の豊かさにも感じ入る。

一食ごとに作るのではなく、作るときにはドーンといっぺんに作ってしまうらしい。キムチがそうであるごとく。女手が多くなければできないことである。

ぜんまい、もやし、季節の青物を使った、나물《ナムル》（あえもの）。蕪や大根、きゅうりのキムチ。かき、アミ、明太子の塩辛類。魚の煮つけ、干だら料理。各種スープ類。どの家にも常時用意されていて、それを主体に、その時々で何品かを新たに作るとい

うふう。沢山のおかずを食べるのが習慣化されているせいか、食堂やレストランに入っても、頼んだ品以外に、この常備菜が四、五品並べられることが多い。心をこめてもてなしてくれる家庭料理の味はさすがで、どこの国でも一番おいしいのは家庭料理かもしれない。

神仙炉《シンソルロ》は、中国料理の火鍋子《ホーコーズ》と同型の鍋で、まんなかの筒に炭火を入れて煮る豪華なもの。どう見ても中国伝来の料理だが、「いや、これはインドから伝わったもの」とがんばっている料理の先生もいるらしい。なにごとであれ隣どうしというのはややこしい。それはともかく神仙炉は、肉だんご、わんたんふうのもの、えび、鱈、銀杏、季節によって鮑、かき、野菜、さまざまの具を薄口スープで煮た洗練された味。材料の買い出しから調理まで、どれほどの手間ひまがかかっているか、ながらく作る人であった私にはだいたいわかり、おいしさと共にその労力もしみじみと賞味させてもらう。

なんと言っても最高に御馳走しがいのあるのは主婦ではあるまいか。

隣国の主婦たちの手抜きをしないところや、料理の舎乄《ソムシ》（お手並み）には、こちらが負ケソウ！　たじたじである。

肉膾《ユッケ》は、赤身の肉をこまかく叩き切った、牛肉の刺し身で、ドイツあたりでよく食べるタルタルステーキとまったく同じ。タルタルステーキは「タタール人のステーキ」という意味だそうで、中央アジアのタタール族の調理法が西と東に伝播したわけだ。それ

を思うと雄大な気分になるのだが、私はどうも肉膾《ユッケ》というこの牛肉の生食は苦手である。魚の刺し身（회《フェ》）は縁なくて、まだ食べたことがないが、醤油ではなく고추장《コチュジャン》（唐がらし味噌）につけて食べる。東洋のタバスコソースとでも言うべきもの。新鮮な刺し身をこれでは食べた気がしないと、醤油の小瓶持参で訪れる日本人もあるという。「郷に入っては郷に従え」がよろしからんに。

海べの小さな町の、小さな呑み屋で、ひらめの회《フェ》（刺し身）を注文したら、三枚におろさず、鱗だけ取って、皮つきのまま骨ごとぶつ切り、そのまま出され、「え？　これが刺し身か」、骨から身をはがすのさえ容易でなく、かぶりついてはみたものの「いやァ、まいった、まいった」であったという友人がいた。

いったいに飲食店の味はしょっぱすぎたり、辛すぎたりが多いが、家庭料理の味は、はんなりしていて味のバランスがよくとれている。

御馳走になったものの中で、いたく気に入り、教えてもらって、我が家の献立に完全に取り入れてしまったものに雑菜《チャプチェ》がある。

材料

人参、椎茸、筍《たけのこ》、季節の青物（芹、さやえんどう、いんげんなど）、春雨、松の実、牛肉、卵。

たれ

薄口醤油、砂糖、胡麻油、粉とうがらし少々。

作りかた

野菜はすべて線切り。青物は茹でて切る。人参は人参、椎茸は椎茸、種類別に一つ一つ炒める。これがコツ。塩味少々。

春雨はもどし、湯どうし。三、四センチに切る。

錦糸卵をつくる。

牛肉は、砂糖、醤油、胡椒、葱みじん、生姜みじん、にんにく、ごま油に漬けておいて、焼き、線切り。ただしこれは面倒なので、家ではかまぼこの線切りで代用。

炒めた材料を全部、たれでさっくり和《あ》え、味を整える。家ではたれに酢を加える。

深鉢にこんもり盛って、松の実を散らし、錦糸卵を飾って出来あがり。

かなり手間ひまかかるのだが、「あら、おいしいわね、いくらでも食べられる」と、雑菜の山はたちまちに崩される。炒めものなのだから、全部いっしょでいいではないかといっぺんにやると失敗する。面倒でも一つ一つ炒めること。これが変哲もない材料を見事な一品に変えてしまう魔法なのだった。雑菜の名のとおり、時々のありあわせの野菜（えのき茸、しめじ、かいわれ）なんでもござれ、アレンジも自由自在でいいのだろう。野菜ぎらいの子、おとしよりも喜々の筈である。

食後の水正果《スージョングワ》というデザートも忘れがたい。つくりかたはひどく簡単。

親指大くらいの生姜三ヶを薄切り。コップ三杯くらいの水で煮出す。適当なところで生姜をひきあげ、砂糖、棒状のシナモン一本（肉桂粉でも可）を入れ、つめたく冷やす。ガラスの器に干柿（小さいものなら一ヶ、大きいのは輪切りにして）入れ、冷やした液を注ぐ。


中に入れるのは干柿と決まっているようだから、冬のデザートだろうが、清涼感あふれる飲みものである。あたたかいオンドルの部屋で、熱く辛くこってりした찌개《チゲ》（鍋もの）の後などに最高だろう。


どぶろくのことをマッカリという日本人が多いが、正しくは막걸리《マッコルリ》で、発音しにくいためにマッカリになってしまったのだろうか。

マッコルリはやかんに入ってドンと出てくる。野趣満々。はじめて飲んだ時、アルコール入りのカルピスかと思ったほど甘さを感じた。けれど液の濃淡にしろ淡い甘さにしろ、その時々で味はずいぶんと違い、判で押したように同じではないところがおもしろい。

このマッコルリにしてマッカリには、なんといっても唐がらし、にんにく、ごま油入りの안주《アンジュ》（肴）がよく似合う。동동주《トンドンジュ》は、米つぶの浮いているどぶろくのことだそうだが、これも地酒の味わい深いものだった。

母酒《モジュ》というお酒は、どぶろくに黒砂糖をまぜて人肌にあたためたもので、二日酔いによくきくという薄茶いろのお酒だった。ちょっと母乳を飲んでいるようなへんな気分にもなったが、母酒という命名からくるものだったろうか。コーカサスや蒙古高原の風が、一瞬吹き渡ってくるようだった。これまた飲んだこともない馬乳酒からの連想だったのか。

「お茶を飲む日本人の習慣っていいですね」

と、ある在日韓国人に言われ、

「えっ？　韓国ではお茶を飲まないんですか？」

とびっくりしたのだが、行ってみると確かに煎茶は飲まない。春夏秋冬、麦茶だった。

むちゃくちゃお茶好きの私としては、韓国にかぎらず外国旅行のとき緑茶を飲めないのが、かなりつらいところである。国内旅行でも海外旅行でも、必ず抹茶碗と茶筅と抹茶を携行、旅する人を知っているが、私はそれほどまめではない。

カフェインを欲する時、韓国ではたいてい커피《コピー》（珈琲）になるようだった。むかしは「숭늉《スンニュン》」というものがあって、これはごはんを炊いた時、お釜の底にできるお焦《こ》げをこそげとり、お湯をさし、軽く塩をふった飲物だそうな。その話を聞いたとき、子供の頃私もどこかの田舎で、それを飲んだことがあったような、なかったような、曖昧ではあるけれど十分に思い出すことのできるような味である。ちょっと年上の東京育ちの友人に話したら「あら、私も飲んだわよ、子供の頃。ワッ！　なつかしい！」と叫んだ。

食後のお茶がわりというか、食事の留《と》めというか、その素朴でほのぼのとした숭늉《スンニュン》も電気釜の普及で、次第に遠ざかってゆく味覚の一つであるのだろう。

友人のそのまた友人である成《ソン》さんの家に招かれた時、おいしい料理のもてなしの後に、無いと思っていたお茶を出された。目の前でまるで煎茶道のようにひどくていねいに入れてくれて、それが旱天の慈雨のように美味でとたんに生き返るほどだった。

その時の説明では、韓国にも緑茶はあり、智異山《チリサン》が産地であるという。喫茶の風習は高麗時代までは盛んだったが、それも僧侶、貴族の間にとどまり、庶民階級にまで浸透してゆかなかった。李朝時代になって仏教を弾圧、それとともに喫茶の風習も絶えてしまったらしい。

ものの本によれば、日本では平安時代の初め、中国から団茶の風習が入り、茶のかたまりを砕いて煎じて飲んでいた頃から、鎌倉時代、宋よりもたらされた抹茶法を経て、江戸後期には葉茶を煎じて飲む喫茶の風が庶民階級の隅々までゆき渡り、それこそ「日常茶飯事」になっていたという。

なにごとによらず、最初は貴族階級のものだったのが、長い歳月を経て、ゆるやかなカーブを描きつつ庶民階級に浸透してゆくという文化の型を持っていたのだ、と改めて認識させられる。

成《ソン》さんのお宅で頂いた葉茶の名は、雀舌茶《チャクソルチャ》と言い、ずいぶんウィットのあるネーミングだなと思ったが、さて、何が雀の舌なのか……。

それから何年かすぎて、南原《ナモン》市に近い智異山《チリサン》に行くことができた。華厳寺《ファオムサ》をはじめ、たくさんの寺々を包みこんだ山また山の霊山で、その山麓で雀舌茶《チャクソルチャ》を売っていた。木地師が挽いたらしい白木のふっくらした茶壺に、つまみのついた蓋、禅味のある容器に入っている。葉茶も売っていたが、ほそぼそという感じで、流通機構にのるものではないらしい。

家に帰って飲む前に、お茶の葉っぱをルーペで眺めてみると、なるほど、葉の一つ一つのよじれぐあいが独特である。雀の舌は見たことがないが、こんなふうにねじれているのかしら。これに比べると日本のお茶の葉はまっすぐと言っていい。揉みの方法の違いだろうか。色もはるかに黒い。典型的な山茶なのかもしれない。

味わいは滋味ふかく、何度お湯をさしてもお茶の味がする。子供の頃のんでいたお茶はこうだったが、今、日本の緑茶は二、三度お湯を注ぐともう茶気が抜けてしまう。肥料をやりすぎるせいだと聞いたことがあるけれど。

買ってきた雀舌茶《チャクソルチャ》をみんな飲んでしまったら、ちょっとさびしい気がした。智異山《チリサン》は、あまりにも遠い。

V　こちら側とむこう側

無窮花

家の庭の一隅に、木槿《むくげ》の木が一本立っている。

初夏から秋にかけて、白い花を溢れんばかりに咲かせる。外から帰って木戸を押し、ふと目をやると白い花々が夜目にもほの白く燭をかかげたように咲ききわまり、「お帰りなさい」なのだ。

この木槿を韓国では無窮花《ムグンファ》と言い、国花になっていることを知らない人は多い。

道のべの木槿は馬にくはれけり

で、芭蕉によって、日本の木槿は馬のサラダにされてしまってパクリなのだが、この木が好きな人も多いとみえ、歩いていると庭木として咲きほこっているのを塀ごしによく見かけたりする。

日本では、夏の茶花としても珍重されている。朝咲いた一重の白をスパッと切って一輪、小さな壺に挿したりすると、そのすがすがしさは辺りを払い、茶室の床の間にはぴったりである。夏、客を迎える主人の心意気を託するに足る花。

淡紫色や淡紅色もあるけれど、私はやはり純白の美しさに心惹かれる。

ハングルを習いはじめた記念に、小さな苗木を買ってきて植えたら、たちまちに生長して三メートルをゆうに越す勢いになり、「木槿」にして「無窮花《ムグンファ》」は、年々歳々たくさんの花をつけるようになった。

植物の生長は、ゆるやかだが迅い。寡黙で静謐そのものだが、一日の休みもないようなひそやかな内部の動き。気づいた時にはもうかなりの大木になっている。

次から次へ繰り出すように、あえかに咲くこの木の下に佇めば、ばたばたするわりにはさっぱり根づかない私のハングル習得、学成り難しの憶いがいやでも湧いてくる。

それにしてもこの花に無窮花（つきることなく、きわまりない花）とは、よく命名したものである。韓国の人で、

「무궁화는《ムグンファヌン》 싫어《シロ》！（無窮花は嫌い！）」

とプイと横を向いた人がいた。

理由を聞くと、

「これでもかこれでもかと、しつこく咲くところ、虫がつきやすくて始末が悪いところ」と言った。

まったく人はそれぞれである。この人が厭だと言うところが私は気に入っているのだから。たしかに虫はつきやすく、何回除虫剤を撒いたかしれないが、そんなことでへこたれるような木ではない。このあおい科の落葉灌木は、次の年にはせいせいした顔で青葉若葉をみなぎらせる。

「槿花一朝の夢」とも言うように、一花一花は朝咲いて夕にしぼむはかなさだが、予備軍がいっぱいに控え、後を追って次々にフーガのように続くさまは壮観でさえある。花期の長さは花木のなかで随一かもしれない。

もう一つ気に入っているのは、散りぎわの姿である。椿のように咲ききったままボトリと落ちることはない。いったん開ききった花びらをくるくると巻いて蕾状の姿に戻り、身の始末を終えてからハタリと落ちる。蕾状に戻るといっても、これから咲こうとするふくらみや活力の姿ではなく、洗い晒された麻のような色と、しわしわの姿に身を巻いて、それから音もなく散る。こんなに行儀のいい花も珍しい。身だしなみのいい明治の女の着替えを、ふと垣間みたときのような感慨を持つ。

夏、韓国を旅すると、土質が合っているせいか無窮花がいっぱい。小さな木でもけなげに沢山の花をつけている。

家のもそうだが、特別の手入れも肥料もなしにどんどん大きくなる。実に勁《つよ》い。

日本の国花は桜だが、桜がなんとはなしに日本人を現してしまっているように、無窮花もまた隣国人気質をどこかで象徴しているような気がする。

北の国花は진달래《チンダルレ》（つつじ）と聞いたことがあるけれど。

コスモス

今までコスモスという花は嫌いの部に属していた。

丈高く育ちすぎ、一メートル五十センチぐらいはざらで、やがて、しなだれかかるようにへなへなとなり、どうもしどけない。だらしない。四方八方、方途もなく乱れ咲くありさまは「もう少しシャンとしてよ」と言いたくなってしまう。

咲かせてはみたものの困ったというように紐でくくったり、柵にしばったりという家をよく見かける。あれが厭でコスモスの種は蒔いたことがない。

秋、韓国を旅してびっくりしたのは、コスモスが凛烈と立っていることだった。丈は七十センチぐらいでピタリととまり、一本一本まっすぐに立っている。気温と土壌の関係だろうか。

同じきく科の花なのに、日本のコスモスとは姿勢がまるで違っているのだった。矮小性の種類なのだろうか。

コスモスは隣国でも코스모스《コスモス》である。

色とりどりのコスモスが、村道やあぜ道や高速道路の両側に、どこまでもどこまでもすっきり続いてゆく姿は蒼い空と相まって秋そのもの。冴え冴えとした風景である。

それも自然発生ではなく、人の手がどこかで入っていなければ、こんなに見事に連なってはいかないだろう。

コスモスを初めて美しいと思い、心がスイと流れ出て花々に寄り添うのを感じた。

かの地の女子学生に一番人気のある花というのもわかる気がする。

いったいに韓国の花はそう種類が多くはない。

春ならば、개나리《ケナリ》（れんぎょう）、벚꽃《ポッコツ》（さくら）、진달래《チンダルレ》（つつじ）

夏ならば、무궁화《ムグンファ》（むくげ）

秋ならば、コスモス、サルビア、국화《ククワ》（菊）

ぐらいしか目に入ってこない。

季節季節に咲く花がきわめてシンプル。いつか慶州《キョンジュ》の民家に、うす紫のライラックの花が咲きこぼれていて、まるで珍しいものに出会ったように目をとめたことがある。

もっともっと奥深く知れば、歩けば、ああこんな花も咲いていると新たな発見があるのかもしれないが、ざっと見渡したところ、花の種類が単純で、その単一の花々で山野いっぱいに満たされるというふうである。

こういう咲きかたも悪くない。単純ごのみの私としては、花瓶にさすときもいろんな色のまじるのを避け、できれば一種類だけでワッと溢れさす。それの大がかりな風景なのだから、気に入らない筈はない。

日本は植物の種類が多種多様で、花の名前もいちいち覚えきれないほどである。園芸愛好家も多く次々新種を作り出すし、輸入もさかんだし、そして野草のはてにいたるまで、実にこまやかな名前がつくられてゆく。「乙女《おとめ》の簪《かんざし》」なんてのもあったっけ。信州の高原で可憐にゆれていた野草を思い出す。

よほど植物の生育に適した土地柄なのだ。

道の片側はポプラの並木、片側はコスモスの列がどこまでも続く、韓《から》の国のあぜ道を歩きながら思っていた。

我が故郷はなんといっても亜熱帯の島々。

かささぎ

かささぎという鳥は「까치《ッカーチー》」だ。

濃音《のうおん》の発音練習の好例としてよく出てくる。内にこもって粘りつくような甲高いこの濃音が私は苦手で、うまくいったためしがない。

いつか百貨店《ペックワジョム》で、小さな木版画を買おうとしてあれこれ見ていたとき、からすとも、かささぎともみえる鳥二羽を指さして、

「까치죠《ッカーチージョウ》？（かささぎでしょう？）」

と店員に聞くと、怪訝な顔で黙っている。友人が同じ質問をしたら、その発音がよかったせいなのか、今度は勢いよく、

「그래요《クレヨ》（そうです）」

と言う。私はいたく傷ついた。

価値《カチ》（가치＝日本語と同音）ぐらいにしか聞きとれなかったのかもしれない。

いささかうらみのある鳥なのだが、かささぎは吉鳥で福を運んでくる鳥として、韓国ではひどく愛されている。朝、鳥が鳴けば人々は不吉がり、ペッペッと唾を吐きすて、かささぎが屋根で鳴いたりすると、

「あ、今日はいいことがあるかも。いい便りが来るかも」

と、ほくほく喜ぶならわしがあるという。

もう一つおもしろいのは七夕の伝説。

七夕にはかささぎ達がいっせいに天に飛びたつ。そして翼をならべて天の川に仮の橋をつくり、年に一度の牽牛星、織女星の逢瀬《おうせ》を助けるという。七夕の日にのそのそと地上で餌を啄《ついば》んだりしているかささぎが居ようものなら、

「この怠けものメが！　早く行け！」

えらい剣幕で、お婆さんなんかに追いたてられるとか。

伝説と現実とがごっちゃになっているこんなお婆さんが今も居るということが、なんともたのしい。

丈高い喬木のてっぺんに近く、かささぎの巣があるのをよく見かけるが、晩秋すっかり葉をふるい落とした裸木に、かささぎの巣はひどく目立つ。細い枯枝を集め、くちばしだけで丸い大きなマリモ型に組む技術は大したものだが、あんまり目立ちすぎて心配

になる。けれど大昔から皆に大切に保護され、害されることなくきた習性が、威風堂々憶するところなし、なのかもしれない。

日本では馴染みのうすい鳥。佐賀県の一部にしか棲んでいず、カチガラスとも呼ばれている。

私は一度、ソウル近くの村で、まぢかに見たことがある。お腹と肩羽が純白、他は光沢のある漆黒。烏よりずっと小ぶり、すっきりと端正な姿で、長い尾ピンと立て、まったく人を恐れずに歩いていた。黒と白とのかなりのフォーマル・スタイル。あれならそのまま、まっすぐに天界にも飛びたてるだろう。

或る日、『和泉式部集』が読みたくなって、本棚から抜きとり、ぱらぱらめくっていると、

七月七日　人のもとに
七夕におとるものかは物をのみ思ひぞわたるかささぎの橋

という恋歌にぶつかり、アッとひとり声をあげてしまった。今までまったく気づかなかった歌である。

七夕の日とばかりは限りません。あなたを憶う心は、いつもかささぎの橋を渡って通

うのです——と読めたのだが、アッと驚いたのは、今、日本ではすっかり忘れさられてしまった鵲橋《じゃっきょう》の伝説が、平安朝時代までは常識だったということである。両国に七夕の伝説の共有があったのだった。

あたりまえだ、すべての良きものは我々が倭に教えてやったのである、何を今さら——という声が聞えてきそうである。この理非を超えた優位の感情は体質と化すまでに深いものだが、それに気づいている日本人は非常にすくない。

それはともかく、私にとってのこの小さな発見がうれしくて、古典にくわしい友人の牟礼慶子さんに電話で話した。牟礼さんもこの話が気に入ったらしく、書庫にこもって楽しみながら調べて下さり、またの名「調べ魔」らしい、ぎっしりの調査書が届いた。

それによると、『万葉集』には「かささぎの橋」は見当らず、彦星はもっぱら船を漕いでのあいびきのスタイル。

そう言えばむかし、「七夕」という詩を書いたとき、『万葉集』のなかの、

このゆうべふりくる雨は彦星の早榜《こ》ぐ船の櫂の散沫《ちり》かも

という歌を引用したことがあった。七夕の日に雨という残念さを、これもまた一興、彦星のはやりにはやる飛沫《しぶき》なり、と受けとめている。

「かささぎの橋」は、『新古今集』あたりになってやっと出現するとのこと。七夕の原典は中国だろうが、あいびきのスタイルには二つの伝承があったことを思わせる。

かそけき櫂の音を立てながら、天の川を漕ぎ渡る彦星のイメージ。

かささぎ達がいっせいに連なり、ハタハタ羽音をたてながら必死に作っている橋の上を、踏むがごとく踏まざるがごとく、かろやかに羅の領巾《ひれ》などをなびかせて渡ってゆく織女の姿。

二つながらに美しい。

時代をへだてて二つの伝承が定着し、日本語の歌として残ったのだ。

渡来びとと、文化伝播の時期の問題をあれこれ想像してみたくなる。

和泉式部は実際にかささぎを見たことがあるのだろうか。推古天皇の頃、新羅びとが鵲《かささぎ》のつがいを献上した記録はあるが、どうも関西地区では繁殖しなかったような気がする。身近な鳥だったら、こんなにも早く「七夕とかささぎ」の記憶が抜け落ちてゆく筈がない。

和泉式部もたぶん、見たことはなく、伝承だけをたよりに書いたのだろう。

式部の歌はともかく原話を踏まえているが、他の歌はどんどん逸れて装飾的になってゆき、「かささぎの橋」という美しい音のひびきだけを使いたがっているようにみえる。

かささぎはどうやら私の心にも小さな巣をつくりはじめたらしい。
七夕におとるものかは、ふだんの日でも、発音練習をかねて呼びかけたりしている。
까치《ツカーチー》！
까치《ツカーチー》！
까치《ツカーチー》！

멋《モッ》

멋《モッ》という名詞がある。

これがなかなか訳しにくい。辞書によれば「風流、おしゃれ、物事の真味」などと出てくるが、どうもぴったりしない。

맛《マッ》は「味」であり、멋《モッ》は「味わい」とも言える。아버지《アボジ》（父）、어머니《オモニ》（母）に見られるように、棒が右へ突き出ているのが陽母音、左へ出るのが陰母音だから、

「味わいと言ってもいいんでしょう?」

と尋ねても、隣国人は首をかしげ、それともちょっと違うという表情をする。

言葉における멋《モッ》は、前に書いたように、俗談（諺）の中に一番はつらつと現れているし、日常語のなかにも、アッ！　と立ちどまる面白い表現は多い。

この멋《モッ》は、隣国びとの心情の核心であり、美意識であり、しかも無意識のうちに発動

し、揺曳するところのもの。

私の友人で、韓国からの団体旅行のガイドをしている日本女性がいる。よく知られているように団体行動の苦手な人達で、てんでばらばら個人主義、百家争鳴、企業見学の男性一行だったのだが、ほとほと参ってしまう終わり頃、その中でも道中一番おさわがせの中年男性が、

「ガールフレンドにネックレスのお土産を買って行きたいから一緒に選んでほしい」

と言い、デパートのアクセサリー売り場で、

「韓国の人は派手ごのみだから、こんなのはどうかしら？」

「あなただったら、やってみたいと思うのはどれですか？　うむ、これ？　じゃあなたのセンスを信じて、これに決めた！」

かなり高価なメタリックのネックレスを選んだ。大阪空港で別れる時、

「実はあなたへのプレゼントよ。お世話になりました」

と渡して、さっさと搭乗口へ消えてしまった。この話を聞いた時、行動における吺《モッ》を感じたのである。

吺《モッ》がある――というのが最高の讃辞のようで、いくら立派でも吺《モッ》がなければ取るに足りないという感性。

それは完璧さにさして重きを置かない。

荒けずりで、勢いがあって、生まるべくして生まれた。
無作為。
どこかで突き抜けている。
いたずらっ気。おかしみ。
迫力と洗練の微妙なバランス。
そんなもの一切が含まれているようだ。

「멋있군요《モッシクニョー》（멋《モッ》がありますねぇ）」という褒めことばは、

しゃれてますねぇ、
味がありますねぇ、
すてきですねぇ、

という意味を含み、それがあんまり連発されたために、今ではかえって、

「좋아요《チョアヨ》・좋군요《チョークニョー》（いいですねぇ）」

という、あっさりした言いかたのほうが好まれているようだ。

いずれにしても멋《モッ》を一言で定義づけられないのは、「わび」や「さび」や「しぶい」にも似ている。外国人に対してこれを理解できるように説明するのは大層難かしい。

멋《モッ》のことをいろいろ考えてきて、もし仮に日本語で一口で言うと「飄逸味」かもしれないと思う。

「飄逸味がぴったりでしょう?」

と言っても、またもや首をかしげられるかもしれないけれど。

やきもの

陶器における味《モッ》は、日本人すでに先刻承知のところで、云々するまでもない。深沈として、さりげなく、こちらを吸いこんでくれるような暖かさは、室町時代から既に永く愛好されてきた。

私の好きな陶器に、刷毛目《はけめ》というのがある。本来なら朝鮮カオリンという化粧土にくぐらせ、それから透明釉をかけ、粉引《こひき》というぼってりした白になるべきところ、貴重な化粧土をケチって、さっと一刷《は》け塗り、ともかく白は白ですよ、というつくりかた。藁《わら》の穂先を集めてくくり、小さな箒《ほうき》状にして、勢いよく刷く。カスカスの、かすれた線と線の間に、粗悪な胎土のグレーの地がすけてみえる。

まさにケチの功名。隙のある美しさ。欠けたるところのある良さ。

これもまた、味《モッ》の大きな要素かもしれない。

李朝時代、庶民は白磁の使用を禁止され、けれど白の食器へのあこがれ止みがたく、こういう手法が生まれたと聞いたことがある。

浜田庄司が「刷毛目はむずかしい」と歎いたそうだが、無心にさっと一刷けというのは、たしかにむずかしそうである。

一年分のキムチや味噌を入れて、庭さきに置かれる독《トック》という飴いろの甕も、作りは実に無雑作で、底が平らでないのか、がたぴしした姿で並べられている。大量生産である筈のこの甕も、整然とはしていない。

大小さまざまの甕が、いびつなんかどこ吹く風、というように庭さきや屋根や塀の上に泰然と鎮座し、ぴっちり蓋をかぶせられ、おもいおもいの姿で陽を浴びて、中のものをゆっくり発酵させている図は、隣国ならではの安らかな風景である。

隙のある美しさ、欠けたるところのある良さ、を十分に享受できる素質を持った日本人が、いざ物を作ろうとすると、完璧志向があらわれる。シンメトリーが気にかかる。一分の隙もないものを作れなければ一人前の職人とはみなされない。

鑑賞と製作のこのアンバランスはおもしろい。ふしぎである。

いつか、中国の陶器を熱愛する友人に、

「李朝のものがいいったって、中国の逸品に比べたらぜんぜん駄目。絶対にかないっこない」

と挑まれ、中国の陶器をさほどいいと思っていない私は、

「中国の陶器は精巧だけれど、一分の隙もなくて、こちらがパーンとはねかえされるよ

うな硬さがある。見事ですね、で終り。特に景徳鎮のものなんか厭じゃァ」

とか言って、相手も負けてはいず、

「高麗青磁なんか、あなた、あれは金かくしの色よ」

「冗談じゃありません！」

お互いに一歩も譲らず喧々囂々、言い争ったことがある。好みの問題ばかりはどうしようもないけれど。

木工品

木工品にも得もいわれぬ味わいがある。立派な螺鈿《らでん》細工の箪笥、膳、盆、にはあまり興味を惹かれないが、ふだん使われる木工品には、言いしれぬ魅力を感じる。

ソウルの도깨비시장《トッケビシジャン》（お化け市場）は、「蚤の市」のようなもので、古物として放出されたおもしろいものが、埃をかぶって、ごろごろしていた。

도깨비《トッケビ》は、お化けとしか訳しようがないが、幽霊のように陰惨でおどろおどろした観念ではなく、小鬼が跳びはねているようなおどけた感じがある。

かっぱらってきた物も、何喰わぬ顔で並んでいるようなその市場で、むかし農家ででも使っていたらしい木製の燭台を買った。

いかにも手作りらしく、ピサの斜塔のように、ややに傾いていて、かろうじてバラン

スを保った上に、白い小さな油壺がのっかっていた。手もとに置いてみると、私の中の日本人は、肝心の支えの棒がななめであるのがやっぱり気にかかる。これぞ멋《モッ》と思いながらも、直せるものならまっすぐに直したいような気もして、台座のところをガタガタゆすってみる。接着剤もない時代に、どうやって嵌めこんだのか、びくともしない。

木の根っこを彫りぬいた灰皿も、見逃しがたくて買ったが、堅くて堅くてどうしようもない木の根っこを、丹念に丹念に彫りぬいていった鑿《のみ》の跡があり、ずいぶん使いふるされた煤けたもの。日本円で千円もしない安さだったが、値段とはかかわりなく、今、私のたからもので愛用している。落してもぶつけてもこわれそうにない頑丈そのものの大ぶりの木の灰皿。触れるたびに気持が和む。

南原《ナモン》市で木工所を見学させてもらったことがあるが、そこでは主に膳を作っていた。八角形の膳、丸型膳を支える脚の優美さ。独特の形がうず高く積まれ、工房というのはどこでもそうだが、雑然としたなかに、ものを産み出す活気が溢れていた。

下働きの主婦たちは、パートで、日本円に直すと月、三万円くらいの給料だそうだが、皆あかるくて、농담《ノンダム》（冗談）飛び交い、笑い声が絶えず、木器磨きにせいを出していた。目にとまったのが、位牌入れで、日本のもののように、黒地に金ぴかの飾りではなく、

さっと栗色の漆を塗った質朴なお宮型。すっかり気に入って、我が家の仏様たちに入ってもらうべく買った。すてき! と心の中で叫んだが、こればかりはお土産として数箇買うというわけにはいかない品物だった。

中年の陽気な職人が、位牌入れを指さして「ヤスクニ!」「ヤスクニ!」と連呼するのにはまいった。

民画

民画は、正統派の絵とは別に、民衆に愛され、かつ必需品、ふだんふんだんに使いすてられてきた絵である。そういう意味では浮世絵に近い。

民画という命名は、柳宗悦によるが、韓国では俗画とか生活画とか呼ばれることが多いらしい。

画家の李禹煥《イーウーファン》氏に伺ったところによると、民画はおおかた旅絵師の作だそうで、放浪の画家たちによって支えられてきた。

李朝時代は、陶工、絵師、旅芸人、僧侶など、賤民扱いだったから、いわば、最下層の民として、村々を廻り、さすらいながら、ふすま絵、屏風、飾り絵を描いて残し、いわば住まいのグラフィックデザイナーの役割を担ってきた。古びてくれば、また新しくやってきた旅絵師に描かせ、ぺたりと古いものの上に貼りつける。

民画のなかの逸品は、生気横溢、気韻生動、神韻縹渺の域に達していて、思わず呻くようなものもあるが、正規の勉強をしたちゃんとした画家が、バイト絵として描くこともあったらしいから、そういう人のものなのだろうか。

反対に、ずっこけ調、ちゃらんぽらん、いい加減、やけくそ、というのもあって、それがまた捨てがたい味わいを持っている。なにせ野放図、自由奔放なのだ。

逆遠近法というのもあって、ふつうなら遠景になるほど、つぼまってゆく筈なのに、遠景になるほど拡がり、ちょっと頭が混乱するが、さほどの異和感がないのは、色彩の配分のせいだろうか。注文主が「こんなもの！」とつきかえせばそれまでの話だったろうに、それを許容する美学があったからこそ、多くの逆遠近法が残ったのだろう。

虎は一番多いモチーフのようだが、王者の風格を感じさせるものから、殺人鬼の凄味を伝えるもの、猫のように剽軽なもの、実にさまざまな姿態で躍動している。

倉敷民芸館蔵の「四瞳霊虎図」は、なかでも傑作で、菱型の四つの瞳はどう考えてもおかしい筈だが、堂々まかり通っている。虎にばったり出会った時、チカチカ光る瞳が四つもあるような恐怖をあらわしているようでもあり、単なる造型的興味のようでもある。

どの虎もすっきり痩せていて、きわめてスリム。いかにもハングリーな虎たちである。

これに比べると、狩野派描く虎たちは、ぼてぼてふとっていて迫力に乏しい。どの民画を見ても、シュールレアリズムを感じるが、ヨーロッパのようにリアリズムの行きついた果て、必然的に生まれたものではなく、民画のシュールレアリズムは、本来もともとこういうもので、その民族気質に深く根ざしている。

趙子庸《チョウジャヨン》氏の書いた民画についての解説に、

시원하다《シウオナダ》　涼しい。冷水一杯ぐっと飲みほした気分。
털털하다《トルトルハダ》　おおまか、おおざっぱである。
부드럽다《プドゥロップタ》　やわらかい、和やかだ。
웃기다《ウッキダ》　笑わせる。
장난기《チャンナンギ》　いたずらっ気。
어울리다《オウルリダ》　釣りあう、調和する。

これらのものが渾然一体となって、멋《モッ》を形づくると書かれていて、よく頷ける。

駒場の民芸館は、すぐれた李朝民画の収集でも知られているが、ここで「洞庭秋月」という絵をみる機会があった。瀟湘八景の一つなのに、文人画のように取り澄ましたところがなく、峨々たる山の岩かげに、一人のお爺さんが二本の足、ニョキッと出して、御幣《ごへい》のようなものをふりかざし、それがどうもハタキに見えて、なんともマンガチック。もう一つの岩かげに突っ立っているお爺さんは、ひどく垂目《たれめ》でかわいい。超俗や神仙のおもむきはどこにもなく、正面きって人間そのもの。愉快《ユクェ》、愉快《ユクェ》、の一語に尽きた。それなのに、一点の下卑たところもなく、人物はむしろ典雅に全体の空間をひきしめている。

こんな「洞庭秋月」は初めて見た。あとで聞いたところによると、柳宗悦氏が逝かれる少し前、病床でこの軸をかけ、しみじみ眺め、

「ふしぎな絵だ、ふしぎな絵だ」

とつぶやかれていたという。

舞

崔承喜《さいしょうき》という名前は、今、ほとんど忘れられてしまっている。無理もない。戦前、日本で麗名高かった舞踊家で、実際に観た人たちは、現在七十代、八十代くらいになってしまっているのだから。

日本人はもちろん、在日二世、三世の人に、

「崔承喜って知ってますか？」

と聞くと、たいてい首を振る。

「崔承喜《チェスンヒ》のこと？　名前だけは……」

と答えた人は、二十人に一人、あるかないかだった。

私がなぜそんなに関心を持っているかというと、子供の頃（十歳位）母に連れられて、一度だけ崔承喜の踊りを観ているからなのだ。

名古屋公演だったとおもうが、場所の記憶ははっきりしない。舞踊はすばらしくて、子供心にもポーッとなった。石井漠門下だった崔承喜は、大太鼓一つのリズムで、半裸に近い姿で、前衛的なダンスを踊り、そののびやかな姿態と律動に度胆を抜かれた。大胆不敵な切れ味だった。

民族衣装に着替えて踊った、「僧の舞」「エヘヤ・ノアラ」「巫女の踊り」「草笠童」などは、水を得た魚のように愛らしく、のびやかで、すっかり魅せられてしまった。

先年、本屋で、高嶋雄三郎編『崔承喜』という本をみつけ、なつかしさのあまり、いそいそ買ったが、昭和十年代、私の子供の頃、婦人雑誌のグラビヤを飾っていた舞姿もたくさん載っていて、あらたに幾つかの記憶をよびさまされた。

어깨《オッケ》춤《チュム》というのがあって、肩踊りとでも訳すほかはないが、肩をぐっぐっとゆすり、リズムをとる独特の振りは、隣国舞踊の大きな特徴で、今もさかんに見られるが、崔承喜の踊りのなかにもそれが生きていた。

当時、踊りのなかの伝統というものも絶え絶えで、妓生《キーセン》仲間で教えあったり、酒席で即興に舞う男の姿などから崔承喜は、民族の踊り、そのエッセンスを自分で再構成したと言えるだろう。

意外だったのは、一九四四（昭和十九）年すでに敗戦色濃くなった頃、帝劇で二十日間の公演を持ち、連日超満員だったという記録である。そんな時期まで活動していたという驚き。そして、ソロダンサーとして、これほどの成功の記録はまだ破られていないという。あの当時の状況を知る者としては、やはり人々がどんなに美しいものに飢えていたかが、痛いほどにわかるのだ。

正装した朝鮮人も多く、崔承喜が舞台にあらわれると、かけ声、はやし言葉で激励し、言葉がわからないだけ一層、そのどよめきに背すじに冷たいものを感じた日本人も多かったらしい。

たぶんそのかけ声は、

「좋다《チョッター》！（ブラボー）　좋다《チョッター》！（ブラボー）」

であったのだろう。

崔承喜が十六歳で石井漠の門下生となった直後、大正天皇の崩御があり、その葬列を見送る時、彼女はうしろむきにお辞儀したというエピソードがあった。子供の時、私は既にそれを知っていたが、誰に聞いたのか、読んだのか、そのへんのところはおぼろになってしまっている。

『崔承喜』という本を読んで、石井漠や石井八重子の文章で、それが事実と知ったのである。彼女は、

「私たちの国をいじめるところの一番お偉い方でしょう、天皇さんを拝む気持にはどうしてもなれません」

と、はっきり言っていた。十六歳で、と改めて思う。

あの格の大きい踊りは、物こそいわね、レジスタンスの花でもあったのに、日本人は、たぐいまれな艶麗さにみとれ、熱狂し、「半島の舞姫」というキャッチフレーズで、自分たちに属するものとして視、彼女がよって立つところのものを見てはいなかった。

しかも、かなしいことに、一九四五年以降は、親日派芸術家として、祖国でも苦難の道を歩むことになる。はじめソウルに戻ったのだが、やがて夫（安漠《アンマク》）、娘（安聖姫《アンソンヒ》）と共に北朝鮮へ脱出、現在は、朝鮮民主主義人民共和国で後進の指導に当たっているという。

戦後、崔承喜は粛清されたとか、朝鮮戦争で死んだとか、実に勝手なデマが飛びかったが、一九五六（昭和三十一）年平壌に文化使節団の一人として行った尾崎宏次氏が、その元気な姿に接して、会見記をまとめている。

それ以後、また消息は途絶えてしまった。

目をつむると、一つ一つの踊りの終り、照明の溶暗のなかに暫時とどまり、やがてふっ

と搔き消すように消えていった、崔承喜のいきいきした表情があざやかに浮かんでくる。

五十年を隔てて尚。

一瞬の燃焼に賭ける舞踊というものは、花火のようで、はかないと言えばはかないが、かくも長く人の心に残像をとどめる力もある。

アメリカやヨーロッパ公演でも絶賛を博した人だが、一九三八年の「ロスアンゼルス・タイムス」の批評に、

「観客の記憶力が、生涯珍重すべき美しい絵となった」

というのがあった。

明朗闊達、優雅、気品、茶目っ気、そして漂よう一抹の寂しさ。あの舞を私も、今ならば言うことができる。崔承喜という女《ひと》のからだを通して発現された民族の血、やむにやまれぬ멋《モッ》であったのだと。

パリロ

パリロ

パリロって何のこと?　辞書にも出ていないし、初めはさっぱりわからなかった。

パリロとは、八一五という数字の読みで、八《パル》一《イル》五《オ》が連音してパリロとなるのだった。

つまり一九四五年八月十五日のことを指していて、八月十五日の「月と日」を略した言いかたである。

同じようにサミルと言えば、一九一九年、三月一日、日本からの解放を目ざし独立宣言文を読みあげ、全国に波及した独立運動記念日を指す。これも月日は略して、三一《サミル》(節《ジョル》)となる。

八月十五日は、日本では終戦記念日と言いならわしているが、終戦というと合意の上、おだやかに戦争終結したようだが、実際には「参った！」の降伏だったのだから、言葉の上のごまかしである。

「はっきり敗戦記念日と言うべきですよ、あなた、終戦記念日なんて言っちゃいけない」と教えてくれた人がいて、まったくその通りで、以来私は終戦記念日とは言わないようにしている。

かたやパリロ（八一五）は、光復節《クワンボクジョル》とも言い、光ふたたびよみがえる、解放記念日でもある。

明暗を分けた記念日が、光復《コウフク》↕降伏《コウフク》、漢字を日本読みにすれば、音はまったく同じ。なんとも言えない皮肉である。

一九四五年、隣国でのパリロの沸きたつような喜びは、写真や文章で知ることができる。逆に日本人は命からがら追われる身となった。

知人で、子供の頃、朝鮮から引き揚げた人がいるが、大人になって、日本が国家として如何にひどいことをしたか、知識として十分に知りながら、個人として受けたあの屈辱感は消し去ることができず、朝鮮人をどうしても好きになれないと語った人がいた。

引き揚げのどさくさの中では、いろんなドラマが起ったわけで、激昂した朝鮮人によって手ひどい報復を受けた人もいたし、積善の報いであたたかく遇され、難なく帰国できた人もいた。

敗戦からしばらくして、その頃私はまだ学生で、大森駅で延々長蛇の列に並んでいた。たしか汽車の切符を買うための行列だったように思う。行列の後方で、なにか突発的な小ぜりあいが起った。列に割り込もうとした人がいて、騒いでいるらしかったが、やがて女の大声が耳朶を打った。

「わたしたちは第三国人ですからね！」

意気軒昂の声で、それで皆がシインとなってしまった。

やはり学生時代、郷里に帰ろうと超満員の東海道線に乗った時のこと、私の席と対角線に陣どっていた朝鮮人四、五人のグループがいた。お酒がだいぶまわっていて、傍若無人の談笑だったが、その中の男の一人が、不意に私を指さし、

「あれとやりてぇよ」

とわめいた。その頃、こちこちの硬い娘であったのだが、意味するところはわかった。知らん顔していたが、

「やりてぇ、やりてぇ」

と、あまりに騒ぐものだから、変なからまれかたをしたらどうしよう、と内心困惑していた。日本人は誰も助けてくれそうにない顔つきだった。

「よしなさいよ、あんタァ！」

同じグループの朝鮮人の女性が、見かねたらしくたしなめて、その男をつねりあげた

かして、

「痛てて……」

それから話は逸れて助かった。

抑圧から突如の解放へ——その喜びが、こんなタガのはずれかたをしていた。私の見た日本でのパリロである。

あの頃の汽車ときたら、つかみあいの喧嘩などざらで、よれよれの復員兵をつかまえて、

「おまえたちがだらしないから日本は負けたんだ！」

と毒づく者もおり、復員兵はカッ！となり殺気と怒声が漲《みなぎ》るおんぼろ列車だった。

そして、たちまちに六二五《ユギオ》になった。

六二五《ユギオ》は一九五〇年、六月二十五日、朝鮮戦争の起きた日の略である。

その日のことは覚えている。私は結婚したばかりで埼玉県の所沢に住んでおり、新聞を見て、

「また戦争が始まってしまって……」

「いやですねぇ、ほんとうに」

近所の奥さんと歎きあった日である。

その頃、戦争の話はもう、見たくも聞きたくもないアレルギー症状で、その後の経過

を殆んど追っていない。われながら情けない。ほぼ三年間にわたるたくさんの報道もすっとばしで、まるで空白になっている。

現在、友人たちと一緒に小説の翻訳会をやっていて、シコシコと訳してゆくなかで、韓国における朝鮮戦争の実態をつぶさに知りつつある。

詩も小説も、発想の素に、朝鮮戦争が深くかかわっていて、いかに深い傷痕を人々の胸に残したか、同族あい食《は》む代理戦争の悲劇を、今頃になって、重く受けとめざるを得ないのだ。

南北ともに、ただただ観念的に、ヒステリックに互いの非を鳴らしていると思われがちだが、憎悪の底には、親しい身内の誰彼を目前で殺され、ちりぢりばらばら行方不明という、一つ一つ具体的な体験を誰しもが持っているのだった。

これは北の人々も、まったく同じであろうと思う。

「血を見ることの大嫌いな我々が、同族どうし互いに殺しあったんですからねぇ、古代や中世ならいざ知らず、二十世紀に……」

と絶句した韓国人がいた。

ちょうどその頃、私たちは虱《しらみ》や疥癬《かいせん》とも別れを告げ、銀座の復興も始まりつつあった。あとになって聞けば、朝鮮戦争が日本経済にとっての起死回生の妙薬だったと言うではないか。一九五〇年代をふりかえると、一々おもい当たることばかりである。

三十八度線もまた、三八線《サムパルソン》と略される。

知人の案内で、三十八度線近くまで行ったことがあった。

ソウルから北へ北へと行く道路の、要所要所に頑丈な城門ふうのアーチがあり、いざという時、部厚い鉄の扉が閉められるという、戦時体制で、若い兵士が強面《こわもて》で立っている。

板門店《パンムンジョム》までは許可証がなければ行けないが、その近くの臨津閣《イムジンカク》までは一般の人にも行ける。

板門店は、国際的に知られた地名だが、もとはと言えば、板門店《パンムンジョム》という呑み屋があったところからきた名だそうだ。人間くさい一杯呑み屋の名前が、今はものものしい三十八度線を現す地名になってしまったわけである。

臨津閣《イムジンカク》の二階は、かなり大きな食堂になっていて、コーヒーや軽食を取りながら、みんな北のほうを眺めやるのだった。

臨津江《イムジンガン》という大きな河が流れていて、たんぼにはいちめんに、重たく実った稲の穂波、黄金いろにゆさゆさと揺れ、穏やかでなつかしい、東洋の秋の景色だった。

柵っていったい何ですか

柵のこちら側と向う側だなんて

ああ可笑しい
棒杭の一本一本に
どんな意味があるんですか
……………………
元来すうっと歩いていけばそれでいいのに
どうってこともないのに
柵だなんて
……………………
向う側に行けば殺されてしまう
なんて
柵ってなんですか
こちら側から向う側へ行けないなんて
……………………
草や木が生えているのっぺらの大地に
そいつがあって　それで
こっち側と向う側
だなんて

棒杭が並んでいて
それに針金が絡まっていて
同じ位無雑作に
死体が絡まっていて

川崎洋の詩「こちら側と向う側」が、きれぎれに頭をよぎってゆく。

国境なんて言葉は一つも使っていないが、地球のいたるところにある、人為的で結構あやふやな国ざかいが、ワッと溢れかえってくるようだ。

空にまで柵がある世の中。

鳥はパスポートもヴィザもなしに、食糧も旅費も持たずに、実にきままに飛んでゆく。領空侵犯もなんのその。

崇高だ。

正常だ。

臨津閣《イムジンカク》の二階から、ぼんやり北の空を眺めていると、白いチマ・チョゴリのおばあさんが、杖にすがってそろりそろり歩いて行くのが見えた。立入禁止ぎりぎりのところで立ちどまり、北の方を眺めたまま動かない。腰がだいぶ曲っている。

こちらの人はみんな姿勢がよくて、昂然と胸を張っている。おとしよりも例外ではないのだが、やはり中には、あのように腰の曲ったおとしよりも居るのだと、珍しいものを見るように目を凝らす。

消息もつかめないままの、親しい者がたぶん北にいるのだろう。せっぱつまった祈りが凝固しているようなうしろ姿。

日本だって敗戦後、木曽山中あたりを境に東と西にまっぷたつ、或る日を以って凍結状態、親子、兄弟、夫婦、恋人、友人、親戚、わかれわかれ、生きているのか死んでいるのか、音信不通で四十年——そんな事態に立ち至らないでもなかったのだ。ただ運がよかっただけである。

八十歳近くにみえる、あのおばあさんが元気なうちに、南北統一はなんとしても無理だろう。

けれど、同一言語を持った民族が、一本の線でまっぷたつという不自然さは、いつの日にか解消されるに違いない。

「北と南では、言葉が違うんでしょう?」と質問する日本人が多いが、深夜放送を聞いていても、やや絶叫調、スローガン的なのが北とわかるぐらいで、言葉の質はほぼ同一と言っていい。

「異常なことは長続きはしない。暴風雨だっていつまでも荒れ狂うことはできないのだ。平常であることが自然なのだから」

と言ったのは、老子だったかしら。

パリロ（八・一五）
ユギオ（六・二五）
サムパルソン（三八線）

と続いてきて、今は、

パルパル・オリンピック（一九八八《パルパル》年予定オリンピック）に向けて総力結集だが、未来のいずれの日にか、たとえば、

シビル（十・一）
チルチル（七・七）

とか名づけられる統一記念日が、きてほしいものだ。

忘憂里

浅川巧《たくみ》という日本人のことは、日本でも韓国でも、まだ殆んど知られていない。民芸に関心があったり、柳宗悦の本を読んだことのある人なら「浅川伯教《のりたか》・巧《たくみ》兄弟」の弟のほうと言えば、

「ああ、朝鮮に長く住んで、柳宗悦の朝鮮美術開眼のきっかけを作った人では?」

と、ぼんやり浮かんでくる程度だろう。

私もその程度の認識しかなかったのだが、高崎宗司著『朝鮮の土となった日本人——浅川巧の生涯』(一九八二年、草風館刊)という本を読んで、いっぺんに蒙をひらかれた。

その生涯を克明に追った評伝で、好著である。この本によれば浅川巧は、

一八九一(明治二十四)年、山梨県高根町の農業兼紺屋の次男として生まれた。山梨県の龍王農林学校を卒業。

小さい時から木の好きな子で、また青年時代からの篤実なクリスチャン。一九一四年（大正三・朝鮮併合から四年後）、兄の後を追って朝鮮に渡り、朝鮮総督府農商工部山林課に就職、のち林業試験場の職員となる。

以後、朝鮮の緑化に従事、主に養苗、種樹の仕事を続け、農林技手として半島をくまなく歩いた。朝鮮の緑化に従事、すぐさまハングルを習いはじめている。歩きまわるうち次第に民衆の日々使っている日常雑器の美しさに心奪われ、陶磁器、窯跡の調査、膳、棚、箪笥類などの科学的で明晰な研究を残した。

柳宗悦をして「彼がいなかったら、朝鮮に対する私の仕事は其半をも成し得なかったろう」と言わしめた人である。

二十三歳で渡ってから四十一歳で亡くなるまで十七年間、朝鮮服《パジ・チョゴリ》を愛用し、ロバの背にゆられ、当時、

「あの朝鮮人はずいぶん国語（日本語）がうまいね」

と、日本人からも見まちがえられるほどで、

「ヨボ！（おい）　どけ！」

と、日本人から怒鳴られると、黙って静かにどいたという。

差別される側に身を置いたことで、一層はっきり見えてきたものがあったのだろう。

そんな暮しぶりが少しも殊更ではなく自然で、鼻につかず、しっくりしたものだった

という。

美術工芸品も物として切り離すのではなく、それを生む人々をこよなく愛した。松やポプラの木々を視るのと同じに、まっすぐな何の偏見もない眼で人間を視ることのできた人だったらしい。その眼で視ると、愛さずにはいられない人々だったのだろう。言葉ができたことも大きな要素の一つだったに違いない。

真赤なとうがらしがむしろ一杯に干してある農家の庭さきや、山ふところ、峠路などで自由自在に話し、また耳傾けている浅川巧の村夫子《そんふうし》然とした姿が目に浮かぶ。

学歴も高くはなく、月給もさほどではなかったのに、困窮している人々をずいぶん助け、学費を援助した子供たちも多かったという。

一九三一（昭和六）年四月、彼が急性肺炎で卒然と逝ったとき、葬式代にも事欠くありさまだったのに、朝鮮の人々は号泣し、彼に捧げられた熱情は無類であり、大勢集まってきて葬儀を助けた。生前の遺言によって、朝鮮式の葬いをして、この国の土に眠った。

浅川の著した『朝鮮陶磁名考』の精密な挿絵の横に、항아리《ハンアリ》（壺）などとハングルで書いてある墨字を見ると、ハングルを学ぶ者としては大先輩に思われ、この本に触発されて今度ソウルへ行くことができたら一度墓参をしたいものと思っていた。

一九八四年の秋、その願いは叶えられた。

ソウルの東、清涼里《チョンニャンニ》の林業試験場を尋ねたら、墓所の位置はわかるだろうと、女の友人と二人で「山林廳」「林業試験場」二つの看板のはめこまれた門をくぐった。ひろびろとした大きな道がまっすぐに続き、その横は亭々とした樹木の並びである。木にはみなハングルで名前の木札がさげられている。

どんぐりがちらばり、りすが走り、樹々特有の匂いが流れ、まるで別天地である。ソウルの街はオリンピック前の工事中ということもあるが喧騒に満ち、バスもタクシーも暴走に近くこわいようなのだが、山林庁のたたずまいはその名のごとく、別世界のような静謐の空間だった。

それにしても樹々の呼吸とはなんとかぐわしいものなのだろう。

幾つかの建物を通りすぎ、漠然と、

「このあたりで尋ねてみましょうか」

と、折しも一つの建物から出てきた青年職員に、

「浅川巧という日本人のお墓におまいりしたいのですが、どのあたりでしょうか?」

たどたどしくも聞いてみると、「浅川巧」という名前にすぐ反応してくれて、その建物の中に招じ入れられた。

「여기《ヨギ》 앉으세요《アンジュセヨ》（ここへお坐り下さい）」

研究室らしいその部屋に居た若い職員たちもきわめて礼儀正しかった。

「ここでしばらくお待ちを」

と言われて坐っていると、やがて別の部屋へ案内された。

中年の紳士が坐っている立派な部屋で、青年職員の態度が畏まっているので、よほど偉い人におもわれた。

名刺を下さったのを見ると、呉《オ》さんという育林部長とわかった。ゆったりした口調で尋ねられるのに答えていると、

「浅川巧先生のお墓は、ここからかなり遠い忘憂里《マンウーリ》にあるのです。車で案内させましょう」

それでは恐縮だから、場所さえ教えて下さればタクシーで行きますと言うと、

「探し出せないでしょうから、まあ、お待ちなさい」

役所のことだから車一台出すと言っても、あちらこちら判コを押したりする過程があったのか、車がくるまで四十分ぐらいかかった。

その間、呉《オ》部長は、

「私は直接、浅川巧先生を存じあげない世代なので、かつての同僚だった영감님《ヨンガムニム》（令監様）を紹介しましょう」

令監《ヨンガム》とは、位の高い官吏というほどの意味だが、お年寄りへの尊称でもある。

別の建物から来て下さった令監様《ヨンガムニム》、金二万《キムイーマン》氏は八十四歳ということだったが、矍鑠《かくしゃく》

とした偉丈夫で、まだ顧問としてここで働いていらっしゃるらしい。

なつかしそうに浅川巧のことを語って下さったが、

「日帝時代のあの当時、およそ人間に対する差別《チャビョル》ということのない人だった」

差別《チャビョル》　差別《チャビョル》　差別《チャビョル》……この言葉が耳底に残る。

お葬式は雨の日で、白の朝鮮服《パジ・チョゴリ》を着て、ロイド眼鏡をかけ、帽子をかぶったその遺体を納めた棺を、大勢の韓国人がかつぎ、群れなすように集まってきた人々と共に、悼み歌をうたいながら一時間もかかって、共同墓地、里門里《イムリ》の丘へ運んだ。土葬であった。なにからなにまでこちら式で、東京から駆けつけた柳宗悦も、あとでさすがに驚いていたという。

里門里《イムリ》の墓が区画整理で、十年くらい後にこれから行こうという忘憂里《マンウーリ》に移葬されたのだという。

話を聞きながらこれらの思い出が、ほぼ五十年くらい前の話だということに気づき、改めて呆然としてしまった。実感としてはまるで十年くらい前の話にきこえる。一人の人間の人格の反映が、かくも永く尾を引くものなのだろうか。

私のつたない韓国語は、会話のときしばしばもつれる。가다《カダ》（行く）と오다《オダ》（来る）がいまだにごっちゃになる。

八十四歳の金二万《キムイーマン》氏は、おだやかにほほえんで直して下さった。祖父に訂正されたようで、なんともいいのだった。金二万氏は日本語もできる筈なのに一切使われなかった。

育林部長の呉《オ》氏も林業関係のおもしろい話を幾つか聞かせて下さった。韓国の植林事業はほぼ終ったこと、日本ほど湿気がないので杉は育たないことなど、そして言われる。

「一九四五年、日本が降伏したあと、日帝時代の怨みから、日本人の墓は蹴倒し、あばこうというような過激な心情を持つ人々が多かったが、浅川巧先生の墓だけは別だった。皆で守り、お仕えしてきた」

やがて車がきて、林業試験場の青年二人が運転してくれる。

「こんな車しかなくて……」

苗木などの運搬車らしかったが、こちらは恐縮のきわみだった。私はたまにはものを書く人間であるとは一言も言わなかったし、名刺も持たなかったし、ふらりと現れた日本の女二人に対して、こんなに親切にして下さっていいものなのだろうか。

これもまた浅川巧先生への追慕の情の反映なのだと、ありがたく頂くしかなかった。もっとよく調べてくれればこんな御迷惑をかけずにすんだのに……と悔いたけれどももう遅い。すべてがさりげなく、当然のように事は運ばれ、三十分くらい走って、忘憂里《マンウーリ》の山裾に着いた。

憂いを忘れる里――忘憂里《マンウーリ》。

一度聞いたら忘れられない地名。

それは小高い山で、共同墓地になっていた。

地理的にみると、北を背にソウル市街を抱きかかえる左腕の役目を果たしている山だった。

山を螺旋状に登ってゆくと、土葬の土饅頭で一杯である。

墓石も立っていたり、いなかったり、同じ型のかわいい土盛りの墓、なにを目じるしに遺族のひとびとは登ってくるのだろう、案内板もなし、事務所のようなものも見えない。

田舎道をバスで走っていると、村の集落の背面、小高い山や丘の斜面にこの土盛りの墓が幾つもみえたりする。御先祖様は子孫の日々の営みを毎日眺めくらしているようだし、子孫は御先祖様に守られて安らかに暖かに暮しているようにみえる。

そんな風景を何度も見た。

隣国のひとびとが祖先の供養に篤いことはよく知られている。方角とか墓相とかのしきたりも大変らしいのだが、墓地の場所も次第にせばまり、忘憂里《マンウーリ》のようなところが必要になったのかもしれない。

頂上に近く薬水《ヤクスー》（泉）の湧くところがあり、その横に大きな松の木が三、四本立っているところが浅川巧の墓の目じるしだった。なるほどこれでは一日かかっても私たち二人では探し出せなかったろう。

そこで車を降り斜面を登ってゆくと、壺型の石碑、浅川巧功徳之碑が目に入る。

　韓国が好きで　韓国人を愛し
　韓国の山と民芸に
　捧げた日本人
　ここに　韓国の
　土と　なる

まんなかのハングルの碑銘はこう読めた。これはさっきお目にかかった八十四歳の金《キム》二万《イーマン》氏の発案で林業試験場一同のカンパによって建立されたというから、この簡潔で味わい深い碑銘も当然、韓国人の手に成るものだろう。

眼下にはゆったりと漢江《ハンガン》が蛇行するひらけた風景。

ここには浅川巧氏一人が眠っている。夫人もお嬢さんも、もうこの世の人ではないが、遺族の方々の墓所は東京で、家族の眠るところはばらばらになってしまった。

けれどその霊はたやすく抜け出して玄海灘を越え、悠々と日本にも遊びに行くだろう。

そして、咲子夫人と、お嬢さんの園絵さんもパスポートやヴィザのややこしさなしで忘《マン》憂里《ウーリ》にしょっちゅう遊びに来ていらっしゃるだろう。

小春日和とは今日のような日を指すのかと思われる穏やかな晩秋の陽ざし、芝草の匂い、澄んだ空にはレースのような雲がひとつふたつ、ゆっくり流れてゆくのを見ていたら、そんなことが実感された。

咲子夫人と園絵さんは、戦後日本へ引き揚げてから柳宗悦の紹介で、駒場の民芸館に就職、亡くなるまで務められた。

友人の水尾比呂志さんに紹介されて、園絵さんとは会えば御挨拶する程度だったが、いつも趣味のいい着物を着て楚々とした風情の美しい方だった。「あ、あの方では……」と思い当たる人も多いに違いない。園絵さんが浅川巧のお嬢さんだったとは……。もう少し早く気づいていたら直接お話も聞けたのにと残念でならない。

生涯独身で、柳宗悦の助手として六十歳で亡くなられた。柳宗悦をしのぶ文章は多く残されたのに、父、浅川巧に関する文章は一つもないという。

父をよく知る娘だったのかもしれない。すべてに表だつことの嫌いな御一家だったと言える。

浅川巧は、朝鮮における皇民化の激しくなる前、一九三一（昭和六）年に逝ったが、健在であればその後どう生きたか。またさかのぼって一九一九年の三・一独立運動をどう見たか。結局のところは山林一つをとってみても猛烈な収奪をやってのけた朝鮮総督府に属した一官吏にすぎないという観かたもあるだろう。

だが、明晰な論文や弾劾文を発表すること、政治活動をすることだけがすべてではない。その時々の現象的な運動にかかわるだけがすべてではないだろう。言葉少なに、自分のできる範囲内でまわりに尽くし、黙って死んでいったその生きかたには、なぜか私は強く惹かれる。

そして、そういう浅川巧の人間の魅力を、この国のひとびとは見のがさなかったのだ。故人となってまでも実に数すくない日本人の友として選んでいる。そこにこの国のひとびとのこわいような眼力《がんりき》を感じさせられる。

しかも浅川巧の人柄に添うように、ひっそりと山林庁の中でだけ、その徳を偲んでいるような感じが一層このましい。

今日お目にかかった山林庁の職員は、お年を召した方にいたるまで、みなどこか、なんとも言えないデリケートな良さを持っていた。日々、植物を主な相手にしていると、こういう初々しさ、謙虚さが、共通性として生ずるのだろうか?

車はまた私たちを乗せて山林庁まで戻った。運転してくれた青年二人に厚く謝し、門を出ようとすると、おもいもかけぬにわか雨。本館までとってかえし雨やどりになった。さっきまでの天気とは打って変った空。

偶然かもしれないが、お墓まいりの後、雨になることはよくあってそんな時、葬られたひとの感情がふっと濡れた証のように思われたりする。

もしかしたら浅川巧氏もよろこんで下さったのかもしれない。

さんさんの雨は十分もすると、すっと晴れた。雨やどりの間、借りたトイレのちょうどしゃがんだ目の前の壁には、一篇の手書きの詩が貼りつけてあった。

題は숲《スップ》（林）だったが、老眼鏡にかけ替えて読む労を省いてしまったので、内容はわからなかった。

隣のトイレに入った友人が見たのは、꽃《コッ》（花）だったという。

作者名はなかったから、ここの女子職員の作品だったのかもしれない。

どうも何から何までが奥床しい、秋の一日であった。

尹東柱

韓国で「好きな詩人は?」と尋ねると、

「尹東柱《ユンドンジュ》」

という答が返ってくることが多い。

序詩

死ぬ日まで空を仰ぎ
一点の恥辱《はじ》なきことを、
葉あいにそよぐ風にも
わたしは心痛んだ。
星をうたう心で

生きとし生けるものをいとおしまねば
そしてわたしに与えられた道を
歩みゆかねば。

今宵も星が風に吹き晒らされる。

（伊吹郷訳）

二十代でなければ絶対に書けないその清冽な詩風は、若者を捉えるに十分な内容を持っている。

長生きするほど恥多き人生となり、こんなふうにはとても書けなくなってくる。

詩人には夭折の特権ともいうべきものがあって、若さや純潔をそのまま凍結してしまったような清らかさは、後世の読者をも惹きつけずにはおかないし、ひらけば常に水仙のようないい匂いが薫り立つ。

夭折と書いたが、尹東柱《ユンドンジュ》は事故や病気で逝ったのではない。

一九四五年、敗戦の日をさかのぼること僅か半年前に、満二十七歳の若さで福岡刑務所で獄死させせられた人である。

最初は立教大学英文科に留学、やがて同志社大学英文科に移り、独立運動の嫌疑により下鴨警察に摑まり、福岡へ送られる。

そこで得体のしれない注射を連日打たれ、亡くなるまぎわ、母国語で何事かを大きく叫んで息絶えたという。

その言葉が何であったか、日本の看守にはわからなかった。だが、

「東柱《トンジュ》さんは、何の意味かわからぬが、大声で叫び絶命しました」

という証言は残った。

いわば日本検察の手によって殺されたようなものである。痛恨の思いなくしてこの詩人に触れることはできない。

いずれは日本人の手によって、その全貌が明らかにされなければならない人だったし、その存在を知ってから私も少しづつ尹東柱《ユンドンジュ》の詩を訳しはじめていたのだが、彼が逝ってから三十九年目にあたる一九八四年に、伊吹郷氏によって、全詩集『空と風と星と詩』(記録社)の完訳が成った。

私の気勢は削がれたが、伊吹郷氏の見事な訳と研究には完全に脱帽で、可憐な童謡にいたるまで日本語で読めるようになったのは、なんともうれしいことだった。

原詩を知る者にとっては、なみなみならぬ労作であることがわかるが、そればかりではなく、尹東柱の背景を知るために徹底的に足で歩いて調べあげた情熱にも打たれる。

留学先の東京、京都、福岡刑務所とその足跡を辿り、八十代の元特高刑事とも会い、

能うかぎりの努力をして、遂に獄死の真相を突きとめられないことを記している。残念ではあるが、その実証精神にはむしろ信頼がおける。動かぬ証拠で、いずれの日にかは明瞭になってほしいところである。

伊吹郷氏にお目にかかった折、調査の過程での日本検察関係の壁の厚さというものをつぶさに聞くことができた。

四十年前のことである。なぜそんなに秘密主義、隠蔽主義なのだろうか。日本人であれ韓国人であれ真摯な研究者に対しては、もっと資料を公開すべきではないか。

そしてまた、尹東柱《ユンドンジュ》のかつての下宿先やゆかりの地など訪ねて証言を求めようとしても、誰一人彼を覚えている日本人も居なかったという。

写真を見ると、実に清潔な美青年であり、けっして淡い印象ではない。ありふれてもいない。

実のところ私が尹東柱の詩を読みはじめたきっかけは彼の写真であった。こんな凜々しい青年がどんな詩を書いているのだろうという興味、いわばまことに不純な動機だった。

大学生らしい知的な雰囲気、それこそ汚れ一点だに留めていない若い顔、私が子供の頃仰ぎみた大学生とはこういう人々が多かったなあという或るなつかしみの感情。印象はきわめて鮮烈である。

それなのに日本人の誰の記憶にもとどまっていなかった。
英文学演習八十五点、東洋哲学史八十点とその成績も優秀なのに、教授の印象にもとどまらなかったのだろうか。魯迅における藤野先生のような存在も一人だになかったのだ。尹東柱の深い孤独を憶わざるを得ない。

たやすく書かれた詩

窓辺に夜の雨がささやき
六畳部屋は他人《ひと》の国、

詩人とは悲しい天命と知りつつも
一行の詩を書きとめてみるか、

汗の匂いと愛の香りふくよかに漂う
送られてきた学費封筒を受けとり

大学ノートを小脇に
老教授の講義を聴きに行く。

かえりみれば　幼友達を
ひとり、ふたり、とみな失い

わたしはなにを願い
ただひとり思いしずむのか？

人生は生きがたいものなのに
詩がこう　たやすく書けるのは
恥ずかしいことだ。

六畳部屋は他人《ひと》の国
窓辺に夜の雨がささやいているが、
灯火《あかり》をつけて　暗闇をすこし追いやり、
時代のように　訪れる朝を待つ最後のわたし、

わたしはわたしに小さな手をさしのべ
涙と慰めで握る最初の握手。

（伊吹郷訳）


尹東柱《ユンドンジュ》が抵抗詩人か否か、韓国でもいろいろ論議されているが、朝鮮語弾圧の当時、敢然とハングルで書いたこれらの詩は、手紙と一緒に送られた友人が、甕に入れ地下深く隠して保存したため残ったという。

それらを全部集めても百余篇、日本の官憲に押収された詩は、あと行方知れず。

その頃、ハングルで詩を書くことじたいが大変な抵抗であったと言える。あと半年生きのびたら、戦後の故国で第一線の活動をすぐさま開始できた人だったろう。

生前は一冊の詩集もなく、無名の青年だった。

尹東柱は留学生時代、立原道造を読んでいた。年譜でそれを知った時、ハッとした。尹東柱の詩を読んでいると、その抒情の質が立原道造に似ているような気が漠然としていたから。


……………

眠りの誘ひ　立原道造

ともし火のやうに
風のやうに　星のやうに
私の声はひとふしにあちらこちらと……
するとおまへらは　林檎の白い花が咲き
ちひさい緑の実を結び　それが快い速さで赤く熟れるのを
短い間に　眠りながら　見たりするであらう

……………………

帰って見る夜　　　尹東柱

一日の鬱憤《いかり》を晴らすすべもなく　そっと瞼を閉じれば　心の裡《うち》へ流れる音
いま　思想がりんごのようにおのずから熟れていきます。
（伊吹郷訳）

林檎のイメージが共通というばかりではなく、一見弱そうにみえながら、ピアノ線のようにピンと張った透明な抒情の質に、或る共通性が感じられてならない。

もちろん尹東柱のほうが、はるかに鬱屈の度合は深いけれども。

もはや聞くすべもないが、立原道造の詩をどういうふうに読んだのかを知りたくて、あらためて二人の詩集をそういう角度から丹念に読んでみた。

つぶさにみればずいぶんと違う。立原道造の詩は音楽のようで、意味に重きがおかれていない。一方、尹東柱《ユンドンジュ》の詩は、核というか芯がありたえずそこへ集約されてゆき、隠された意味も重く深い。

立原道造が亡くなってから数年後の、留学生時代に尹東柱は読んでいるわけだが、日帝側のいい気な詩人というふうには読んでいないように感じられる。青春の哀歓、問いかけ——むしろ青年どうしの共感を覚えながらではなかったろうか？　という推定を消すことができない。

立原道造の写真は、たいていうっすら口をあけているが、尹東柱の写真はいつもきりりと口を結んでいる。二人ともいい顔である。

立原道造も尹東柱も、いまだにそれぞれの国の若い女子学生に愛され、読みつがれているのだが、写真が現してしまっているような純粋さを、詩の中にも敏感に感じとってしまうせいにちがいない。

一九八四年秋、日本で尹東柱の実弟、尹一柱《ユンイルジュ》氏にお目にかかることができた。

一柱《イルジュ》さんは建築学者で、成均館《ソンギュングワン》大学教授でもあるのだが、たまたま東大生産技術研究所の客員教授として来日されていた。

尹東柱の詩に「弟の印象画」というのがあり、彼の詩の中でもっとも好きな一篇であったから、その弟さんに実際お会いできたことに感慨ひとしおであった。

弟の印象画

あかい額に冷たい月光がにじみ
弟の顔は悲しい絵だ。

歩みをとめて
そっと小さな手を握り
「大きくなったらなんになる」
「人になるの」
弟の哀しい、まことに哀しい答えだ。

握った手を静かに放し
弟の顔をまた覗いて見る。

冷たい月光があかい額に射して
弟の顔は哀しい絵だ。

（伊吹郷訳）

十歳違いの幼い弟の、手の感触まで伝ってくるようだ。「人になるの」は「人間になるの」とも訳せるが、いずれにしても兄貴の意表をついた答で、それが一篇の詩を成立せしめたといえる。

犬も犬たらんとし、猫も猫たらんとするのだろうか？　人は生まれた時は動物にすぎないが、長い間かかっておそらくは死ぬ寸前まで人間たらんとする志向を持続するふしぎないきものだ。

尹東柱《ユンドンジュ》もそういう志向の強い人だったからこそ、幼い弟の「人になるの」という返事に打たれ、反応したのだろう。

しかも、この弟が成長する頃、今のままの母国では正当な人間にもなれないのではないか、という暗澹たる思いが、「弟の顔は哀しい絵だ」という行になって噴き出しているような気がする。

幼い頃のあどけない予言のごとく、弟の一柱《イルジュ》さんは、今、五十八歳ぐらいか、まさしく立派な「人になって」その時の兄との問答は、かすかにかすかに覚えていると言われる。

篤実で陰翳深いお人柄、そこはかとない茶目っ気もあり、

「私はなんだか兄の後始末をするために生まれてきたようで……」

ほほえみながら言われたが、確かに散逸したまま残された詩稿を、今日見るように整然と跡づけ、詩集としてまとめられたのも弟さんだし、延世大学にある尹東柱詩碑の設計をされたのも一柱《イルジュ》さんである。

専門の仕事を進めるかたわら、どれだけ多くの時間と労力を兄上のために使われたことか。

その時、夫人とお嬢さんも御一緒だったが、

「この子は伯父（尹東柱）を大変誇りに思っております」

と夫人は言われ、その大学生のお嬢さんは、はにかみながら澄んだ声で「星をかぞえる夜」一篇を朗読して下さった。

一柱《イルジュ》さんは淡々と言われた。

「このごろ、父のことをよく思うのですよ、どんな思いで兄の骨を抱いて、福岡から釜《プ》山《サン》、それから汽車にゆられて北間島《ブクカンド》（旧満州）の家まで戻っていったのかと……」

朝鮮半島の端から端までの長い道のり、当時はいったいどれぐらいの時間がかかったものだろう。遺骨を抱いて、忿懣やるかたない父君（死亡）の、当時の心情をおもいや

る息子の言葉は、どんな烈しい弾劾よりも、ぐさりとこちらの胸を刺した。尋常ではない息子の死は、親にとっては、はっきりと虐殺と受けとめられていた筈である。

なんでもない世間ばなしのように言われた一柱さんの言葉が、こんなにも強くまっすぐにこちらの心に届くとは……。伝達のメカニズムということにも思いを至さないわけにはいかなかった。

数年前、私は船で下関から釜山《プサン》まで、玄海灘を渡ったことがある。夕方出航し、だんだんに九州も遠ざかり、海のいろも藍壺のように濃くなり、六千トンの船も一枚の木の葉のようにたよりなく、よるべなく、大きなうねりに身を任せていた。

荒れると聞いていた玄海灘も、その日はおだやかで、刻々変る海のいろ、夕日、漆黒の闇、またたきはじめ、やがて満天にきらめき出す初秋の星座、島の灯かと見紛ういかつり船、それらに目を凝らしつつ私は深夜まで甲板を離れることができなかった。

晴夜であったにもかかわらず、私のまわりを濃霧のようなものが取りかこんでいた。空気が濃密と言ったほうが当たっていただろうか。

なんともいえない哀しみの気。ぞっとするようなものではなく、さりとてさわやかでもない霊気。あえて言えば歴史の悲愁とでも名づけたいような何か。

古代からもっとも早くひらけた海の道、数知れぬひとびとの往還、あまたの思い、波の上にも波の下にも濃く漂う目には見えない何か。
ふだんけっして霊感の強いほうではないので、この時の異様な感覚はあとあとまで残った。
今にして思えば尹東柱《ユンドンジュ》のおもいも、遺骨を抱いて帰った父君のおもいもあのなかに混じっていたのだ。あとで知ったことだが、骨壺に入りきらなかった尹東柱の骨灰を、父君は玄海灘に撒きちらしたという。

もうひとつの故郷

ふるさとへ帰ってきた夜に
おれの白骨がついて来て　同じ部屋に寝転んだ。

暗い部屋は宇宙へ通じ
天空《そら》からか　音のように風が吹いてくる。

闇の中で　きれいに風化する
白骨を覗きながら
涙ぐむのは　おれなのか

白骨なのか
美しい魂なのか

志操高い犬は
夜を徹して闇に吠えたてる。

闇に吠える犬は
おれを逐っているのだろう。

ゆこう　ゆこう
逐われる人のようにゆこう
白骨にこっそり
美しいもうひとつのふるさとへゆこう。

（伊吹郷訳）

二十四歳の時の作品だが、三年後の死を予見しているような詩である。クリスチャンでもあった尹東柱の「もうひとつのふるさと」は何処を指していただろうか。

童謡を書いていた二十歳頃のペンネームは童舟《トンジュ》という愛らしいものだった。弟の一柱《イルジュ》さんと話していると、そのお人柄にどんどん惹きつけられていった。私の脳裡に「人間の質」という言葉がゆらめき出て、ぴたりと止まった。あまり意識してこなかったけれど、思えば若い頃からずっと「人間の質とは何か？　どのように決定されるのか？」ということを折々にずいぶん長く考えつづけてきた、見つづけてきた、という覚醒が不意にきた。

ふしぎな体験だった。

それも尹一柱《ユンイルジュ》さんというすばらしい「人間の質」に触れ得て、照らしだされてきたことで、いきおい兄である尹東柱《ユンドンジュ》もまた、こういう人ではなかったか？　と想像された。もの静かで、あたたかく、底知れぬ深さを感じさせる人格。

だが三年間近くの日本留学生時代、伊吹郷氏の丹念な調査にもかかわらず、誰一人、彼を記憶していないということは……なんとも言えない情けなさである。

ともあれ尹東柱《ユンドンジュ》・一柱《イルジュ》兄弟に出会えたことは、最近の私の大きな喜びである。これもハングルを学ぶ道すがら、その途次でのことであった。

あとがき

ハングルを学んで十年を経た。

十年やったぐらいで、こういう本を書くのはなんともおこがましい気がしたけれど、朝日新聞社図書編集室の広田一さんにすすめられるままに、我が寿命のこともあるし……で、書いておこうと思った。

隣国語の魅力、おもしろさに、いろんな角度から光りをあてて、日本人、特に若い人たちに「私もやってみようかな」と、ふと心の動くような、いわば誘惑の書を書きたかったのである。

本文のなかで何度も触れたが、語学全体のなかでみると、隣国語をやる人があまりにも少なく、それで交流などと言ってもはじまらない気がする。

この本を書きあげる頃には、まずまっさきに編集室の広田一さんを誘惑できなければならないと、ひそかに目標を定めていたのだけれど、彼は私にどさりと原稿用紙を送って下さった直後くらいから、自発的に学びはじめ、いつのまにか同学の士になっていたのである。その熱意に、どれだけ刺激を受け励まされたかわからない。

私自身たのしみながらと始めたのだが、実際は苦渋に満ちた仕事になった。過去の歴史——日本側の一方的な非が重たくのしかかってきて、言葉だけに限ろうとしても、そうはいかないものがあった。

からだのほうがすっかり参ってしまい、生れて初めて入院という羽目になり、あれやこれやで最初の約束の時から四年近くの歳月が流れてしまった。

同学にして同行の志だった広田一さんは、私がなんとか書き終えた頃、事典編集室に移られてしまった。そのあとを引きついで下さったのが上野武さんである。

日本文とハングルの混合を印刷するのは、かなりややこしく、特にカタカナでルビをふるのはむずかしかった。カタカナでは完全に表記できないことを痛感しながら、能うかぎり近い音でと頭を悩ませた。日本ではまだハングルにふるカタカナのルビが統一されていない段階である。

上野武さんには、このしんどい仕事につきあって頂き、編集万般のお世話になった。印刷所や校正の方々をも大いに悩ませてしまったようである。

菊地信義さんからは、韓国の指貫《ゆびぬき》を使ったすてきな装幀を頂いた。

このお三人をはじめとし、この本をまとめるにあたって、実に多くの方々から言いしれぬ恩恵をこうむっている。

私に何かを与え、何かを考えさせてくれた韓《から》の国の、名前も知らない、行きずりのひとびとも含めて。
それに見合うだけのものを書けたかどうか、こころもとないかぎりだが、深い感謝を抱きつつ、また次なる峠へと歩いて行かなければ。

茨木のり子

一九八六年四月

文庫版あとがき

一九八六年『ハングルへの旅』を出したとき、そのあとがきに「いわば誘惑の書を書きたかったのである」と記したが、あとでよくよく考えてみると、ろくに異性すら誘惑できなかった我が身を省みれば、ずいぶん思いあがったことを言ってしまったと、慚愧に耐えなかった。

だが本を出したあと、まったく未知の沢山の方々から手紙が届くようになり、隣国の言葉に関心を持つひとびとが全国にこれほど多く潜在していたことに驚かされた。

そしてまた「この本を読んで、ハングルを学んでみようという気になった」「一度挫折したのだが、再度挑戦してみようと思う」という内容の手紙は、私を大変喜ばせてくれた。

少しはハングルの世界へ誘《いざな》うことができたのであろうか？　と。

ただ、すべての手紙には対応できなくて、礼状やら質問への返書やら、きちんと書けなかった申訳なさが残ってしまっている。

今度版を改め、朝日文庫の一冊として出版されることになった。文庫になって変えたところはないのだが、たったひとつ、舞踊家〈崔承喜〉という人名を〈崔承姫〉*と間違えて記していた私のミスを訂正させてもらった。

多くのひとびとの眼にさらされながら、するすると通り抜けてしまっていたのは、崔承喜がもはや歴史のかなたへと去り、馴染のうすい名前になってしまっていたせいだろうか。

そのミスを指摘して下さった朝日文庫の柄沢英一郎さん、児玉哲秀さん、そして装幀の菊地信義さん。

これらの方々が準備を整えて下さったおかげで、まるで背中でも押されるように、また新たに旅立つことになる——この本の運命をありがたいことに思っている。

茨木のり子

一九八九年　春

ハングルへの旅《たび》 新装版《しんそうばん》 朝日文庫

2023年３月30日　第１刷発行
2024年２月10日　第２刷発行

著　　者　茨木《いばらぎ》のり子《こ》

発 行 者　宇都宮健太朗
発 行 所　朝日新聞出版
〒104-8011　東京都中央区築地5-3-2
電話　03-5541-8832（編集）
03-5540-7793（販売）
印刷製本　大日本印刷株式会社

Published in Japan by Asahi Shimbun Publications Inc.
定価はカバーに表示してあります

ISBN978-4-02-262075-0

ドナルド・キーン著／金関　寿夫訳
このひとすじにつながりて
私の日本研究の道

京での生活に雅を感じ、三島由紀夫ら文豪と交流した若き日の記憶。米軍通訳士官から日本研究者に至るまでの自叙伝決定版。《解説・キーン誠己》

佐野　洋子
役にたたない日々

料理、麻雀、韓流ドラマ。老い、病、余命告知——。淡々かつ豪快な日々を綴った超痛快エッセイ。人生を巡る名言づくし！《解説・酒井順子》

深代　惇郎
深代惇郎の天声人語

七〇年代に朝日新聞一面のコラム「天声人語」を担当、読む者を魅了しながら急逝した名記者の天声人語ベスト版が新装で復活。《解説・辰濃和男》

本多　勝一
〈新版〉日本語の作文技術

世代を超えて売れ続けている作文技術の金字塔が、三三年ぶりに文字を大きくした〈新版〉に。わかりやすい日本語を書くために必携の書。

群　ようこ
ゆるい生活

ある日突然めまいに襲われ、訪れた漢方薬局。お菓子禁止、体を冷やさない、趣味は一日ひとつなど、約六年にわたる漢方生活を綴った実録エッセイ。

山里　亮太
天才はあきらめた

「自分は天才じゃない」。そう悟った日から地獄のような努力がはじまった。どんな負の感情もガソリンにする、芸人の魂の記録。《解説・若林正恭》

池谷　裕二
脳はなにげに不公平
パテカトルの万脳薬

人気の脳研究者が〝もっとも気合を入れて書き続けている〟週刊朝日の連載が待望の文庫化。読めば誰かに話したくなる！《対談・寄藤文平》

内田　洋子
イタリア発イタリア着

留学先ナポリ、通信社の仕事を始めたミラノ、船上の暮らしまで、町と街、今と昔を行き来して綴る。静謐で端正な紀行随筆集。《解説・宮田珠己》

上野　千鶴子
おひとりさまの最期

在宅ひとり死は可能か。取材を始めて二〇年、著者が医療・看護・介護の現場を当事者目線で歩き続けた成果を大公開。《解説・山中　修》

加谷　珪一
お金は「歴史」で儲けなさい

日米英の金融・経済一三〇年のデータをひも解き、波高くなる世界経済で生き残るためのヒントをわかりやすく解説した画期的な一冊。

川上　未映子
おめかしの引力

「おめかし」をめぐる失敗や憧れにまつわる魅力満載のエッセイ集。単行本時より一〇〇ページ増量！《特別インタビュー・江南亜美子》

ディーン・R・クーンツ著／大出　健訳
ベストセラー小説の書き方

どんな本が売れるのか？　世界に知られる超ベストセラー作家が、さまざまな例をひきながら、成功の秘密を明かす好読み物。